APRENDIZAGEM E DESENVOLVIMENTO NA PSICOLOGIA E PSICOTERAPIA ANTROPOSÓFICA

Editora Appris Ltda.
1.ª Edição - Copyright© 2023 das autoras
Direitos de Edição Reservados à Editora Appris Ltda.

Nenhuma parte desta obra poderá ser utilizada indevidamente, sem estar de acordo com a Lei nº 9.610/98. Se incorreções forem encontradas, serão de exclusiva responsabilidade de seus organizadores. Foi realizado o Depósito Legal na Fundação Biblioteca Nacional, de acordo com as Leis nºs 10.994, de 14/12/2004, e 12.192, de 14/01/2010.

Catalogação na Fonte
Elaborado por: Josefina A. S. Guedes
Bibliotecária CRB 9/870

D541a
2023
	Dias, Elenice Saporski
	    Aprendizagem e desenvolvimento na psicologia e psicoterapia antroposófica / Elenice Saporski Dias, Tania Stoltz. - 1. ed. - Curitiba : Appris, 2023.
	    262 p. ; 23 cm. – (Educação, tecnologias e transdisciplinaridade).
	
	    Inclui referências.
	    Isbn 978-65-250-3909-1
	
	    1. Psicoterapia. 2. Educação permanente. 3. Aprendizagem.
	I. Stoltz, Tania. II. Título. III. Série.
	
	                                        CDD – 616.8914

Livro de acordo com a normalização técnica da ABNT

Appris
editora

Editora e Livraria Appris Ltda.
Av. Manoel Ribas, 2265 – Mercês
Curitiba/PR – CEP: 80810-002
Tel. (41) 3156 - 4731
www.editoraappris.com.br

Printed in Brazil
Impresso no Brasil

Elenice Saporski Dias
Tania Stoltz

APRENDIZAGEM E DESENVOLVIMENTO NA PSICOLOGIA E PSICOTERAPIA ANTROPOSÓFICA

FICHA TÉCNICA

EDITORIAL — Augusto V. de A. Coelho
Sara C. de Andrade Coelho

COMITÊ EDITORIAL — Marli Caetano
Andréa Barbosa Gouveia - UFPR
Edmeire C. Pereira - UFPR
Iraneide da Silva - UFC
Jacques de Lima Ferreira - UP

SUPERVISOR DA PRODUÇÃO — Renata Cristina Lopes Miccelli

ASSESSORIA EDITORIAL — Renata Miccelli

REVISÃO — Paulo Cezar Machado Zanini Junior
Andréa L. Ilha

PRODUÇÃO EDITORIAL — William Rodrigues

DIAGRAMAÇÃO — Andrezza Libel

CAPA — Eneo Lage

COMITÊ CIENTÍFICO DA COLEÇÃO EDUCAÇÃO, TECNOLOGIAS E TRANSDISCIPLINARIDADE

DIREÇÃO CIENTÍFICA — Dr.ª Marilda A. Behrens (PUCPR) — Dr.ª Patrícia L. Torres (PUCPR)

CONSULTORES

Dr.ª Ademilde Silveira Sartori (Udesc)

Dr. Ángel H. Facundo
(Univ. Externado de Colômbia)

Dr.ª Ariana Maria de Almeida Matos Cosme
(Universidade do Porto/Portugal)

Dr. Artieres Estevão Romeiro
(Universidade Técnica Particular de Loja-Equador)

Dr. Bento Duarte da Silva
(Universidade do Minho/Portugal)

Dr. Claudio Rama (Univ. de la Empresa-Uruguai)

Dr.ª Cristiane de Oliveira Busato Smith
(Arizona State University /EUA)

Dr.ª Dulce Márcia Cruz (Ufsc)

Dr.ª Edméa Santos (Uerj)

Dr.ª Eliane Schlemmer (Unisinos)

Dr.ª Ercilia Maria Angeli Teixeira de Paula (UEM)

Dr.ª Evelise Maria Labatut Portilho (PUCPR)

Dr.ª Evelyn de Almeida Orlando (PUCPR)

Dr. Francisco Antonio Pereira Fialho (Ufsc)

Dr.ª Fabiane Oliveira (PUCPR)

Dr.ª Iara Cordeiro de Melo Franco (PUC Minas)

Dr. João Augusto Mattar Neto (PUC-SP)

Dr. José Manuel Moran Costas
(Universidade Anhembi Morumbi)

Dr.ª Lúcia Amante (Univ. Aberta-Portugal)

Dr.ª Lucia Maria Martins Giraffa (PUCRS)

Dr. Marco Antonio da Silva (Uerj)

Dr.ª Maria Altina da Silva Ramos
(Universidade do Minho-Portugal)

Dr.ª Maria Joana Mader Joaquim (HC-UFPR)

Dr. Reginaldo Rodrigues da Costa (PUCPR)

Dr. Ricardo Antunes de Sá (UFPR)

Dr.ª Romilda Teodora Ens (PUCPR)

Dr. Rui Trindade (Univ. do Porto-Portugal)

Dr.ª Sonia Ana Charchut Leszczynski (UTFPR)

Dr.ª Vani Moreira Kenski (USP)

Dedico este livro aos meus pais, Alfredo e Eunice (in memoriam), que, em suas simplicidades, deram-me uma base sólida de valores e amor pela vida.

Também dedico aos meus amores, Marins Gonçalves Leite Júnior e Heloisa Dias Leite, agradecendo pela compreensão, pela paciência e pelo incentivo durante essa caminhada.

AGRADECIMENTOS

À minha orientadora, Prof.ª Dr.ª Tania Stoltz, que me apoiou sábia e amorosamente ao longo da caminhada deste estudo. Minha gratidão por toda a paciência, pelo empenho e pelo sentido prático com que sempre me orientou, e por ter-me corrigido quando foi necessário e sem me desmotivar.

Expresso meu agradecimento, de coração, às participantes da primeira turma da formação continuada de Psicologia e Psicoterapia Antroposófica, por sua disposição em contribuir para a investigação da natureza, da qualidade, do significado e da essência de suas vivências no curso. Muito obrigada, queridas.

Às coordenadoras, Ana Maria Chaves Cabral, Clarice Mieko Matsubara, Joseli da Silva, Martha Teixeira da Cunha e Salete Zanoni, do Instituto Brasileiro de Psicoterapia Antroposófica. Agradeço-lhes imensamente pelo incentivo, pelo apoio e pelas longas conversas durante a caminhada.

À minha querida secretária Karen, que me orientou e ensinou-me sobre linguagem e normas da escrita acadêmica e muito mais, ajudando-me a ultrapassar um grande obstáculo com sua paciência, sua responsabilidade e sua generosidade.

Aos meus queridos mestres, Adrianus e Henriette Dekkers, por terem me apresentado à Psicoterapia Antroposófica como uma arte do encontro com a vivência vivida pró-dignidade humana.

Aos meus queridos pacientes que, nesses 33 anos, depositaram confiança e entrega na relação de cuidado comigo. Foi por estar diante de histórias tão singulares, como as que vocês me trouxeram, que me propus a questionar a aprendizagem e o desenvolvimento ao longo da vida como processo transformador. Meu agradecimento por nossos caminhos terem se encontrado.

PREFÁCIO 1

A METODOLOGIA DO APRENDIZADO CRIATIVO-TRANSFORMACIONAL

A autora forneceu à profissão de psicologia e de psicoterapia ferramentas valiosas para o treinamento de pós-graduação de colegas. Ela introduziu o termo *aprendizagem transformacional* para o método que ela praticou com sucesso em seu primeiro curso de pós-graduação com 15 colegas participantes. Esse método implementa uma ampla visão contextual do ser humano, ou seja: de seu desenvolvimento em adulto; de seu curso de vida e seus parâmetros; e das tarefas da vida que ele encontra como problemas ou desafios para o crescimento e a mudança.

Ao fazê-lo, ela seguiu o caminho que é um dos pontos fundamentais de partida e, portanto, base bem documentada do trabalho antroposófico, ou seja, testar essas premissas contextuais contra a realidade vivida do ser humano individual, neste caso: os "participantes da aprendizagem" em seu caminho, em um caminho de formação pós-acadêmica.

Cada premissa relativa à multidimensionalidade no corpo, na alma, no espírito, no desenvolvimento, no curso da vida e no contexto histórico e social de um ser humano pode ser vista, portanto, como uma hipótese válida, que pode e deve ser examinada em nível individual na área a que se relaciona. No entanto, tal abordagem de estudo de hipóteses requer um projeto de pesquisa bem desenvolvido, que é, ao mesmo tempo, duplamente interativo, autorreflexivo e sociológico. Ela está proporcionando uma "janela de percepção" para que o fenômeno seja investigado na vida do participante. Um aprofundamento e um autoconhecimento surpreendente podem desdobrar-se sempre que novas visões interiores surgirem por meio de tal "janela de percepção", elevando a autoconsciência para entrelaçar níveis subjetivo-objetivos de autopercepção.

Os elementos interessantes sobre o processo são que tal aprofundamento da autoconsciência não só ocorre em nível cognitivo, mas também gera uma profunda ressonância emocional e, consequentemente, uma ativação da vontade do indivíduo em questão é acesa, a fim de que ele se envolva ativamente com as consequências da percepção fenomenal assim adquirida por meio daquela janela específica de percepção, projetada para esse fim. Isso, pois, é o que a autora descreve como a "metodologia do aprendizado criativo-transformacional".

Nessa forma de trabalho, é inconcebível que o autoconhecimento deva surgir exclusivamente da pura autorrecepção. Nem o despertar da autopercepção é reservado ao psicoterapeuta, que orienta o paciente ou cliente nesse esforço. Pelo contrário, nessa forma de trabalho, o "outro" participante, o companheiro, companheiro de vida ou companheiro participante do treinamento pós-acadêmico é o outro ser humano que ajuda a facilitar esse processo de abertura da "janela de percepção", de forma transparente, na qual os próprios interesses do facilitador não desempenham um papel, nem ele se esforça por um resultado.

Vários colegas formularam esse modo de facilitar um nível superior de autoconhecimento, e Rudolf Steiner, pai fundador da Antroposofia, delineou também os sinais essenciais, como será citado:

"No despertar espiritual para nós mesmos, estamos dependentes da presença de outro ser humano. De seu interesse dirigido, abnegado, convergente, significativo em nós, e o espaço interno que ele pode nos dar, para que aprendamos a nos entender em nossa busca por questões de espírito e alma" (Anthony Bateman e Peter Fonagy, Mentalising in Clinical Practice, Universidade Kings College de Londres).

Rudolf Steiner:
"Isso é exatamente o que pedimos hoje:

Que nos conheçamos, que as individualidades se esmerem, que nesse esmero instintivamente se levantem as reminiscências das encarnações anteriores.

Está se tornando cada vez mais difícil para as pessoas estabelecerem um relacionamento adequado umas com as outras. Sentimentos superficiais de simpatia e antipatia funcionarão contra isso, dogmas, grupos religiosos, simpatias e antipatias nacionais funcionarão terrivelmente contra isso.

A crise atual fez com que as crianças não entendessem mais seus pais, pais não entendessem mais seus filhos, irmãos não entendessem mais uns aos outros, populações não entendessem mais umas às outras. Para contrariar isso, precisamos a vontade para a compreensão da vida humana: quem é realmente o outro ser humano?" (Extraído de GA 168, Como o sofrimento mental do presente pode ser superado?)

"Só despertamos para nós mesmos quando os outros se abrem ao nosso ser."
(Rudolf Steiner, Despertar em Outros)

O método de trabalho que a autora elaborou, com grande consistência e precisão, baseia-se na metodologia de "exercícios de implementação", inventada e elaborada, ao longo de 45 anos, por Ad Dekkers, psicoterapeuta clínico, um aluno direto de Bernard Lievegoed. O livro de Dekkers, *Psicoterapia da dignidade humana*, parte da premissa básica de que

> [...] toda visão ou premissa generalizada sobre o ser humano — seja o processo de desenvolvimento e amadurecimento em nível físico, psicológico e espiritual, seja a inserção na história social, seja uma transmissão transgeracional do trauma — tem que ser considerada como uma hipótese. E como é o caso de todas as hipóteses, elas podem ser testadas em um nível individual dentro do contexto social predominante, e a partir daí dão origem a mudanças.

Isso conta para todos os pontos de vista psicoterapêuticos, mais ainda para os pontos de partida antroposóficos sobre a complexidade do ser humano.

Tendo dito que esse é o caso de todas as hipóteses, e que elas podem ser examinadas e testadas em nível individual, a colheita fundamental dessa abordagem e metodologia elaborada é que elas sempre dão origem à mudança pessoal e à vontade de transformação. Esse esforço tem sido implementado e utilizado de forma diligente e consistente pela autora por meio de desenhos de pesquisa diferenciados e questionários sistemáticos.

A autora foi capaz de apresentar a dimensão completa de seu curso de pós-graduação dos colegas, implementando essa metodologia de aprendizado criativo-transformacional.

Bilthoven, 4 de março de 2022

Henriette Dekkers-Appel
Psicóloga clínica, registrada no BIG na Holanda, membro do Conselho da Federação Internacional das Associações Nacionais de Psicoterapia Antroposófica (Ifapa). Docente na **Pós-Graduação** *em Formações de ensino na Universidade de Witten-Herdecke, Alemanha.*

PREFÁCIO 2

No contraponto das formações continuadas em psicologia e psicoterapia, a pesquisa de Elenice Saporski Dias vem descrever uma vivência inovadora em sua abordagem. Usando como referenciais teóricos a perspectiva fenomenológica de Rudolf Steiner, Bernard Lievegoed e Coenrad Van Houten, Saporski aplica a metodologia de análise fenomenológica de Moustakas.

As vivências de desenvolvimento expressadas pelos sujeitos pesquisados partiram de temas como processo de revelação de si mesmo; mobilização interna por opostos complementares; e autoconhecimento e autotransformação retratando suas vivências.

A conclusão vislumbrada pela autora é a de que o processo de Formação Continuada em Psicologia e Psicoterapia Antroposófica evidencia um fenômeno que se reflete no participante como pesquisador de seu próprio problema ao enfrentar a busca de si mesmo. Isso se dá no encontro das marcas do próprio caminho vivido que revela ao vivenciador o rumo para o significado desse encontro e da aprendizagem transformadora que se tece no espaço de realização consciente e no encontro de propósito e de valores.

Utilizando a máxima steineriana do "pensar sobre o pensar" (STEINER, 1985), o sujeito observa-se em sua própria experiência para identificar os fatores que condicionam o seu entendimento e as suas ações.

Essa visão sobre a Psicologia, como ciência e profissão, inspira-se na Antroposofia e orienta-se na Fenomenologia que se constitui em oposição à tradição positivista e racionalista. Trata-se então de uma "Psicologia Fenomenológica inspirada na concepção filosófica antroposófica, em sua gnosiologia, ontologia e antropologia" (DIAS, 2021). Como prática de saúde, a Psicoterapia Antroposófica insere-se na Política Nacional de Práticas Integrativas Complementares (PNPIC), conforme as Portarias n.º 971, de 3 de maio, e n.º 1600, de 17 de junho, ambas do ano de 2006 (BRASIL, 2006 *apud* DIAS, 2021).

O livro apresenta os antecedentes do movimento histórico da criação desse curso de formação no âmbito antroposófico. A proposta, que surgiu em Curitiba, em 2017, teve seu impulso original por meio de um projeto elaborado por um grupo de psicólogas e de psicoterapeutas antroposóficas que nele vinham trabalhando desde 2003. O projeto pedagógico foi implantado na capital paranaense como o primeiro Curso de Formação Continuada em Psicologia e Psicoterapia Antroposófica (FCPPA).

A participação de Dias no "1st Train The Trainers Anthroposophic Psycoterapy" — o qual ocorreu entre 2014 e 2018 no Emerson College, na Inglaterra, organizado pela International Federation of Anthroposophic Psycoterapy Associations (Ifapa) e pelo International Koordination Anthroposiphische Medizin (IKAM) — iniciou a concretização dessa proposta.

Esses eventos surgiram por causa das demandas levantadas na última década por cursos cuja formação suprisse a necessidade de contar com profissionais preparados para ensinar de acordo com essa nova abordagem, além da demanda gerada pelo reconhecimento da medicina antroposófica pela Organização Mundial de Saúde (OMS), em 2018. Para isso, a Seção Médica do Goetheanum dispôs programas curriculares mínimos para cursos voltados para práticas em saúde, que permitissem a internacionalização do modelo. O curso da FCPPA, iniciado em julho de 2017, configurou-se como experiência piloto no Brasil.

A abordagem da psicoterapia de base antroposófica volta-se para a compreensão do ser humano fundamentado em si mesmo como personali-dade. A base epistemológica é a teoria de conhecimento de Rudolf Steiner, a qual sustenta a ideia de que, por meio do pensar, pode-se captar a essência, ou seja, a própria natureza do conhecimento universal, trazendo com isso a manifestação do fundamento existencial que não pode ser percebido se não para além da realidade objetiva. É o pensar que determina as relações entre todas as coisas, expressando o cerne do conhecimento.

A partir daí, do ponto em que se origina toda a teoria de Steiner, foram identificadas as bases ontológica, epistemológica e metodológica desse curso de FCPPA. Isso ocorreu por meio da revisão bibliográfica para a fundamentação dos aspectos psicodinâmicos e por meio da teoria steineriana do desenvolvimento cognitivo, complementada pelos estudos de Lievegoed e Houten.

Dessa contextualização, surgem as compreensões e as interpretações das vivências de aprendizagem e de desenvolvimento dos participantes. Essas surgem como um processo cognitivo que vai constituindo-se pela mobilização concentrada das diferentes percepções tecidas pela relação do que ocorre interior e exteriormente e contribui para a ampliação da realidade para os sujeitos envolvidos.

Esses, por sua vez, identificam seu processo de interiorização para perfazer o autoconhecimento e a autotransformação, o que permite reconhecer papéis sociais condicionadores para deles se libertarem rumo à busca de sentidos e à revelação de si mesmos. Esse caminho conduz o indivíduo a um despertar em relação à cultura atual imersa no tecnicismo e na acumulação conteudista de conhecimento. Esse último, por sua vez, só chega a ser aplicado se for para satisfazer as expectativas do mercado de trabalho, que não considera as necessidades reais da formação humana.

Por meio das capacidades psíquicas do pensamento, do sentimento e da vontade, participantes protagonizam interações profissionais e individuais. Esforço e comprometimento conscientes manifestam-se. Eles vão desde a tensão, o medo e a desistência até as suas polaridades de relaxamento, coragem e certeza.

Essas e outras possibilidades criativas contribuem para a formação continuada do profissional capaz de lidar com a reorganização e a prevenção de situações tanto nesse âmbito quanto no social. Dentro dessa metodologia criativo-transformadora, pode-se buscar soluções, tanto psicoterápicas quanto psicológicas, em torno de aprendizagens e de desenvolvimentos em nível pessoal ou social, apresentando-se como uma proposta para nossa era da consciência.

Prof.ª Dr.ª Rosely A. Romanelli
Professora permanente do PPGEdu-Unemat

APRESENTAÇÃO

Em meio à cultura tecnicista e mercadológica que permeia as formações continuadas em Psicologia, às situações inesperadas enfrentadas pelo profissional em seus atendimentos, ao número crescente de adoecimentos físico e ou psicológico do profissional, acrescidos das inquietações em relação ao aprendizado e ao desenvolvimento apresentados na psicoterapia clínica pelos pacientes, percebi a necessidade de fazer um estudo empírico, cujo fruto inspirou esta obra, que aborda a possibilidade inédita de formação na Psicologia Fenomenológica inspirada na Antroposofia e em sua Psicoterapia Antroposófica, como conteúdo e proposta de ensino. Este livro tem por propósito descrever a vivência de aprendizagem e de desenvolvimento de aprendizes de um Curso de Formação Continuada em Psicologia e Psicoterapia Antroposófica.

Trata-se de um estudo qualitativo na perspectiva fenomenológica fundamentada em Rudolf Steiner, Lievegoed e Houten. Utiliza a perspectiva de Moustakas como método de análise fenomenológica. Como instrumentos de coleta de dados, foram utilizados a entrevista, o questionário, o grupo focal e a produção criativa com 14 integrantes do curso.

A análise levou-nos à identificação dos seguintes temas representativos da essência da vivência de aprendizagem a partir do curso: as marcas no caminho vivido; revelando o vivenciador; o significado do encontro; aprendizagem transformadora; o espaço do realizar consciente; e encontrando propósito e valores. As vivências de desenvolvimento expressaram-se a partir dos seguintes temas: processo de revelação de si mesmo; movimento a partir de opostos complementares; autoconhecimento e autotransformação, os quais retrataram a essência das vivências das participantes do estudo.

Conclui-se que a investigação sobre a vivência de participantes do Curso de Formação Continuada em Psicologia e Psicoterapia Antroposófica evidencia um fenômeno processual significativo com indicativos de reflexos no contexto profissional, nos profissionais colaboradores, nos gestores institucionais e na sociedade.

É possível afirmar que a metodologia de aprendizagem criativo-transformacional, proposta no curso, pode colaborar para o enfrentamento dos desafios de uma formação continuada em um espaço de aprendizagem consciente, integral e que vise encontrar propósito e valores que despertem, cada vez mais, para o autoconhecimento libertador da individualidade e para a autotransformação do ser humano, com seus reflexos na humanidade.

Observa-se a importância da centralidade nas vivências de aprendizagem e de desenvolvimento para a real dimensão do aproveitamento em um curso de formação pelos participantes. Portanto, sugere-se, em cursos de formação continuada em Psicologia, uma metodologia que coloque o participante como seu próprio problema e que enfrente o pesquisar sobre si mesmo.

Por fim, destacam-se os achados da presente investigação como contribuição para flexibilizar e despertar em relação ao atual funcionamento da cultura tecnicista, conteudista e mercadológica. Tais achados contribuem, ainda, em relação a respostas atuantes, diante de um cenário em que mais e mais cursos de educação continuada são oferecidos como capacitação profissional realizada somente de forma conteudista, ou voltada para capacitações mercadológicas sem considerar a clientela como indivíduos em formação humana.

LISTA DE ABREVIATURAS OU SIGLAS

APA	American Psychological Association
Capes	Coordenação de Aperfeiçoamento de Pessoal de Nível Superior
CFCPPA	Curso de Formação Continuada em Psicologia e Psicoterapia Antroposófica
CNE	Conselho Nacional de Educação
CPD	Continuing Professional Development
DCNs	Diretrizes Curriculares Nacionais
EaD	Educação a distância
EC	Educação continuada
EPS	Educação Permanente em Saúde
Eric	Educational Resources Information Centre
FCPPA	Formação Continuada em Psicologia e Psicoterapia Antroposófica
IBPA	Instituto Brasileiro de Psicoterapia Antroposófica
Ifapa	International Federation of Anthroposophic Psychotherapy Associations
IKAM	Internationale Koordination Anthroposophische Medizin
Lilacs	Literatura Latino-americana e do Caribe em Ciências da Saúde
MEC	Ministério da Educação e Cultura
OMS	Organização Mundial da Saúde
PNPIC	Política Nacional de Práticas Integrativas Complementares
PPFCPPA	Projeto Pedagógico da Formação Continuada em Psicologia e Psicoterapia Antroposófica
RMS	Residência Multiprofissional em Saúde
SciELO	Scientific Electronic Library Online
SUS	Sistema Único de Saúde
TCF	Trabalho de Conclusão da Formação

SUMÁRIO

1
INTRODUÇÃO 25

2
DIFICULDADADES ATUAIS DA EDUCAÇÃO CONTINUADA E DA FORMAÇÃO CONTINUADA: REVISÃO SISTEMÁTICA DE LITERATURA. 29
2.1 METODOLOGIA 32
2.2 RESULTADOS 35
2.3 DISCUSSÃO 50
2.4 CONCLUSÃO 56

3
ELEMENTOS FUNDAMENTAIS PARA A COMPREENSÃO DA PROPOSTA DA FORMAÇÃO CONTINUADA EM PSICOLOGIA E PSICOTERAPIA. 59
3.1 FUNDAMENTOS DA FORMAÇÃO CONTINUADA EM PSICOLOGIA E PSICOTERAPIA ANTROPOSÓFICA 59
3.1.1 Projeto pedagógico da Formação Continuada em Psicologia e Psicoterapia Antroposófica. 60
3.1.2 Estrutura da Formação Continuada em Psicologia e Psicoterapia Antroposófica. 62
3.1.2.1 Quanto ao conteúdo programático 62
3.1.2.2 Estrutura programática 63
3.1.2.3 Estrutura metodológica quadrimembrada 64
3.2 CONCEPÇÃO TEÓRICA STEINERIANA 65
3.2.1 O método de Goethe a partir de Steiner. 66
3.2.2 A visão do homem para a Antroposofia 79
3.2.2.1 A tríplice constituição humana. 79
3.2.2.2 O aspecto psicodinâmico 81
3.2.2.2.1 Memória e sentido 87
3.2.3 A Psicologia inspirada na Antroposofia 95
3.2.4 Fases do desenvolvimento humano na perspectiva da Antroposofia. 105
3.2.4.1 O desenvolvimento humano na perspectiva antroposófica 107

3.2.4.1.1 Fase biológica ou fase da formação da corporeidade 108

3.2.4.1.2 Fase biológica caracterizada do nascimento até a troca dos dentes........110

3.2.4.1.3 Fase biológica entre a troca dos dentes e a puberdade 112

3.2.4.1.4 Fase biológica entre a puberdade e a maioridade........................114

3.2.4.1.4 Fase psicológica, fase do amadurecimento psicológico ou fase do desenvolvimento anímico do ser humano e suas subfases.................................121

3.2.4.1.4.1 Fase da alma da sensação, fase da alma sensível ou primeira maioridade ...121

3.2.4.1.4.2 Fase da alma da razão, da alma da índole, da alma intelecto-afetiva ou fase organizacional...124

3.2.4.1.4.1 Fase da alma da consciência ou a segunda metade da década dos 30 anos ..126

3.2.4.1.5 Fase espiritual, social, do espírito ou a terceira fase principal da existência humana 128

3.2.4.1.5.1 Fase da alma imaginativa, da personalidade espiritual ou fase social ...129

3.2.4.1.5.2 Fase da alma inspirativa, do espírito vital ou fase moral 135

3.2.4.1.5.3 Fase da alma intuitiva, do homem espírito ou mística 138

3.2.4.1.6 Fases finais 141

3.2.4.2 Síntese do desenvolvimento biológico, psicológico e espiritual...............142

3.3 CONCEPÇÃO METODOLÓGICA DO CURSO DE FORMAÇÃO CONTINUADA EM PSICOLOGIA E PSICOTERAPIA ANTROPOSÓFICA 143

3.3.1 Princípios fundamentais da educação de adultos..........................144

3.3.2 As três barreiras ao aprendizado 146

3.3.3 Os três caminhos do aprendizado 151

3.3.3.1 Caminho da aprendizagem escolar 152

3.3.3.2 Caminho da aprendizagem com a vida 153

3.3.3.3 Caminho da pesquisa espiritual 154

3.3.4 Os caminhos do aprendizado, suas conexões e o Si mesmo.................155

3.3.5 Formação do julgamento autônomo 156

3.3.6 Arte e cognição..158

3.3.7 O processo do aprendizado profissional do adulto 159

3.3.8 Os sete processos vitais..160

3.3.9 Os sete processos vitais e sua correlação com as sete etapas de aprendizado.. 161

3.3.9.1 Respiração: perceber (captar) 161

3.3.9.2 Aquecimento: ligar-se (relacionar)..............................161

3.3.9.3 Alimentação: assimilação....................................162

3.3.9.4 Segregação: individualização 162

3.3.9.5 Manutenção: praticar (exercitar-se).............................163

3.3.9.6 Crescimento: capacidades em desenvolvimento 164

3.3.9.7 Reprodução: criar coisas novas................................164

3.3.10 Aplicação do método gnosiológico goetheano de Steiner à Formação
Continuada em Psicologia e Psicoterapia Antroposófica.........................166
3.3.11 Postura didática nos sete processos do aprendizado 169
  3.3.11.1 Captar (perceber) — observar 169
  3.3.11.2 Relacionar 170
  3.3.11.3 Digestão ou assimilação...172
  3.3.11.4 Individualização 173
  3.3.11.5 Manutenção pela prática 174
  3.3.11.6 Crescimento das faculdades ou competência..............................175
  3.3.11.7 Criar 177

4
O PROCESSO SINGULAR DA EVIDÊNCIA: O MÉTODO.................179
4.1 CARACTERIZAÇÃO DO ESTUDO 179
4.2 CONTEXTO E PARTICIPANTES DO ESTUDO 180
4.2.1 Contexto 180
4.2.2 Participantes do estudo 180
4.3 INSTRUMENTOS E PROCEDIMENTOS DE COLETA DE DADOS.........181
4.3.1 Aplicação 183
4.4 PROCEDIMENTOS DE ANÁLISE DE DADOS 183

5
APRENDIZAGEM E DESENVOLVIMENTO TRANSFORMADOS EM
EDUCAÇÃO 187
5.1 EVIDÊNCIAS RESULTANTES NO USO DE UMA METODOLOGIA
TRANSFORMADORA CRIATIVA 187
5.1.1 Resultados das produções criativas 211
  5.1.1.1 Vivências de aprendizagem 212
    5.1.1.1.1 Tema 1: revelando o vivenciador.....................................212
    5.1.1.1.2 Tema 2: as marcas no caminho vivido 215
    5.1.1.1.3 Tema 3: o significado do encontro 217
    5.1.1.1.4 Tema 4: aprendizagem transformadora 218
    5.1.1.1.5 Tema 5: o espaço do realizar consciente 221
    5.1.1.1.6 Tema 6: encontrando propósito e valores 222
  5.1.1.2 Vivências de desenvolvimento 224
    5.1.1.2.1 Tema 1: processo de revelação de si mesmo 224
    5.1.1.2.2 Tema 2: movimento a partir de opostos complementares 227
    5.1.1.2.3 Tema 3: autoconhecimento 229

5.1.1.2.4 Tema 4: autotransformação 231

5.2 DIÁLOGO ENTRE AUTOEVIDÊNCIAS E O ESTADO DA ARTE NO EDUCAR-SE POR SI MESMO COMO METODOLOGIA. 233

5.2.1 Vivências de aprendizagem. 234

5.2.1.1 Tema 1: revelando o vivenciador 234

5.2.1.2 Tema 2: as marcas do caminho vivido 235

5.2.1.3 Tema 3: o significado do encontro 236

5.2.1.4 Tema 4: aprendizagem transformadora 238

5.2.1.5 Tema 5: espaço do realizar consciente 240

5.2.1.6 Tema 6: encontrando propósito e valores 240

5.2.2 Vivências de desenvolvimento 242

5.2.2.1 Tema 1: processo de revelação de si mesmo 242

5.2.2.2 Tema 2: movimento a partir de opostos complementares 243

5.2.2.3 Tema 3: autoconhecimento 244

5.2.2.4 Tema 4: autotransformação 245

6
NECESSIDADES OBSERVADAS COMO COMPROMISSO SOCIAL CIENTÍFICO 247

REFERÊNCIAS. 251

1

INTRODUÇÃO

Este estudo tem por propósito descrever a vivência de aprendizagem e de desenvolvimento de participantes do Curso de Formação Continuada em Psicologia e Psicoterapia Antroposófica. O trabalho é desenvolvido por meio de pesquisa qualitativa fenomenológica e volta-se para as vivências dos participantes do curso, considerando que tais vivências são conscientes e possibilitam uma descrição da essência das vivências do "quê" os participantes vivenciaram no fenômeno e do "como" vivenciaram esse fenômeno. Entende-se, por vivência, que o participante esteja em atividade consciente em relação ao fenômeno psíquico que experimenta; ou seja, esteja com o espírito ativo na prática, como expressão de aprendizagem e de desenvolvimento a partir de si mesmo.

De maneira inovadora, o estudo apresenta sua relevância a partir de dois eixos. Primeiramente, demonstrando uma nova direção para a formação continuada, apresenta um modelo diferenciado de proposta metodológica vivencial como promotora da educação e da autoeducação. Como segundo eixo, apresenta conteúdo acadêmico inédito para uma Psicologia inspirada na Antroposofia e sua abordagem psicoterapêutica a Psicoterapia Antroposófica, como contribuição para sua ciência e profissão. Ambos os eixos convergem para a aprendizagem e a promoção de profissionais qualificados e para o desenvolvimento integral humano e social e, além disso, evidenciam o compromisso para com a sociedade ao promover profissionais humanizados para a atuação responsável, empática e ética no encontro com o outro, com a natureza e com as demandas sociais.

O estudo abrange um novo caminho para a educação continuada a partir de uma metodologia que possibilita ao participante integrar entendimento, experiência, técnica e prática à realidade. Para tal, apresenta a visão de que aprender é transformar-se como indivíduo. Essa metodologia instiga o participante a observar-se na experiência como seu próprio objeto, bem como identificar os fatores condicionantes do entendimento e do caráter de seu agir, pois "[...] conhecer as leis das próprias ações significa estar cônscio da própria liberdade" (STEINER, 1985, p. 53). Trata-se, portanto, de uma metodologia moderna e transformadora, que se contrapõe ao atual modelo conteudista e capacitador dos cursos existente e que prioriza o indivíduo de maneira integral, inteirado e integrado à sociedade.

Como conteúdo para a Psicologia como ciência e profissão, este estudo apresenta uma Psicologia inspirada na Antroposofia, que se orienta na escola da Fenomenologia e se opõe à tradição positivista e racionalista, constituindo uma Psicologia Fenomenológica inspirada na concepção filosófica antroposófica de Rudolf Steiner em sua gnosiologia, sua ontologia e sua antropologia.

A Psicoterapia Antroposófica participa como uma das práticas de saúde junto à Medicina Antroposófica na Política Nacional de Práticas Integrativas Complementares (PNPIC), conforme as portarias n.º 971, de 3 de maio de 2006, e n.º 1600, de 17 de junho de 2006 (BRASIL, 2006). Parte-se do princípio de que a mente possui uma propriedade apenas na medida em que a atribui a si mesma; ou seja, no processo de aprofundamento ativo da mente. Esse princípio fundamenta a abordagem da Psicoterapia Antroposófica como um caminho de aprendizagem e desenvolvimento autoconsciente da forja do ser humano como ser individual e de conquista de alguma liberdade por meio da autocontemplação da própria atividade nos fenômenos psíquicos. Nesse sentido, "[...] o problema mais importante de todo pensar humano consiste, portanto, em compreender o homem como personalidade livre que tem seu fundamento em si mesmo" (STEINER, 1985, p. 53).

A partir da literatura nacional e internacional, constata-se que o tema da formação continuada em Psicologia, no que se refere a contribuições à promoção do desenvolvimento e da aprendizagem profissional, evidencia-se carente de propostas pedagógicas que considerem a formação integral do profissional. Como destacam Mattos e Bianchetti (2011) e Neimeyer, Taylor e Wear (2010), os aspectos abordados nos cursos de educação continuada buscam a capacitação profissional direcionada à empregabilidade, aos nichos de mercado e a um modelo técnico de atuação. Por outro lado.

Amendola (2014) observa que a formação do profissional em Psicologia está direcionada para a atuação diante das novas demandas sociais e de áreas de especialidade reconhecidas. Nerland (2018), por sua vez, menciona que as formações servem como capacitação para as demandas do contexto social.

Considerando o exposto, são evidentes os desafios enfrentados atualmente no Brasil em relação ao processo de construção da Psicologia como disciplina, buscando refletir sobre seu lugar e sua condição como disciplina independente e sobre seu estatuto como profissão e como ciência (HOLANDA, 2019). Desafio semelhante em relação à formação profissional tem sido encontrado consideradamente em outros países (MACEDO *et al.*, 2014).

O tema da formação continuada apresenta um aumento crescente de estudos, os quais evidenciam contribuições para o desenvolvimento de profissionais na área da educação e da saúde e atuam como um facilitador da aprendizagem dentro ou fora do local de atuação profissional. Estudos apontam que a educação continuada fundamentada em uma formação pedagógica e pautada na educação permanente incentiva a busca de transformações do profissional e das práticas profissionais (FENWICK, 2018; FROTA *et al.*, 2015; GELOCHA; DALLACORTE, 2016; SILVA, 2013; SILVA, C. *et al.*, 2016).

Embora se reconheça que a capacitação técnica de psicólogos é fundamental, considerar o princípio metodológico da capacitação, os aspectos psicológicos de interação relacional e contextual social, bem como o aspecto integrativo transformador do ser, estar, fazer e atuar profissional são desafios a serem superados, como os estudos de Hytönen *et al.* (2016), Lima *et al.* (2017) e Silva, C. T. da *et al.* (2016) corroboram. Essa questão considera o número crescente de profissionais psicólogos afastados da atuação profissional por evidenciarem problemáticas em uma ou mais áreas da saúde (física, psíquica, social e cultural).

Corroborando o estado da arte e evidenciado o experimentado na prática clínica psicoterapêutica. o número crescente de profissionais psicólogos e de outras categorias profissionais apresentando desarmonias físicas, psíquicas, sociais e culturais que os retiram da atuação profissional e consequentemente agregam custos para a sociedade, para as famílias e para o próprio cidadão, fomenta a necessidade de um olhar reflexivo para tais profissionais – não apenas os psicólogos – como seres portadores de vida e não como autômatos ou máquinas. Se faz necessário integrar à capacitação profissional o recordar da condição humana interior para se conhecerem, por meio de práticas voltadas ao autoconhecimento e a auto educação para lidar com as demandas de desenvolvimento social do país.

O incomodo vivenciado diante desafios, crises ou desorientações apresentadas neste cenário, desperta o interesse de investigar compreender os aspectos nele envolvidos, através da tomada de consciência do significado e sentido da aprendizagem e do desenvolvimento profissional, bem como, de maneira a contribuir pela vivência integrativa com o papel profissional, no qual a empatia, o comprometimento e a ética diante do encontro com o outro, com a natureza e com os problemas sociais do país lhes conferem o verdadeiro sentido da profissão. Para tal, investigação realizou-se o estudo empírico no curso de Educação Continuada em Psicologia e Psicoterapia inspirado na Antroposofia o qual como proposta metodológica prima pela promoção a expressão de uma educação salutogênica para profissionais psicólogos.

Portanto, está obra coopera para a Psicologia — como ciência apresentando uma nova psicologia fenomenológica inspirada na Antroposofia e como profissão contribuindo com uma nova abordagem psicoterapêutica para os desafios e crises existentes na saúde mental — e para a Educação — por meio da apresentação de uma proposta metodológica que considera o ser humano como sua própria problematização e o compreende de maneira integral, reconhecendo que, por meio do desenvolvimento próprio e da aprendizagem, o indivíduo acessa seu caminho de autoeducação e educação.

Assim, diante do atual cenário da Psicologia e de alguns aspectos das formações continuadas em Psicologia, espera-se contribuir ao resgatar a vivência de participantes em relação a uma proposta inovadora de curso, promotora do desenvolvimento integral do profissional e voltada à busca do conhecimento e do autoconhecimento para a educação profissional permanente do psicólogo.

O presente trabalho estrutura-se da seguinte forma: no segundo capítulo, apresenta-se o estado da arte da formação continuada em Psicologia e da formação continuada como vivência de aprendizagem e desenvolvimento profissional. O terceiro capítulo centra-se no Curso de Formação Continuada em Psicologia e Psicoterapia Antroposófica. O método do estudo é abordado no quarto capítulo, seguido da análise e da discussão dos resultados no quinto capítulo e da conclusão e das considerações finais no sexto capítulo.

2

DIFICULDADADES ATUAIS DA EDUCAÇÃO CONTINUADA E DA FORMAÇÃO CONTINUADA: REVISÃO SISTEMÁTICA DE LITERATURA

Muitas são as dificuldades que, ao serem encaradas como desafios, acompanham psicólogos escolares em seu desenvolvimento e desempenho profissional continuado. Segundo Lopes e Silva (2018), há um distanciamento entre a concepção de formação continuada e os modos como se desenvolve essa formação. Isso ocorre porque o referencial teórico é pouco consolidado ou inexistente, as concepções sobre formação continuada distanciam-se do compromisso social e, além disso, há diversas dificuldades nas formações continuadas, como a falta de oferta de cursos e as condições precárias de trabalho. Essa situação é corroborada pelos estudos de Anacleto *et al.* (2017), Fender (2018) e Selvi, Baldan e Alagöz (2016). Lopes e Silva ressaltam ainda que uma formação continuada, longe de servir como moeda de troca por melhores salários, precisa ser percebida em sua essência, em sua condição (re)vitalizadora.

A literatura brasileira evidencia a escassez de estudos sobre a educação continuada, aprendizagem ou desenvolvimento profissional em Psicologia. Entende-se como função da educação continuada facilitar o desenvolvimento e a capacitação do participante que se dispõe ao aprendizado. No entanto, observa-se que não há preocupação com a vivência dos participantes em relação aos conteúdos apresentados pelos cursos e, nos cursos que trazem a prática, pode-se perceber que existe um distanciamento entre a teoria e a prática (LIMA *et al.*, 2017; MACEDO *et al.*, 2014; NEIMEYER *et al.*, 2014; SILVA, C. *et al.* 2016; TAYLOR *et al.*, 2019). Para Opfer e Pedder (2011) e Lieberman e Mace (2008), as atividades de desenvolvimento profissional, muitas vezes, são consideradas ineficazes ou podem ser percebidas como irrelevantes pelos professores.

No Brasil, o Ministério da Educação, conforme redação da Resolução do Conselho Nacional de Educação (CNE) n.º 1, de junho de 2018, dispõe em seu art. 1º:

> Cursos de pós-graduação *lato sensu* denominados cursos de especialização são programas de nível superior, de Educação Continuada, com o objetivo de complementar a formação acadêmica, atualizar, incorporar competências técnicas e desenvolver novos perfis profissionais, com vistas ao aprimoramento da atuação no mundo do trabalho e ao atendimento das demandas por profissionais tecnicamente mais qualificados para o setor público, as empresas e as organizações do terceiro setor, tendo em vista o desenvolvimento do país (BRASIL, 2018).

Nota-se uma preocupação profissional e social em oportunizar aprendizados como pano de fundo na educação continuada. Tal preocupação, contudo, pode ser complementada pelo aspecto integrativo relacionado ao ser que vivencia o seu fazer e o seu estar no meio relacional, ambiental e social como a condição para maximizar os objetivos básicos da educação continuada voltada ao desenvolvimento pessoal e profissional, assim como ao aprimoramento do aprendizado e da competência, à melhoria dos resultados clínicos e à proteção do público. A Psicologia, como ciência e profissão, há alguns anos, vem evidenciando preocupação com esse cenário, produzindo conhecimento compatível e em conformidade com o estado da arte a ela vinculada.

Cruz (2015) identifica que os propósitos que a publicação dos resultados de estudos procura atingir são: estimular a reflexão e a crítica; divulgar descobertas científicas; e alcançar o reconhecimento dentro e fora da comunidade científica sobre a relevância dos produtos da ciência. A ciência e a profissão em Psicologia vêm lidando com debates e questionamentos sobre as formações em Psicologia junto a entidades afins, como o Conselho Federal de Psicologia, os Conselhos Regionais e toda a categoria, em nível nacional, conseguindo incluir temas como princípios, formação presencial, carga horária, tempo de integralização, estágios, competências e outros itens para serem revisados nas Diretrizes Curriculares Nacionais (DCNs) dos cursos de graduação em Psicologia na intenção de promover processos educativos de qualidade que garantam a formação de profissionais com competência, ética e compromisso social.

Conforme Macedo *et al.* (2014), além do desafio da internacionalização curricular e da formação generalista das políticas públicas, há o desafio da melhora na qualificação profissional para lidar com os processos subjetivos, os quais são a base dos indivíduos, dos grupos e das outras categorias que derivam da dinâmica social e das características dos territórios que habitam. Por outro lado, Holanda (2019) ressalta que a alienação quanto à teoria do conhecimento na Psicologia evidencia consequências diretas e objetivas no seio da profissão, como no contexto da empregabilidade e das funções a serem desempenhadas — com perda significativa de espaços para outras disciplinas. Um exemplo disso é a refração da Psicologia na educação e o surgimento da Psicomotricidade ou da Psicopedagogia. Isso ocasiona também percepções recorrentes de inadequação profissional (comuns em discursos de profissionais da área da saúde, por exemplo) e limitações conceituais, que impõem efeitos externos a determinadas ações, como se pode observar em vários conflitos em torno da clínica e da psicoterapia (no que se refere, por exemplo, ao tempo de tratamento ou mesmo ao tempo de atendimento), com sérias repercussões no contexto da saúde (vide discussões relativas à saúde complementar ou aos planos de saúde).

Ao buscar publicações sobre a educação continuada em Psicologia no âmbito internacional, constata-se que o volume de publicações é muito superior ao nacional. Encontram-se vários estudos a partir da American Psychological Association (APA) e de pesquisadores relacionados ao acompanhamento da educação continuada, desenvolvimento profissional, formação continuada e suas associações (ALMEIDA *et al.*, 2019; ATTEBURY, 2017; COX; GRUS, 2019; DAHLGREN; GUSTAVSSON; FEJES, 2018; FENDER, 2018; LINDSAY, 2016; NEIMEYER *et al.*, 2014; NEIMEYER; TAYLOR, 2019; NYSTRÖM *et al.*, 2017; ROSSEN *et al.*, 2019; SELVI; BALDAN; ALAGÖZ, 2016; TAYLOR *et al.*, 2019).

O volume crescente dessas publicações pode decorrer do fato de que, na América do Norte, na Europa, na Oceania e em parte da Ásia, os diplomas universitários e a especialização, *lato* e *stricto sensu*, não implicam a possibilidade de exercício profissional, pois é necessário realizar uma prova de títulos para a certificação junto a associações profissionais. Desse modo, o profissional fica obrigado, conforme a legislação do país, a realizar a prova e a apresentar certificados comprobatórios de participação em atividades de educação continuada e/ou de competência profissional para o exercício profissional. Programas de manutenção de certificação em associações profissionais, sociedades especializadas, institutos e federações elencam a pontuação necessária a ser atingida pelo profissional psicólogo, dentro de prazos que variam de dois a seis anos, conforme o país, para a revalidação de seus certificados profissionais para continuarem a atuar no mercado de trabalho ao longo de sua atividade profissional.

Cabe observar que, mesmo diante desse volume de estudos em educação continuada em Psicologia, não foram encontrados estudos de educação continuada que evidenciassem aprendizagem e/ou desenvolvimento profissional durante ou após os cursos. O foco está em criar possibilidades aos profissionais, pois a avalanche de cursos de educação continuada oferecidos, tanto nacional como internacionalmente, em instituições públicas e privadas (conferências, oficinas, *workshops*, congressos, cursos de educação continuada, treinamentos), que pontuam e agregam qualificações adicionais, e também supervisão, são atividades de consumo destinadas ao desenvolvimento de habilidades, conhecimentos, aperfeiçoamento, capacitação, desempenho e qualificação profissional. Assim, surgem formações com diferentes formatos de carga horária e programas com promessas atraentes de eficácia. Essas formações são limitadas apenas pelo tempo e pelos recursos financeiros de cada participante. Fender (2018) lembra que o princípio de que tal Desenvolvimento Profissional Contínuo (*Continuing Professional Development* ou CPD) seja essencial para manter a eficácia dos terapeutas permanece incontestável. Porém, enquanto uma ampla gama de atividades relacionadas pode ser utilizada para cumprir os critérios profissionais, é preciso questionar se os requisitos de planejamento, registro, avaliação e auditoria do desenvolvimento profissional privilegiam a aprendizagem. Segundo Taylor *et al.* (2019), o processo ou a metodologia investigativa — por meio da qual os profissionais internalizam, participam, vivenciam e expressam tais aprendizados — merecem ser investigados no Desenvolvimento Profissional Contínuo.

Diante do exposto, apresenta-se a necessidade de levantamento da literatura sobre a temática da aprendizagem e do desenvolvimento profissional em educação continuada, em âmbito nacional e internacional. Portanto, com o propósito de levantar evidências específicas em artigos científicos empíricos publicados, realizou-se um estudo de revisão sistemática que investigou a aprendizagem e o desenvolvimento profissional em cursos de educação continuada. Isso foi feito com o intuito de fomentar diálogos e contribuir para a vivência de um caminho de desenvolvimento pessoal e profissional.

2.1 METODOLOGIA

Para o desenvolvimento desta revisão sistemática de literatura, seguiu-se as orientações de Costa e Zoltowski (2014), as quais são norteadas pela questão: como se expressam a aprendizagem e o desenvolvimento profissional em cursos de formação continuada?

Foram selecionadas para a consulta as bases de dados das áreas da Psicologia e da Educação. Antes de iniciar a pesquisa nas bases de dados, procedeu-se a consulta dos descritores nos bancos de terminologia Thesaurus de Termos em Psicologia (Thesaurus of Psychological Terms) da APA (American Psychology Association) e Thesaurus de Termos em Educação do Eric (Educational Resources Information Centre), com a intenção de encontrar termos sinônimos que sintetizassem conceitos e variáveis investigadas na pesquisa.

Assim, partindo dos termos similares identificados para *continuing education*, foram identificados como descritores do Thesaurus of Psychological Terms: *continuing education; adult education; adult learning; individualized instruction; professional development*; e *training or continuing professional development*. No Thesaurus of Educational Terms, foram identificados os seguintes termos: *continuing education; development adult learning; continuing formation; permanent education; development learning education; training or professional practice; continued education; continuing professional development; lifelong professional education*; e *lifelong professional learning*.

As bases de dados consultadas foram: Literatura Latino-Americana em Ciências da Saúde (Lilacs), PsycINFO, Periódicos Capes, Educational Resources Information Centre (Eric) e Scientific Eletronic Library Online (SciELO). Para unificar o processo de busca e de armazenamento dos artigos, foi utilizada uma *string* de busca, ou seja, o conjunto de descritores levantados nos tesauros supracitados com os operadores booleanos AND, OR e o uso de parênteses.

A *string* utilizada foi: (Continuing Education OR Adult Education OR Adult Learning OR Individualized Instruction OR Professional Development OR Training OR Development Adult Learning OR Continuing Formation OR Permanent Education OR Development Learning Education OR Continuing Professional Development OR Training OR Profissional Practice OR Lifelong Professional Education) AND Learning AND Development. Esse processo de busca foi realizado inicialmente entre 1 e 25 de setembro de 2018. A fim de obter mais dados, uma nova pesquisa foi realizada entre 5 de junho e 30 de junho de 2019.

Os critérios de inclusão foram: artigos dos últimos cinco anos, entre junho de 2014 e maio de 2019; artigos que passaram por avaliação de pareceristas *ad hoc* para aprovação; artigos nacionais e internacionais; com a população adulta de graduados em qualquer área de atuação profissional;

e artigos envolvendo estudos empíricos. Os critérios de exclusão foram: estar fora do recorte temporal de junho 2014 a maio de 2019; não serem artigos revisados; livros, teses, dissertações, editorial, resumos e outras publicações; temática sem referência à aprendizagem e desenvolvimento; estudos teóricos; não se referir a adultos profissionais; não envolver a formação continuada de participantes graduados — por exemplo, a educação de adultos. Também foram excluídos artigos relacionados à Educação a Distância (EaD). A Figura 1 sumaria o processo de seleção dos artigos.

Figura 1 – Procedimentos de seleção dos artigos

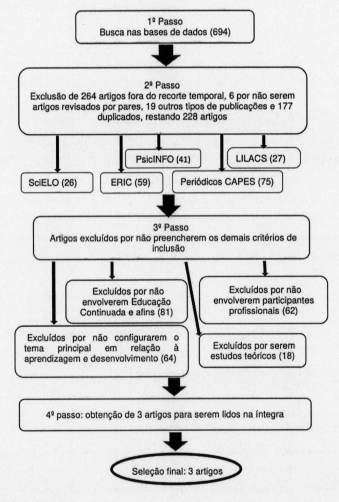

Fonte: as autoras (2021)

Para a obtenção dos artigos escolhidos, conforme mostra a Figura 1, inicialmente foram localizados 694 artigos usando a *string* escolhida. Desse levantamento, 466 artigos foram excluídos, pois 264 estavam fora do recorte temporal; 6 não foram revisados por pares; 19 consistiam em outros tipos de publicação, como livros, resenhas, editoriais e resumos; e 177 eram duplicados. Restaram, assim, 228 artigos para a seleção conforme os critérios de inclusão e de exclusão. Foram excluídos 64 artigos por não configurarem o tema principal em relação à aprendizagem e ao desenvolvimento, 18 por serem estudos teóricos, 62 por não corresponderem à população de adultos profissionais e 81 por não envolverem a educação continuada. Desse modo, foram obtidos três artigos, os quais foram analisados por categorias gerais de informações: título do artigo; autores; periódico; ano de publicação; país do estudo; referencial teórico; objetivos; localização temporal da intervenção; contexto; descrição dos participantes; abordagem e metodologia usada; principais achados; e limitações do estudo.

No que se refere às exclusões, ressalta-se que a temática "aprendizagem e desenvolvimento em cursos de Educação Continuada (EC)" e suas correspondências têm sido estudadas sob diversas perspectivas. Por exemplo, foram excluídos estudos relacionados às fases do desenvolvimento infantil e da aprendizagem, os quais foram realizados em cursos de formação; à aprendizagem e ao desenvolvimento ao longo da vida de determinada população; e às pesquisas que apresentavam levantamento de dados sobre a aprendizagem em cursos e instituições de ensino superior para oferecer serviços educacionais qualificados na modalidade de EC. Também foram excluídos artigos teóricos e de levantamento de cursos voltados à aprendizagem profissional em colaboração com instituições nacionais e internacionais; estudos que visavam oferecer igualdade de acesso à aprendizagem profissional em cursos de EC; pesquisas nas quais os cursos de EC eram requisitos considerados oficiais para a manutenção de titularidade profissional nos países da Europa e Estados Unidos, como prova de desenvolvimento e capacitação profissional continuado; e, por fim, estudos sobre cursos integralmente ofertados na modalidade *on-line*, norteados pelo domínio cognitivo.

2.2 RESULTADOS

Os três artigos selecionados foram publicados entre 2016 e 2019. Eles estavam disponíveis nas bases de dados como segue: um na base Eric e dois no Portal de Periódicos Capes. Os estudos foram conduzidos em dois países e em distintos continentes, como mostra o Quadro 1.

Quadro 1 – Origem dos artigos

Artigo	Periódico	Ano de publicação	País	Base de dados
Desenvolvendo competências no ensino em enfermagem obstétrica: aproximações entre teoria e prática (LIMA *et al.*, 2017)	Revista Brasileira de Enfermagem	2017	Brasil	Capes
Between two advisors: interconnecting academic and workplace settings in an emerging field (HYTÖNEN *et al.*, 2016)	Vocations and Learning	2016	Finlândia	Eric
Residência multiprofissional como espaço intercessor para a educação permanente em saúde (SILVA, C. *et al.*, 2016)	Texto & Contexto: Enfermagem	2016	Brasil	Capes

Fonte: as autoras (2021)

Os três artigos foram publicados nos periódicos *Revista Brasileira de Enfermagem, Vocations and Learning* e *Texto & Contexto: Enfermagem*. Dois artigos foram publicados em 2016 e um em 2017. Ao considerar o país de origem das publicações, observa-se a concentração de dois artigos partindo do continente americano na América do Sul, sendo ambos realizados no Brasil. Não foram encontrados estudos na América Central e do Norte que contemplassem os critérios de inclusão desta revisão sistemática. Quanto ao país do continente europeu, a Finlândia realizou o outro estudo selecionado. Também não foram encontrados estudos dos continentes da África, Ásia e Oceania que estivessem dentro dos critérios de inclusão desta revisão.

Em relação aos autores de referência que subsidiaram as discussões, o artigo de LIMA *et al.* (2017) fundamentou-se em Zangao e Mendes (2015 *apud* LIMA *et al.*, 2017). O artigo de Hytönen *et al.* (2016) amparou-se nos estudos de Bereiter e Scardamalia (1993 *apud* HYTÖNEN *et al.*, 2016), Billett (2008 *apud* HYTÖNEN *et al.*, 2016), Ericsson (2006 *apud* HYTÖNEN *et al.*, 2016), Hakkarainen *et al.* (2004, 2011 *apud* HYTÖNEN *et al.*, 2016), Hatano e Inagaki (1986 *apud* HYTÖNEN *et al.*, 2016) e Ohlsson (2011 *apud* HYTÖNEN *et al.*, 2016). Por fim, o artigo de C. Silva *et al.* (2016) subsidiou-se nos autores Ceccim (2005, 2009, 2010 *apud* SILVA, C. *et al.*, 2016), Franco (2006 *apud* SILVA, C. *et al.*, 2016) e Merhy (2002 *apud* SILVA, C. *et al.*, 2016). Essas informações são apresentadas no Quadro 2.

APRENDIZAGEM E DESENVOLVIMENTO NA PSICOLOGIA E PSICOTERAPIA ANTROPOSÓFICA

Quadro 2 – Informações gerais sobre os artigos

Artigo	Objetivo	Participantes e ano do estudo	Referencial teórico	Abordagem e Metodologia	Instrumentos/ Medidas
Desenvolvendo competências no ensino em enfermagem obstétrica: aproximações entre teoria e prática (LIMA, et al., 2017)	Analisar o desenvolvimento de competências profissionais em curso de pós-graduação em Enfermagem Obstétrica	11 egressos da especialização em Enfermagem Obstétrica da Universidade Estadual do Ceara em 2015	Zangao e Mendes (2015); Organização Mundial da Saúde (2005); Conselho Federal de Enfermagem (2016); Australian Health Promotion Associations (AHPA) (2009)	Estudo exploratório com abordagem qualitativa	Entrevista semiestruturada
Between two Advisors: Interconnecting Academic and Workplace Settings in an Emerging Field (HYTÖNEM et al., 2016)	Analisar o procedimento com dois conselheiros que visa apoiar a aprendizagem profissional contínua e o desenvolvimento de profissionais que trabalham em áreas emergentes, interligando ambientes acadêmicos e locais de trabalho	18 participantes num treinamento no qual quatro participantes vieram da Universidade A, seis da Universidade B e oito da Universidade C, mais oito consultores acadêmicos especializados e oito consultores do trabalho em 2011	Campos profissionais emergentes nos quais não há programas de educação encontrados em Bereiter e Scardamalia (1993); Billett (2008); Ericsson (2006); Hakkarainen et al. (2004,2011); Hatano e Inagaki (1986) e Ohlsson (2011)	Pesquisa qualitativa e quantitativa.	Entrevistas semiestruturadas. A análise de conteúdo seguiu o programa ATLAS.ti. Os resultados usam programas estatístico como KAPPA para a análise de confiabilidade, e os coeficientes são correlacionados com o programa SPEARMAN

Artigo	Objetivo	Participantes e ano do estudo	Referencial teórico	Abordagem e Metodologia	Instrumentos/ Medidas
Residência multiprofissional como espaço intercessor para a Educação Permanente em Saúde (EPS) (SILVA, T. S. da et al., 2016)	Compreender como a Educação Permanente em Saúde é operacionalizada na Residência Multiprofissional em Saúde	16 profissionais vinculado à Residência Multiprofissional em Saúde, em um hospital de ensino no Sul do Brasil, em 2012	Fundamentada em concepções de diversos autores como Ceccim (2005, 2009, 2010), Franco (2006) e Merhy (2002), os quais participam ativamente na produção de conhecimento sobre a EPS, além de outros autores em consonância com essa produção de conhecimento.	Pesquisa de campo, descritiva, exploratória, de abordagem qualitativa e de tipo estudo de caso	Entrevistas, observações e análise documental

Fonte: as autoras (2021)

O Quadro 2 dispõe sobre a distribuição dos participantes, o contexto e o ano em que os estudos foram realizados.

O estudo de Hytönen *et al.* (2016) teve 18 participantes voluntários e consistiu em um treinamento com quatro participantes da Universidade A, seis da Universidade B e oito da Universidade C; contou também com oito consultores acadêmicos especializados e oito consultores da organização local de trabalho. O estudo foi realizado no contexto de um estágio acadêmico de um ano, como um treinamento em eficiência energética. O estágio integrou um programa-piloto de educação organizado por um programa de pós-graduação na área de eficiência energética na Finlândia. Parte essencial do treinamento foi um projeto de estudo, concluído pelos participantes em seus locais de trabalho durante o ano de 2011.

O estudo de C. Silva *et al.* (2016) contou com 16 participantes profissionais vinculados à Residência Multiprofissional em Saúde da área hospitalar, contemplando as seguintes áreas: Enfermagem, Psicologia, Nutrição, Serviço Social, Fisioterapia, Fonoaudiologia, Farmácia, Terapia Ocupacional, Odontologia e Educação Física. Foi realizado em um hospital de ensino, no Sul do Brasil, no ano de 2012.

No estudo de Lima *et al.* (2017), participaram 11 egressos da especialização em Enfermagem Obstétrica da Universidade Estadual do Ceará, no ano de 2015. O estudo teve como contexto uma maternidade obstétrica e neonatal que recebe alunos de várias instituições de Ensino Superior público e privado, dentre elas as residências médicas e multiprofissional, os alunos de graduação e de pós-graduação de Enfermagem e um hospital de referência em Fortaleza, Ceará.

Os três estudos selecionados conectaram a aprendizagem dentro de instituições educacionais com experiências baseadas na prática em locais de trabalho ou atuação profissional.

No que se refere à abordagem dos estudos, dois artigos adotaram a abordagem qualitativa (LIMA *et al.*, 2017; SILVA, C. *et al.*, 2016); e um, a abordagem do método misto (HYTÖNEN *et al.*, 2016). Ambos os estudos qualitativos (LIMA *et al.*, 2017; SILVA, C. *et al.*, 2016) foram exploratórios. Em relação ao delineamento, o estudo de C. Silva *et al.* (2016) optou pelo estudo de caso. Quanto aos instrumentos de coleta de dados, a entrevista semiestruturada foi utilizada nos três estudos. No entanto, enquanto Lima *et al.* (2017) e Hytönen *et al.* (2016) usaram apenas a entrevista semiestruturada como instrumento em seus estudos; o estudo de C. Silva *et al.* (2016) utilizou também a análise documental e a observação de campo.

Em relação à análise de dados, o estudo de Hytönen *et al.* (2016) utilizou o programa ATLAS.ti para a análise de confiabilidade; os coeficientes foram correlacionados com o programa SPEARMAN e os resultados usaram programas estatístico como KAPPA. Já C. Silva *et al.* (2016) realizaram a análise dos dados de forma integrada, contemplando a triangulação dos dados no estudo de caso. Destaca-se que, nas etapas de análise prévia e exploração do material, foi utilizado o *software* Atlas Ti 6.2 (Qualitative Research and Solutions), versão Free Trial, disponibilizada gratuitamente para auxiliar na codificação das entrevistas. A análise dos resultados ocorreu a partir da triangulação dos dados da leitura do conteúdo das entrevistas, das observações realizadas e da análise documental, buscando convergências entre essas e os objetivos elencados. No estudo de Lima *et al.* (2017), por sua vez, o tratamento dos dados seguiu a análise temática. Em uma análise prévia, fez-se a organização do material transcrito; em seguida, foi realizada a leitura flutuante, com o intuito de absorver todo o conteúdo, definindo o *corpus* do estudo para a exploração do material. Fez-se depois o recorte do *corpus*, a categorização e a descrição das categorias e, por fim, realizou-se a correlação dos achados com a literatura, interpretados como resultados do estudo.

Quanto à temática da aprendizagem e desenvolvimento na educação continuada considerada em cada estudo, o Quadro 3 evidencia que não houve uma padronização.

Quadro 3 – Foco de estudo dos artigos

Estudo	Aprendizagem e desenvolvimento na educação continuada
1) Desenvolvendo competências no ensino em enfermagem obstétrica: aproximações entre teoria e prática.	O curso constitui um espaço para a construção e o desenvolvimento de competências na enfermagem obstétrica, fortalecendo e ampliando o campo de atuação do profissional e de experiências vivenciadas na pós-graduação em obstetrícia: desafios e dificuldades enfrentadas pelos egressos.
2) Between two advisors: interconnecting academic and workplace settings in an emerging field.	O treinamento como programa de educação em campos profissionais emergentes que, ao usar dois conselheiros, promove a interconexão dos contextos do trabalho e acadêmico aproximando-os. Ao fornecer conhecimento sólido baseado em pesquisa e prática, auxilia os participantes no aprofundamento de suas aptidões e no desenvolvimento de competências profissionais, apoiando o cultivo de novas formas de conhecimentos necessárias na vida profissional futura (por exemplo, desenvolver competências adaptativas que os permitam transcender as práticas existentes).

Estudo	Aprendizagem e desenvolvimento na educação continuada
3) Residência Multiprofissional em Saúde (RMS) como espaço intercessor para a Educação Permanente em Saúde (EPS).	O curso visa ampliar o diálogo que trata a respeito da problemática da Educação Permanente em Saúde contextualizada no espaço da Residência Multiprofissional em Saúde como instituidora de espaços coletivos de Educação Permanente em Saúde permeando a formação dos residentes por meio de encontros e ações pedagógicas desenvolvidas no cotidiano de atuação dos profissionais de um programa de RMS, a qual pode funcionar estrategicamente para a disseminação da EPS entre os profissionais de saúde, englobando usuários, docentes e estudantes, e no desenvolvimento de competências para que os profissionais de saúde atuem nos cenários do Sistema Único de Saúde (SUS).

Fonte: as autoras (2021)

Como revela o Quadro 3, cada um dos artigos selecionados apresentou seu próprio entendimento, conforme o contexto abordado.

O estudo de Lima *et al.* (2017) aborda a temática no espaço emergente do cotidiano profissional, na aprendizagem e no desenvolvimento de competências na enfermagem obstétrica, fortalecendo e ampliando o campo de atuação do profissional e de experiências vivenciadas na pós-graduação em obstetrícia. Já o estudo de Hytönen *et al.* (2016) aborda a temática sob a perspectiva de um programa de educação em campos profissionais emergentes, interconectando consultores acadêmicos e técnicos. Ao aproximar os contextos teórico e prático, é fornecido o conhecimento sólido com base em pesquisa e prática, auxiliando os participantes na aprendizagem, no desenvolvimento e no aprofundamento de suas aptidões e competências profissionais e no cultivo de novas formas de conhecimento que serão necessárias em sua vida profissional futura. O artigo de C. Silva *et al.* (2016) expõe a temática no programa de Residência Multidisciplinar em Saúde, a qual pode funcionar estrategicamente para a disseminação da Educação Permanente em Saúde entre seus profissionais, englobando usuários, docentes e estudantes, bem como para o desenvolvimento de competências para que os profissionais de saúde atuem no cenário do Sistema Único de Saúde (SUS).

O Quadro 4, apresentado a seguir, sumaria os objetivos e os resultados dos artigos selecionados nesta revisão sistemática.

Quadro 4 – Objetivos e os resultados dos estudos (continua)

Artigo	Objetivo	Resultados/conclusões	Limitações
Desenvolvendo competências no ensino em enfermagem obstétrica: aproximações entre teoria e prática. (LIMA *et al.*, 2017).	Analisar o desenvolvimento de competências profissionais em curso de pós-graduação.	Foram analisados em duas categorias temáticas: - construção de competências na enfermagem obstétrica evidencia estar fortalecendo e ampliando o campo de atuação do profissional; na aprendizagem em relação aos conteúdos teóricos e práticos atendeu às expectativas dos egressos, com contribuições para construção de um profissional crítico-reflexivo e preparado para enfrentar o mercado de trabalho. - Experiências vivenciadas na pós-graduação em obstetrícia denotam desafios e dificuldades enfrentadas pelos egressos para que sintam-se preparados para desenvolver suas habilidades e atitudes de forma eficaz. Esses referiram haver descompasso entre o tempo de abordagem dos saberes teóricos e práticos; [continua]	O fato de a investigação ter ocorrido em uma única turma do curso de Enfermagem Obstétrica não permite a generalização dos achados para outros programas educacionais *lato sensu*.

APRENDIZAGEM E DESENVOLVIMENTO NA PSICOLOGIA E PSICOTERAPIA ANTROPOSÓFICA

Artigo	Objetivo	Resultados/conclusões	Limitações
		[continuação]foi uma oportunidade única para desenvolver as competências na formação como especialista; uma de suas motivações foi a de propor mudanças na assistência obstétrica em suas instituições, com objetivo de implementar o modelo assistencial da humanização do parto e nascimento e as boas práticas, a fim de proporcionar atendimento de qualidade. Na ótica dos sujeitos, o curso confere o desenvolvimento de competências que fortalecem e ampliam o campo de atuação da enfermagem obstétrica.	

Artigo	Objetivo	Resultados/conclusões	Limitações
Between two Advisors: Interconnecting Academic and Workplace Settings in an Emerging Field. (HYTÖNEN *et al.*, 2016).	Analisar o procedimento com dois conselheiros, o que visa apoiar a aprendizagem profissional contínua e ao desenvolvimento de profissionais que trabalham em áreas emergentes, interligando ambientes acadêmicos e locais de trabalho.	O estudo aponta que o procedimento usando dois consultores parece ser um método valioso para preparar trabalhadores para atenderem às novas exigências de um mundo em mudança e de sua vida profissional futura, especialmente em campos emergentes. Porém, a interconexão entre o local de trabalho, o conhecimento e as práticas acadêmicas dificilmente foram encontrados nas orientações fornecidas pelos consultores acadêmicos e do local de trabalho de cada participante. O contexto profissional do *trainee*, a instituição, apresenta-se distinto das culturas da vida acadêmica e profissional. As orientações bem-sucedidas estavam relacionadas aos fatores a níveis pessoal, de díade e de contexto. [continua]	A dificuldade em avaliar o nível real de experiência adaptativa dos participantes, mesmo que a investigação tenha se baseado em extensos dados de entrevistas, foi estudada apenas em um curso de formação profissional, que entrevistou apenas um número limitado de participantes e avaliou a natureza de sua experiência, baseando-se apenas em seus relatos. Mais pesquisas são necessárias para generalizar os resultados. Além disso, não foi alcançado um parecer dos orientadores dos participantes do curso para a entrevista. Portanto, a informação quanto ao sucesso dos processos de orientação e a interconexão acadêmica e o ambiente de trabalho foi baseada exclusivamente por meio das experiências dos participantes do curso.

APRENDIZAGEM E DESENVOLVIMENTO NA PSICOLOGIA E PSICOTERAPIA ANTROPOSÓFICA

Artigo	Objetivo	Resultados/conclusões	Limitações
		[continuação] Isso ocorre, pois sua intercomunicação promove uma combinação excelente entre os perfis de especialista do aluno e do orientador, o que parece ser especialmente crítico para uma orientação bem-sucedida e uma troca poderosa de conhecimento em campos emergentes. A destinação de recursos suficientes pela instituição mostra haver prontidão pelos locais de trabalho para organizar orientação qualificada ou, pelo menos, vontade de apoiar os esforços do estagiário para aplicar os conhecimentos teóricos fornecidos pelas universidades para as práticas de trabalho. Contudo, para além de recursos suficientes para organizar a orientação, diferentes aspectos do processo de orientação devem encaixar-se para que essa seja bem-sucedida, para que as pessoas certas sejam encontradas e para que os estagiários sejam orientados para utilizar os novos recursos que lhes são fornecidos.	

Artigo	Objetivo	Resultados/conclusões	Limitações
Residência multiprofissional como espaço intercessor para a Educação Permanente em Saúde (EPS) (SILVA, C. *et al.*, 2016).	Compreender como a Educação Permanente em Saúde (EPS) é operacionalizada na Residência Multiprofissional em Saúde (RMS).	Este estudo referencia a Residência Multiprofissional em Saúde como um espaço intercessor para o desenvolvimento de ações de Educação Permanente em Saúde, pois propicia o encontro dos integrantes da residência por meio dos seminários de núcleo e campo, preceptorias, aulas teóricas e atividades de campo, construindo relações e interações entre eles. Durante o momento relacional e interativo, a EPS é discutida pelo grupo participante e incorporada ao cotidiano de atuação de cada profissional, tornando-se presente em cada planejamento de atividade, em encontros de profissionais da saúde com docentes, usuários e profissionais do serviço. É de acordo com esse cenário que a RMS, imbuída da perspectiva da EPS, pode promover mudança de atitude dos profissionais na área de saúde, sensibilizando-os para atuar de modo diferente do tradicional. [continua]	Ainda há desafios para que de fato ocorra a contextualização e a EPS seja disseminada e consolidada como política. Entre os desafios, destacam-se os que se assemelham àqueles enfrentados pelo Sistema Único de Saúde (SUS), principalmente no que se refere à perpetuação das práticas contra-hegemônicas, ainda presentes na formação dos profissionais de saúde.

Artigo	Objetivo	Resultados/conclusões	Limitações
		[continuação] Nesse sentido, nota-se que trabalhar na perspectiva da EPS, cuja ideologia propõe realizar transformações no campo da saúde, significa aceitar que as mudanças na formação e na saúde dependem de diversos fatores relacionados aos paradigmas vigentes.	

Fonte: as autoras (2021)

Conforme o Quadro 4, os objetivos, os resultados e as limitações considerados pelo estudo de Lima *et al.* (2017) respondem ao seu objetivo, evidenciando a pós-graduação como espaço em que as aprendizagens e o desenvolvimento profissional são expressos, proporcionando aos egressos uma formação de profissionais crítico-reflexivos e criativos. Nota-se, ainda, que os conhecimentos técnicos e científicos adquiridos durante o processo de ensino-aprendizagem foram aplicados no desenvolvimento das habilidades e das atitudes para a atuação profissional nos programas de saúde da mulher e na assistência ao parto normal, identificando os riscos obstétricos e perinatais, seguindo as bases epidemiológicas, clínicas e humanísticas, por meio da articulação entre a teoria e a prática baseada em evidências científicas. Entretanto, o estudo traz como limite a não possibilidade de generalização a outros programas educativos pelo fato de a pós-graduação ter sido realizada com uma turma do curso de Enfermagem Obstétrica.

Hytönen *et al.* (2016) respondem ao seu objetivo ao apresentar resultados que demonstram que, em campos emergentes, a orientação profissional de sucesso é um processo afetado pelas características do aluno, do orientador e de suas interações, bem como pelas características do ambiente de aprendizagem e pela natureza do conhecimento. Portanto, a base para um processo de orientação bem-sucedido é a regulação das reuniões, bem como um conselheiro acessível, útil e dedicado, um estagiário empenhado e objetivos claros definidos para orientação. As limitações que o estudo apresenta relacionam-se ao baixo número de relatos de participantes e à ausência de entrevistas aos consultores.

No estudo de C. Silva *et al.* (2016), os resultados promovem a compreensão da Residência Multiprofissional em Saúde (RMS) como estratégia para a disseminação da Educação Permanente em Saúde entre os profissionais, usuários, docentes e estudantes. O estudo se propõe a realizar transformações no campo da saúde, o que significa aceitar que as mudanças na formação e na saúde dependem de diversos fatores relacionados aos paradigmas vigentes. Desse modo, a RMS é considerada capaz de desenvolver profissionais na área de saúde, sensibilizando-os para atuar de modo diferente do tradicional. A limitação do estudo recai sobre os desafios para que de fato ocorra a contextualização e a Educação Permanente em Saúde, para que seja disseminada e consolidada como política, principalmente no que se refere à perpetuação das práticas contra-hegemônicas ainda presentes na formação dos profissionais de saúde.

O Quadro 5 apresenta os principais achados e sugestões dos artigos selecionados.

Quadro 5 – Levantamento dos achados e das sugestões

Artigo	Achados	Sugestões
Desenvolvendo competências no ensino em enfermagem obstétrica: aproximações entre teoria e prática (LIMA *et al.*, 2017).	Houve o fato de os egressos constituírem um *corpus* potencialmente implicado na construção e na transformação de pensamentos, percepções e valores das instituições de saúde e ensino, necessários às mudanças nas organizações políticas e sociais, visando atendimento integral e igualitário à população.	Revisar o desenho curricular do curso de especialização em Enfermagem Obstétrica, incorporando a ele as metodologias ativas de ensino-aprendizagem, como recomendam as Diretrizes Curriculares Nacionais.
Between two advisors: interconnecting academic and workplace settings in an emerging field (HYTÖNEN *et al.*, 2016).	Este estudo ressalta a importância de encontrar os consultores certos, competentes e dedicados. Encontrar estagiários e consultores bem-preparados pode também assegurar práticas de consultoria regulares e orientadas para objetivos que se tornam parte natural da prática diária em vez de permanecerem apenas ações externas ou conhecimentos inertes.	Futuros estudos deveriam examinar os mecanismos por meio dos quais as pessoas certas encontram-se umas às outras e começam a colaborar desempenhando um papel crucial na aprendizagem profissional. Investigação futura poderia ajudar a ultrapassar os obstáculos à interligação da orientação que tem lugar nesses dois contextos, procurando encontrar exemplos bem-sucedidos de aproximação entre esses contextos em vez de apenas identificar os problemas e as complicações.
Residência Multiprofissional como espaço intercessor para a Educação Permanente em Saúde (SILVA, C. *et al.*, 2016).	No que consta à formação dos residentes, orientada pelos princípios da EPS, destaca-se que essa excede uma perspectiva pontual, uma vez que é desencadeada por espaços em que atores dialogam sobre a Educação Permanente a fim de que possa contribuir para o desenvolvimento de competências para que os profissionais de saúde atuem nos cenários do SUS.	Outros estudos são necessários, dentre eles um estudo destinado a verificar como a EPS está sendo avaliada nos espaços de sua abrangência e como ela está subjetivando os profissionais de saúde, objeto de editais de pesquisas em saúde recentes do Ministérios da Saúde e da Educação.

Fonte: as autoras (2021)

O estudo de Lima *et al.* (2017) destaca que os egressos constituíram um *corpus* potencialmente implicado na construção e na transformação de pensamentos, de percepções e de valores das instituições de saúde e de ensino, sendo isso necessário às mudanças nas organizações políticas e sociais, visando o atendimento integral e igualitário à população. O artigo de Hytönen *et al.* (2016) ressalta o diálogo entre teoria, pesquisa e prática como promotor do desenvolvimento e de competências profissionais atuais e futuras. Para os autores, o encontro de estagiários e de consultores bem-preparados pode também assegurar práticas de consultoria regulares e orientadas para objetivos que se tornam parte natural da prática diária, em vez de permanecerem apenas ações externas ou conhecimentos inertes. Já o estudo de C. Silva *et al.* (2016) aponta a formação dos residentes como excedente da perspectiva pontual, uma vez que é desencadeada por espaços em que atores dialogam sobre a Educação Permanente a fim de que possam contribuir para o desenvolvimento de competências para que os profissionais de saúde atuem no cenário do SUS.

Conforme o Quadro 5, Lima *et al.* (2017) sugerem revisar o desenho curricular do curso de especialização em Enfermagem Obstétrica e incorporar metodologias ativas de ensino-aprendizagem, como recomendam as Diretrizes Curriculares Nacionais, atendendo às situações levantadas na pesquisa em relação à distância entre a teoria e a prática. Hytönen *et al.* (2016) sugerem estudos para examinar os mecanismos por meio dos quais as pessoas certas encontram-se umas às outras e começam a colaborar desempenhando um papel crucial na aprendizagem profissional. Tal processo, para os autores, contribuiria para ultrapassar os obstáculos à interligação da orientação que tem lugar nos ambientes acadêmico e prático, procurando encontrar exemplos bem-sucedidos de aproximação entre esses contextos, em vez de apenas identificar os problemas e complicações. Por fim, o estudo de C. Silva *et al.* (2016) sugere estudos que verifiquem como a Educação Permanente em Saúde está sendo avaliada nos espaços de sua abrangência e como ela está subjetivando os profissionais de saúde, considerando ser objeto de editais de pesquisas em saúde recentes do Ministérios da Saúde e da Educação.

2.3 DISCUSSÃO

Esta revisão norteou-se em Costa e Zoltowski (2014). Para a seleção das publicações, optou-se por uma *string* para o termo *Educação Continuada*, tendo em vista a diversidade de termos correlatos conforme apresentado

APRENDIZAGEM E DESENVOLVIMENTO NA PSICOLOGIA E PSICOTERAPIA ANTROPOSÓFICA

no treinamento de Hytönen *et al.* (2016) e no programa de Residência, de acordo com a Resolução CNS n.º 287/1998 (BRASIL, 1998 *apud* LIMA, 2017; SILVA, C. *et al.* 2016). Logo, evidencia-se a necessidade do uso de uma *string* nesta revisão, uma vez que o termo *Educação Continuada* não foi usado diretamente nos estudos, porém, sim, os seus correlatos, os quais são classificados como pós-graduação *lato sensu*. No Brasil, é reconhecido como pós-graduação *lato sensu* o curso que estiver credenciado ao Ministério da Educação e Cultura (MEC).

Constatou-se, como fator limitador do número de publicações nas buscas nas bases de dados, a relação entre a aprendizagem e o desenvolvimento profissional em cursos de Educação Continuada, uma vez que foram utilizados como critérios de inclusão das publicações: estudo empírico, participantes profissionais e o contexto que envolvesse aprendizagem e desenvolvimento em curso de Educação Continuada.

A abordagem escolhida utilizou estudos empíricos de aprendizagem e de desenvolvimento profissional em curso de educação continuada e mostrou-se importante para investigar fatores que refletem na aprendizagem e no desenvolvimento profissional, os quais foram evidenciados por participantes de cursos. Perante os dados obtidos, torna-se relevante avançar na compreensão dos aspectos evidenciados na aprendizagem e no desenvolvimento profissional nos cursos de educação continuada, apontando possíveis formas de enfrentamento para a superação dos desafios encontrados na aprendizagem e no desenvolvimento profissional.

A partir da presente revisão sistemática de literatura constatou-se que o fenômeno aprendizagem e desenvolvimento profissional em proposta de cursos de educação continuada foi pouco estudado, tendo em vista que, nos últimos cinco anos, foi pesquisado somente em dois países, com dois idiomas diferentes nos estudos selecionados. Ao mesmo tempo, apesar das diferenças institucionais entre os distintos programas de educação continuada nos diferentes países, pôde-se verificar que as investigações apresentadas nas publicações estavam associadas a cursos que envolviam múltiplos participantes ou trabalho em equipe, o que agregou desafios relacionados à comunicação entre supervisores da Universidade e da Organização em relação aos *trainees,* no estudo de Hytönen *et al.* (2016). Já os estudos de Lima *et al.* (2017) e de C. Silva *et al.* (2016) ocuparam-se com programas em ambientes da saúde pública. Destaca-se que o Brasil foi o país com o maior número de publicações. Ambas as publicações evidenciam a busca por espaço para o aprendizado profissional, bem como a necessidade de novas competências profissionais para a sociedade e preços acessíveis ou cursos gratuitos, o que colaborou para a participação de vários profissionais.

A publicação de Lima *et al.* (2017) teve seu foco direcionado à construção e ao desenvolvimento de competências para a ampliação do campo de atuação profissional, indo ao encontro de uma educação continuada para a inclusão de competências qualificadas especializadas com vistas ao mercado ao trabalho (LOPES; SILVA, 2018; SELVI; BALDAN; ALAGÖZ, 2016). Entretanto, estudos vêm chamando a atenção sobre o foco na aprendizagem de competências para o desempenho do papel profissional na sociedade em detrimento do aspecto do desenvolvimento pessoal (FENDER, 2018; SILVA, C. *et al.*, 2016).

Outra questão relevante demonstrada nos estudos (LIMA *et al.*, 2017; SILVA, C. *et al.*, 2016) relaciona-se à dificuldade no diálogo entre a teoria e a prática, com distanciamento entre o aprendizado conteudista e o momento da prática. De acordo com Alarcão e Tavares (2003), é importante que os mediadores tornem-se verdadeiros líderes de comunidades de prática e de aprendizagem nos cursos que medeiam, provocando a discussão e o confronto de ideias, fomentando a reflexão e a aprendizagem em colaboração, auxiliando a organizar o pensamento e a ação; pois, desse modo, podem contribuir para o desenvolvimento profissional contínuo de quem com eles trabalha e também para a tomada de consciência crítica dos adultos em formação. Nesse sentido, Tremblay *et al.* (2017) destacam que os supervisores de programas de saúde e as organizações participantes criam condições que facilitam a participação individual e em grupo para o colaborador, bem como seu envolvimento no projeto, especialmente no contexto de aprendizagem em processos de longo prazo.

Afirmação muito semelhante emitem Hytönen *et al.* (2016), que frisam a dificuldade encontrada na comunicação entre os mediadores locais e os universitários, estendendo-se aos *trainees*. De acordo com Alarcão e Tavares (2003), para que ocorra uma formação específica e contínua na área da supervisão, todos devem exercer funções de auto e heterossupervisão, adquirindo também uma formação mais sólida e contínua na área de treinamento. Os autores ressaltam a importância de que o supervisor crie condições propícias ao trabalho e à interação, facilite a reflexão, desenvolva o espírito reflexivo, o autoconhecimento, inovador e colaborativo, ajudando a identificar e a resolver problemas e dificuldades, a determinar os aspectos que devem ser observados para posterior reflexão e estabelecimento de

APRENDIZAGEM E DESENVOLVIMENTO NA PSICOLOGIA E PSICOTERAPIA ANTROPOSÓFICA

estratégias adequadas, bem como a planificar e avaliar o processo educativo, a definir planos de ação e a criar espírito profissional (ALARCÃO; TAVARES, 2003).

Quanto ao aspecto metodológico, cabe destacar que os estudos relacionam o referencial teórico a teorias generalistas de políticas públicas na saúde (LIMA *et al.*, 2017; SILVA, C. *et al.*, 2016) e a campos profissionais emergentes (HYTÖNEN *et al.*, 2016). Logo, para questões relacionadas aos fundamentos dos programas, deve-se buscar alternativas para lidar com processos imanentes à aprendizagem, tais como os estudos no contexto da saúde, cujo foco está no desenvolvimento e não no controle. Desse modo, há o interesse conciliado e um modelo integrado e estratégico para que as competências dos enfermeiros sejam desenvolvidas (MELLO *et al.*, 2018).

Observa-se que a escolha dos métodos de estudo foi ao encontro dos objetivos dos estudos. C. Silva *et al.* (2016) e Lima (2017) optaram pelo estudo qualitativo; já Hytönen *et al.* (2016), pelo estudo qualitativo e quantitativo. Tais escolhas favorecem a evidência de seus resultados considerando seus contextos e o objetivo dos estudos em relação à população (CRESWELL, 2016).

Em relação ao delineamento dos estudos, ressalta-se que dois estudos (HYTÖNEN *et al.*, 2016; LIMA *et al.*, 2017) definem seus estudos como exploratórios, enquanto C. Silva *et al.* (2016) optaram pelo estudo de caso. Para contribuir na evidência dos fatores que os estudos levantaram em seus resultados, sugere-se a realização de estudos longitudinais, os quais possibilitam analisar mudanças que ocorrem ao longo do tempo em determinadas variáveis e contextos e possibilitem inferência sobre as suas involuções, causas e efeitos (SAMPIERI; COLLADO; LÚCIO, 2013).

No tocante aos participantes, entende-se que os pesquisadores partem de variáveis relacionadas a essa população, utilizando-a como indicação das conexões entre os participantes, os mediadores e os contextos em que os estudos ocorrem e vinculam-se. Considerando o número das amostras, observa-se o compromisso dos pesquisadores (HYTÖNEN *et al.*, 2016; LIMA *et al.*, 2017; SILVA, C. *et al.*, 2016) com a manutenção na qualidade metodológica nos estudos, seguindo o modelo de pesquisas indicadas por autores reconhecidos como Creswell (2016), Sampieri, Collado e Lúcio (2013) e Minayo (2005).

Quanto aos instrumentos de pesquisa utilizados por Lima *et al.* (2017), Hytönen *et al.* (2016) e C. Silva *et al.* (2016), percebe-se a entrevista semiestruturada como a escolha predominante nos três estudos, uma vez que ela auxilia no aprofundamento e na busca de dados sobre o objeto de estudo. O estudo de C. Silva *et al.* (2016) adotou a observação e a análise documental para um levantamento ampliado e detalhado das variáveis de seu objeto de estudo. Para dimensionar as variáveis do levantamento de dados, utilizou triangulação dos dados no estudo de caso, o que propicia à investigação generalizações naturalísticas e a manifestação de diferentes pontos de vista sobre o objeto de estudo (MINAYO, 2005).

Ao correlacionar objetivos e resultados, entende-se que os estudos revelam um panorama relevante para o ambiente científico sobre aprendizagem e desenvolvimento profissional em cursos de educação continuada. Nota-se que as variáveis individual, relacional, contextual e conceptiva ou fundamentadora do programa pedagógico sofrem interferência de fatores derivados da e na experiência humana do viver. Foi possível identificar como os cursos de educação continuada podem intervir de maneira educativa facilitando, limitando, atuando de modo preventivo e corretivamente sobre a aprendizagem e o desenvolvimento profissional.

No estudo de Lima *et al.* (2017), os participantes solicitaram adequação do modelo pedagógico em relação ao descompasso temporal entre a abordagem dos saberes teóricos e práticos. Para tal, ações que considerem teoria, pesquisa e prática relacionadas ao desenvolvimento de competências relacionados aos programas e suas adequações e revisões podem ser encontradas em Dahlgren, Gustavsson e Feje (2018), Sampson Junior *et al.* (2017) e Tremblay *et al.* (2017). Tal perspectiva também pode ser identificada nos estudos de Mello *et al.* (2018) e Alarcão e Tavares (2003), que frisam a necessidade de desenvolvimento das atitudes, das habilidades individuais e coletivas e dos conhecimentos, por meio de uma formação que possibilite o empoderamento dos atores envolvidos e dissolva a dicotomia entre teoria e prática.

Hytönen *et al.* (2016) destacam a dificuldade na interconexão entre o local de trabalho, o conhecimento e as práticas acadêmicas, que dificilmente foi encontrada nas orientações fornecidas pelos consultores acadêmicos e no local de trabalho de cada participante. Para a superação dos desafios e das mudanças que a vida profissional causa aos trabalhadores, e quando novas formas de cooperação são necessárias entre as instituições de ensino e trabalho, outros estudos apresentam referenciais importantes (BILLETT; HENDERSON, 2011; LOUREIRO; VILHENA-SOARES; SILVA, 2015; TREMBLAY *et al.*, 2017; ZOLINGEN; STREUMER; JONG; KLINK, 2000).

Como reforçam Mello *et al.* (2018), trabalhar com os gestores pode auxiliar na criação de um ambiente propicio à aprendizagem, além de divulgar e mediar as diferentes ações voltadas ao processo formativo.

Os estudos de Lima *et al.* (2017), Hytönen *et al.* (2016) e C. Silva *et al.* (2016) apontam o fator da díade como uma das variáveis que interfere na aprendizagem e no desenvolvimento profissional. Para isso, é importante reconhecer que atividades de acompanhamento provenientes de institutos ou de profissionais do trabalho e de associação dependem muito do apoio dos colegas e dos supervisores com os quais os participantes podem continuar a trabalhar e interagir após o término de uma atividade de desenvolvimento profissional em si (BLAKESLEY; BARON, 2002). Abordar a importância do treinamento em novas funções e suas consequências para o profissional e sua prática profissional, em que há a compreensão dos participantes sobre si mesmos como profissionais, mostrou-se importante, uma vez que as práticas de liderança não acompanhadas de treinamento impactam negativamente em certas dimensões da autoeficácia (PETRIDOU; NICOLAIDOU; KARAGIORGI, 2016). Outras características compartilhadas por outros estudos são: identificar e permitir que o participante identifique seus pontos vulneráveis e oferecer sugestões sobre o que fazer para melhorar por meio de uma análise consciente e cuidadosa de suas experiências de maneira significativa e transformacional (ALARCÃO; TAVARES, 2003; BILAL; GURAYA; CHEN, 2019; MELLO *et al.*, 2018; NYSTRÖM *et al.*, 2017; STOLTZ; WEGER; VEIGA, 2017). Nesse mesmo sentido, o estudo de Asikainen, Hailikari e Mattsson (2018) afirma que as emoções acadêmicas são uma parte importante da aprendizagem do aluno e precisam ser levadas em consideração na aprendizagem e no ensino.

C. Silva *et al.* (2016) evidenciam a necessidade de encontros com o outro, com o aprendizado na sala de aula e com o campo prático para desenvolver a produção de saúde. Estratégias de e para ações de aprendizagem a serem oferecidas a grupos são encontradas em Le Boterf (1997), que concebe a aprendizagem como um ato voluntário, e em Houten (2011), que considera a aprendizagem como um despertar para a vontade de aprender e o desenvolvimento de um sentimento pela verdade. Além da vontade de se desenvolver intencionalmente, também é essencial entender como a experiência de outros pode ser utilizada; isto é, não apenas adquirindo conhecimento, mas deliberadamente iniciando atividades conjuntas e colaborativas (MELLO *et al.*, 2018; SEITAMAA-HAKKARAINEN; HÄRKKI; LAHTI; HAKKARAINEN, 2016).

Ferraz *et al.* (2012) identificam ações, na Educação Permanente em Saúde, na promoção dos encontros interpessoais nos quais se desenvolve a produção do cuidado, configurando um cenário para a produção pedagógica que permite a troca de saberes cognitivos, afetivos e subjetivos. Observa-se que os três estudos problematizaram a aprendizagem e o desenvolvimento profissional como um fenômeno processual significativo no participante com reflexos na profissão, no contexto profissional, nos colaboradores locais, nos gestores institucionais e na sociedade.

Ao considerar a experiência vivenciada pelos participantes, obtém-se, como resultado de aprendizagem e de desenvolvimento profissional, habilidades que podem tornar-se potencialidades profissionais a serem usadas para melhorar a sociedade. Desse modo, dentre os fatores que incidem sobre o fenômeno da aprendizagem e do desenvolvimento profissional na Educação Continuada, faz-se necessária uma metodologia que atue e que permita ao profissional integrar conhecimento, experiência e prática à realidade, dando sentido e significado a si mesmo e ao mundo.

Por isso, oferecer possibilidades de superação, por meio da metodologia utilizada para cursos de educação continuada, pode minimizar as consequências apontadas como desafios a serem superados, refletindo na aprendizagem e no desenvolvimento expressos em capacidades e em potencialidades para a vida, atuando de maneira reorganizadora e preventiva para o profissional. Sugere-se, portanto, uma metodologia moderna que considere o participante com suas capacidades de pensar, sentir e desejar. Sendo o protagonista nessa vivência e experiência de aprendizado para si e para o mundo, o participante pode refletir em seu atuar com verdade, coragem e força ao interagir com seu entorno profissional e pessoal, revelados em sua confiança, sociabilidade, capacidade para a função, autoestima, autovalorização e sentimento de pertencimento, uma vez que se sinta colaborando para um mundo melhor (HOUTEN, 2011; LE BOTERF, 1997; MEZIROW, 2020; STOLTZ; WEGER, 2015).

2.4 CONCLUSÃO

A presente revisão da literatura buscou sistematizar o que os estudos atuais têm considerado ao trabalhar com a temática da aprendizagem e do desenvolvimento profissional em educação continuada. Os estudos analisados representam uma fonte importante de conhecimento para pesquisadores da área, bem como para profissionais da Psicologia e da Educação que trabalhem com aprendizagem e desenvolvimento de profissionais em educação continuada ou com formação continuada. Também identificam fatores que facilitam ou que dificultam para que esses processos sejam incorporados às demandas vivenciadas e experienciadas pelos participantes em curso, nacional e internacionalmente.

Considerando o volume crescente de estudos sobre a educação continuada, constata-se que esse tema representa uma fonte significativa de conhecimento para pesquisadores de variadas áreas, como a educação, a saúde e a psicologia, sob diversas perspectivas. Entretanto, quando o foco é dirigido para a aprendizagem e para o desenvolvimento profissional em cursos de Educação Continuada, temática desta revisão, fica evidente a lacuna existente, visto que um número reduzido de publicações foi selecionado (três artigos).

A despeito do baixo número de estudos, foram encontrados estudiosos que investigaram e identificaram condições desafiadoras em seus estudos e que, por isso, podem contribuir ou limitar a aprendizagem e o desenvolvimento profissional. Os fatores facilitadores e limitadores foram identificados para as variáveis individual profissional, relacional acadêmica e institucional, nos contextos profissional e social. Além dos desafios relacionados a aprendizagem e o desenvolvimento profissional apontado pelas variáveis citadas foram encontrados também desafios relacionados à metodologia utilizada nos programas dos cursos de Educação Continuada. Esse fator aponta diretamente para o poder transformador e de superação que a metodologia utilizada na educação de adultos pode proporcionar, quando existe comprometimento de todos os envolvidos na aprendizagem.

Convém destacar que a amostra de estudos analisada é apenas um recorte dos estudos sobre a aprendizagem e o desenvolvimento profissional em cursos de educação continuada, considerando a *string*, as bases de dados, os descritores, os operadores booleanos, os critérios de inclusão e de exclusão desta revisão sistemática. Tendo em vista o volume de estudos que as bases de dados apontam para a *string* do tema Educação Continuada e quando se associam outros descritores, o volume dos estudos dobra. Isso leva-nos a pensar que provavelmente os critérios de inclusão e de exclusão atuaram seletivamente, o que pode ter funcionado como limitador nas buscas nas bases de dados.

Para superar as possíveis limitações decorrentes desses critérios de inclusão, recomenda-se a realização de futura revisão em que o recorte temporal das publicações seja ampliado, uma vez que os critérios população, contexto e o enfoque temático aprendizagem e desenvolvimento profissional preservem fidedignidade e acurácia no levantamento de publicações para análise. Sugere-se também a realização de estudos longitudinais sobre a temática em estudos futuros, principalmente diante da relevância da temática para a compreensão da aprendizagem e do desenvolvimento profissional em cursos de educação continuada em âmbito mundial.

Por fim, destaca-se a importância de estudos que incluam a temática aprendizagem e desenvolvimento profissional em curso de educação continuada. Isso deve ser feito como forma de dar evidencia ao processo do aprender e do desenvolver-se humanamente através do significar o aprendido e direcioná-lo e/ou aplicá-lo a partir de si mesmo, em contrapartida ao funcionamento da atual cultura tecnicista, mercadológica ou de respostas atuantes, onde mais e mais cursos de educação continuada são oferecidos como capacitação profissional realizada somente de forma conteudista ou cem por cento virtual; como ferramenta inovadora que impulsiona a carreira ou como condição à acumular pontos com vistas à validação ou revalidação de registro ou certificado profissional em seu país.

Diante desta revisão sistemática sobre a aprendizagem e o desenvolvimento profissional em cursos de Educação Continuada e em Psicologia, foram identificadas dificuldades expressas como desafios a serem considerados e superados ao serem relacionados ao ser, ao fazer e ao estar profissionalmente aprendiz em desenvolvimento no mundo; ao contexto de envolvimento do profissional; aos gestores e ao princípio metodológico no qual o curso se embasa. Portanto, a partir dessa constatação e dando continuidade a este estudo científico, o próximo capítulo abordará a concepção teórica e metodológica da Formação Continuada em Psicologia e Psicoterapia Antroposófica com vistas a dar conhecimento e identificar a base ontológica e epistemológica do curso, contexto da pesquisa empírica.

3

ELEMENTOS FUNDAMENTAIS PARA A COMPREENSÃO DA PROPOSTA DA FORMAÇÃO CONTINUADA EM PSICOLOGIA E PSICOTERAPIA

Este capítulo apresenta a estrutura geral do Curso de Formação Continuada em Psicologia e Psicoterapia Antroposófica (CFCPPA), o qual busca responder aos desafios que envolvem o contexto de aprendizagem e de desenvolvimento profissional para a atuação participativa e integrativa a partir de tomadas de decisão conscientes. Esse é o contexto de realização deste estudo científico empírico, o qual investiga a vivência de participantes de Curso de Formação Continuada em Psicologia e Psicoterapia Antroposófica em relação à proposta de aprendizagem e de desenvolvimento do curso.

Este capítulo aborda as concepções teóricas e metodológicas da Formação Continuada em Psicologia e Psicoterapia Antroposófica. Nele, serão abordados os fundamentos epistemológicos e ontológicos da Antroposofia, bem como sua antropologia e sua teoria de desenvolvimento, sendo norteada teoricamente por Steiner e por Lievegoed (1996, 1997) para as fases do desenvolvimento humano. Ao final do capítulo, abordar-se-á a concepção metodológica do curso para a aprendizagem do adulto, considerando o aspecto cognitivo, fundamentado em Houten (2011).

3.1 FUNDAMENTOS DA FORMAÇÃO CONTINUADA EM PSICOLOGIA E PSICOTERAPIA ANTROPOSÓFICA

A Formação Continuada em Psicologia e Psicoterapia Antroposófica (FCPPA) é resultado de um projeto idealizado, inicialmente, em 2003, por um grupo de psicólogas e de psicoterapeutas antroposóficas de Curitiba. Em julho de 2017, após a elaboração de seu projeto pedagógico, foi implantado, em Curitiba, o primeiro Curso de Formação Continuada de Psicologia e Psicoterapia Antroposófica.

A implantação ocorreu durante a participação da autora no "1º Train the Trainers Anthroposophic Psychotherapy", que ocorreu, entre os anos de 2014 e 2018, no Emerson College (Inglaterra), pela International Federation of Anthroposophic Psychotherapy Associations (Ifapa) e pelo Internationale Koordination Anthroposophische Medizin (IKAM). Esses eventos justificam-se mediante as demandas levantadas na última década em cursos ministrados em todo o mundo, como: a necessidade crescente de contar com profissionais capazes e que estivessem dispostos a ensinar a abordagem da Psicoterapia Antroposófica; demandas das recém-fundadas associações nacionais, que solicitavam treinamentos de pós-graduação vinculados aos seus países; o reconhecimento, em 2018, pela Organização Mundial da Saúde (OMS) da Medicina Antroposófica e de suas práticas terapêuticas para a promoção da saúde, o que fez com que a Seção Médica do Goetheanum[1] dispusesse de programas curriculares mínimos para práticas em saúde, sugeridos como modelo de internacionalização.

O "Train the Trainers of Anthroposophic Psychoterapy" teve a finalidade de apresentar, ensinar e apoiar a formação de uma rede de ensino em direção à internacionalização da abordagem psicoterapêutica antroposófica, com base nos fundamentos da ciência espiritual antroposófica, a qual dialoga com a ciência acadêmica da Psicologia e sua profissão. A proposta contribui para o fortalecimento, a consolidação, o reconhecimento, a padronização e a contextualização da Psicoterapia Antroposófica como abordagem psicoterapêutica. Assim, a participação nesse evento despertou a coragem e a vontade necessárias para concluir o projeto pedagógico e dar início à FCPPA, em julho de 2017, em Curitiba, como experiência-piloto no Brasil.

3.1.1 Projeto pedagógico da Formação Continuada em Psicologia e Psicoterapia Antroposófica

A criação do Projeto Pedagógico do curso de Formação Continuada de Psicologia e Psicoterapia Antroposófica (FCPPA) justifica-se diante do compromisso de atuar para a internacionalização do ensino da Psicoterapia inspirada na Antroposofia em consonância com a sociedade antroposófica geral, com a ciência psicológica, com o aspecto da profissão como psicoterapeuta e como oportunidade de contribuição referente aos questionamentos e às buscas sociais crescentes por respostas sobre a essência, a liberdade e a espiritualidade.

---

[1] O Goetheanum é a sede da Escola Internacional de Ciência Espiritual e da Sociedade Antroposófica. A Escola de Ciência Espiritual, com suas 11 seções, é eficaz na pesquisa, no desenvolvimento, no ensino e na implementação prática de seus resultados e é apoiada em seu trabalho pela Sociedade Antroposófica.

A abordagem da psicoterapia na perspectiva da Antroposofia volta-se para a compreensão integral do ser humano fundamentado em si mesmo como personalidade. Essa abordagem é inspirada na concepção filosófica steineriana, na perspectiva de uma psicologia fenomenológica que inspira o olhar da ciência da Psicologia e sua profissão, fomentando e despertando qualidades em seus atores para compreender, integrar e tornar coerente as desarmonias no desenvolvimento físico, anímico e espiritual humano, em conformidade com o contexto científico e histórico-cultural.

O projeto pedagógico do curso FCPPA está em conformidade com o programa da Coordenação Internacional em Psicoterapia Antroposófica da seção Médica do Goetheanum, em Dornach, na Suíça, considerando os âmbitos ontológico, epistemológico estético e axiológico da teoria steineriana. Esse projeto também está adequado e integrado às diretrizes e às normas para cursos de pós-graduação *lato sensu* no âmbito do Sistema Federal de Educação Superior do Conselho Nacional de Educação.

Considerando a diversidade de abordagens em Psicologia na atualidade, o programa concebido para a Formação Continuada em Psicologia e Psicoterapia Antroposófica intenciona despertar, inspirar e capacitar o profissional na perspectiva da ciência espiritual antroposófica. A abordagem atua por meio da compreensão de "Ser Humano", seu desenvolvimento saudável nos contextos individual, familiar, histórico, cultural e social; sua metodologia de estudo, diagnóstico e psicoterapêutica; a identificação das desarmonias somáticas, psíquicas, espirituais e sociais em diálogo com as psicopatologias atuais; e suas técnicas psicoterapêuticas e expressivas salutogênicas[2] individuais, grupais e sociais. Busca-se estimular a atuação e a intervenção em equipes múlti e interdisciplinares como uma prática integrativa complementar para a promoção da saúde. Por outro lado, pretende-se oportunizar, ao profissional participante, uma educação autoconsciente, transformadora e original, desde que ele permita perceber-se, compreender e exercitar suas expressões manifestas cognitiva, experiencial, vivencial e comportamental como caminho de desenvolvimento do ser, do estar, do fazer e do atuar do profissional e seu significado ou ressignificado para a aprendizagem.

O projeto da FCPPA transcorre em um programa de quatro anos de duração, distribuído em 16 módulos, sendo quatro módulos anuais com duração de sete a nove dias.

---

[2] Que promovam saúde e bem-estar com o meio social, familiar e consigo mesmo por meio de uma atitude coerente nas estruturas cognitiva, emocional e social humanas diante das dificuldades da vida.

O conteúdo programático do Curso de Formação Continuada em Psicologia e Psicoterapia Antroposófica compreende conhecimentos referentes à ontologia e à visão de homem segundo a Antroposofia, seu significado e seus processos para a compreensão de corpo, alma e espírito. Aborda-se a Antropologia Antroposófica, sua epistemologia e sua axiologia, com foco nos aspectos psicológicos e na psicodinâmica humana e nos fenômenos psíquicos inerentes ao indivíduo. É realizada também a contextualização da abordagem da Psicoterapia Antroposófica para esta época da humanidade, seus métodos e suas técnicas para a atuação profissional pró-saúde, na clínica e em equipe múlti e interdisciplinar. Para tanto, orienta-se nos fundamentos de Rudolf Steiner (2008) e em sua metodologia cognitiva (STEINER, 2004) como ampliação para a compreensão e a análise fenomenológica do estudo em Psicoterapia Antroposófica, para a anamnese, a formação da imagem diagnóstica, para o planejamento e para o plano psicoterapêutico, na aplicação da técnica psicoterápica e na pesquisa espiritual. O programa inclui aspectos da salutogênese e da psicopatologia; a relação psicoterapêutica e o caminho de desenvolvimento profissional e pessoal.

3.1.2 Estrutura da Formação Continuada em Psicologia e Psicoterapia Antroposófica

Em conformidade, à concepção do programa do Projeto Pedagógico do curso de FCPPA essa formação está estruturada trimembradamente quanto: ao conteúdo programático ou os fundamentos teóricos; à estrutura programática e à estrutura metodologia. O Projeto foi articulado de forma orgânica, interativa e integrativa, como concebido em seu conteúdo programático, em sua estrutura organizada para a promoção do aprender, do desenvolver-se continuamente para o despertar da vontade e do sentido da verdade e do atuar como psicoterapeuta, proporcionado por sua estrutura metodológica quadrimenbrada com foco nos aspectos: da identidade do psicólogo e psicoterapeuta antroposófico; das relações intra, inter, multiprofissional vivênciados; da sistematização e do processos instrumentais evidenciados e dos recursos (mobilizados, imobilizados, humanos e financeiros) considerados no planejamento estratégico.

3.1.2.1 Quanto ao conteúdo programático

Os conteúdos do programa foram selecionados e distribuídos de maneira a oferecer todos os elementos necessários para a formação da identidade da abordagem em Psicoterapia Antroposófica, distribuídos dentro dos módulos de forma integrada, contemplados nas seguintes disciplinas:

1. A ontologia, a epistemologia, a axiologia da Ciência noológica Antroposofia como fundamentos e contexto para o vir a ser de uma Psicologia Fenomenológica inspirada em Rudolf Steiner e da abordagem da Psicoterapia Antroposófica -

2. Evolução, desenvolvimento, maturidade e suas consequências para o passado, presente e futuro do homem e da humanidade enquanto corpo, alma e espírito na perspectiva steineriana;

3. Antropologia Antroposófica com foco nos aspectos psicológicos, na psicodinâmica humana e nos fenômenos psíquicos inerentes ao indivíduo como Teoria do Desenvolvimento Humano e Psíquico e da formação da Personalidade;

4. Gnosiológia Goetheana a partir de Steiner e a metodologia científica – como método de pesquisa, de técnica e de atuação profissional.

5. A relação psicoterapêutica e o caminho de desenvolvimento profissional e pessoal necessários para a Psicoterapia Antroposófica.

6. A Psicologia Fenomenológica inspirada na Antroposofia, sua contextualização na Ciência do Espírito Antroposófica e na Ciência da Psicologia e no exercício da Profissão enquanto teoria clínica explicativa das desarmonias humanas;

7. Psicodinâmica Integrativa como Salutogênese e Patogênese - Psicopatologia; contextualização das psicopatologias ao longo dos ciclos da vida e seus reflexos no pessoal e no social enquanto saúde mental;

8. A abordagem da Psicoterapia Antroposófica expressa na arte da formação da imagem diagnóstica e na inspiração terapêutica como métodos de pesquisa e técnicas para a atuação profissional pró saúde, na clínica e em equipe multi e interdisciplinar. - Comunidade Terapêutica como resultado da integração das práticas antroposóficas na saúde, em observância às políticas públicas, o estado da arte e às diversidades humanas.

3.1.2.2 Estrutura programática

As disciplinas foram distribuídas dentro dos módulos de forma integrada conforme a seguinte estrutura programática:

1. aspecto do conhecimento científico antroposófico e da abordagem da psicologia e psicoterapia antroposófica;

2. aspecto gnosiológico goetheano e metodológico do ensino a partir de Steiner;

3. psicodinâmica integrativa salutogênica e higiênica;

4. caminho de desenvolvimento do psicólogo e do psicoterapeuta antroposófico e a ética;

5. aspecto vivencial, interativo, integrativo e expressivo com o aprendido, o vivido, o desenvolvido e o transformado pessoal e profissionalmente;

6. aspecto da arte do psicoterapeuta antroposófico e a comunidade da saúde — integração do aprendizado profissional em ação devida;

7. o ser, o estar, o fazer e o atuar do psicoterapeuta antroposófico para a dignidade humana sua relação com a ciência, a saúde mental, as práticas públicas e a diversidade humana.

3.1.2.3 Estrutura metodológica quadrimembrada

Está permeada pelos eixos ontológico, epistemológico, estético e axiológico, como estrutura formativa, onde cada aspecto se revela através de recursos, processos, instrumentos e resultados que ao interagirem e se integrarem na forma e no funcionamento equilibrado permitem a conexão com os três caminhos do aprendizados, estes estão distribuídos da seguinte maneira:

1. aspecto teórico relacionado ao caminho do conhecimento para a profissão e ao caminho do aprendizado e do desenvolvimento do ser, do estar, do fazer e do atuar do profissional, como ideia intencionada de ser, estar, fazer e atuar do psicoterapeuta antroposófico;

2. aspecto do método cognitivo goetheano, a partir de Steiner, relacionado aos processos necessários para a execução do módulo, que se integra e interage ao projeto pedagógico do curso FCPPA em relação à grandeza tempo, aos ritmos, às metodologias, ao cronograma, à fluidez e à harmonia durante todos os processos decorrentes do e no módulo;

3. aspecto vivencial, expressivo e integrativo relacionado aos instrumentos técnicos consonantes aos temas do módulo, que, ao se interagirem e se integrarem, podem promover a compreensão dos conteúdos do projeto pedagógico do curso FCPPA em relação ao caminho do aprendizado profissional e ao caminho do aprendizado de vida ou vivencial, ligados à grandeza espacial, evidenciados na relação/interação com os docentes, com os participantes, em atividades de comunicação, atividades didáticas, atividades artísticas, dentre outras;

4. aspecto do caminho de desenvolvimento do psicólogo e do psicoterapeuta antroposófico relacionado a temas e a atividades do módulo. Interage e integra-se com a essência do projeto pedagógico do curso FCPPA em relação ao caminho de desenvolvimento e ao caminho do aprendizado profissional, com a vida, e da pesquisa espiritual, voltada ao desenvolvimento da individualidade e da liberdade.

A representação, o gerenciamento e a responsabilidade social do Curso de Formação Continuada em Psicologia e Psicoterapia Antroposófica (CFCPPA) cabe ao Instituto Brasileiro de Psicoterapia Antroposófica (IBPA), uma instituição de caráter acadêmico e sociocultural para a promoção da Antroposofia e da Psicoterapia Antroposófica em atividades de cursos e de pesquisa para adultos.

3.2 CONCEPÇÃO TEÓRICA STEINERIANA

Neste tópico, são apresentados os fundamentos filosóficos, a epistemologia, a ontologia, a antropologia, a psicodinâmica e a teoria antroposófica do desenvolvimento como base para o estudo da vivência de aprendizagem e de desenvolvimento das participantes.

O presente estudo está fundamentado teoricamente na perspectiva da Antroposofia edificada pelo doutor em filosofia Rudolf Steiner (1861-1925). Conceitualmente, a palavra *Antroposofia* vem do grego e significa *conhecimento do ser humano*. Porém, nas diversas vezes em que foi questionado sobre sua ciência, Steiner costumava caracterizá-la conforme o contexto e o público. Desse modo, em uma palestra pública, respondeu que a Antroposofia era um caminho de desenvolvimento que o homem moderno procura; já em uma palestra dirigida a profissionais, expressou ser um conhecimento produzido pelo eu superior no homem, sendo, portanto, uma ciência que deve sua existência às mais profundas forças de conhecimento do humano; ou, ainda, na obra *Anthroposophical leading thoughts*, Steiner (2002a, 2019a) define:

> A Antroposofia é um caminho cognitivo que quer levar o espírito humano ao espírito no cosmos. Ela surge em nós como uma necessidade de nosso coração e de nosso sentimento. A Antroposofia é justificada pela satisfação dessa necessidade. Somente eles podem reconhecer a Antroposofia que nela encontram o que devem buscar de sua alma. Assim, somente aquelas pessoas podem ser antroposóficas que experimentam certas questões sobre a humanidade e o mundo como necessidades da vida, da mesma forma que nós sentimos fome e sede (STEINER, 2019a, p. 14).

3.2.1 O método de Goethe a partir de Steiner

Rudolf Steiner publicou, em 1886, a obra *A teoria do conhecimento do método científico de Goethe*, na qual afirma trazer a essência do ato cognitivo que abre o caminho do mundo sensorial para o mundo espiritual, considerando-a como fundamento gnosiológico e justificativa para suas publicações posteriores na cosmovisão antroposófica.

A epistemologia steineriana instiga o indivíduo a observar-se fenomenologicamente em seus processos cognitivos e nos processos que constituem a sua consciência para entender como chega a ver, ouvir, sentir e visualizar as coisas de uma forma geral. Assim, busca compreender os âmbitos do pensar e o dos elementos com os quais o pensar se ocupa, sendo que esses últimos podem ser considerados conteúdos da experiência ao serem conectados pela observação.

A experiência é a concepção sensorial da realidade, a qual pode ser percebida e pensada, sendo que o real não é o percebido. Portanto, o processo cognitivo envolve a percepção e o pensamento, os quais, na experiência, são diferenciados. Por meio do pensar, observa-se conscientemente. Desse modo, apenas pela experimentação própria, as coisas apresentam-se, pois o apreendido sob forma de percepção não é o objeto em si, mas impressões que, por si só, são desconectadas. Quando expressas em forma de conceitos, podem ser inter-relacionadas em um conjunto de conceitos ou em uma ideia criada ou intuída como representante das percepções pela pessoa. A esse processo, Steiner (2004) chama de captação de conceitos e intuição. Dessa forma, diante da realidade, os objetos configuram-se ou constituem-se de acordo com a maneira como são percebidos e pensados. Em outras palavras, o que é chamado de objeto não é simplesmente uma coisa existente independentemente da pessoa, mas o objeto constitui-se numa dependência dialética com a pessoa. Por meio da sua observação, constitui-se o objeto e o modo como ele aparece às capacidades sensorial e racional (STEINER, 2004).

Enquanto a percepção destrói a unidade do objeto, promovendo o confrontar com a multiplicidade de impressões e de conceitos, a capacidade pensante cria a capacidade de intuir conexões ou relações, produzindo a ideia. Assim, o que se chama de objeto é um conjunto interconexo e interpenetrado de percepções correlacionadas de uma determinada ideia, conforme as intuições que se é capaz de desenvolver em um dado momento.

Na visão de processo cognitivo de Steiner (2004), o ser humano é também um ser que produz cognição, pois não é mero espectador da realidade, olhando de fora para algo que acontece do outro lado do mundo, mas é parte dela. Desse modo, a realidade que consegue captar tem uma estreita relação com sua visão das coisas, que, para outra pessoa, manifestar-se-ia diferentemente. Logo, as pessoas entendem a realidade de maneiras diferentes, mesmo vivendo na mesma realidade e estando todas no mesmo mundo. Nota-se, assim, a existência de um relacionamento entre epistemologia e ontologia.

Steiner (1985, 2004) aponta para o fato de que o ato de cognição depende e precede de um "eu" e procede desse mesmo "eu" e que, por isso, pode ser estabelecido apenas por meio de considerações que fazem uso da cognição. Assim, a discussão deve inicialmente se limitar apenas ao ato de cognição, sem considerar o sujeito cognoscente. De modo geral, estabeleceu-se até aqui que algo "dado" existe; que, em algum lugar nesse "dado", surge o ponto de partida anteriormente descrito; e, por último, que esse postulado corresponde à esfera dos conceitos e das ideias. Isso não significa negar que sua fonte é o "eu". No entanto, esses dois passos iniciais na teoria do conhecimento devem primeiro ser definidos em sua forma pura.

Steiner (1985) aponta a compreensão do ato de pensar como restaurador da realidade ou a noção do mundo como dado, em consideração ao pensamento do mundo. Desse modo, revela a união real das duas partes do conteúdo do mundo: a parte que se examina como dada no horizonte de nossa experiência e a parte que deve ser produzida no ato de cognição, antes que possa ser dada também. O ato de cognição é a síntese desses dois elementos. Na verdade, em cada ato de cognição, uma parte aparece como algo produzido dentro desse próprio ato e, por meio do ato, como adicionado ao meramente dado. Essa parte, na verdade, é sempre assim produzida e só aparece como algo dado no início da teoria epistemológica.

Steiner (2004) aponta a relevância ontológica e a necessidade da indicação de seu objetivo ideal para seu caminho epistêmico. Tal objetivo consiste em complementar a experiência imperfeita, desvendando sua essência por meio da ciência que se propõe a compreender e investigá-la diretamente. Deve também determinar, por meio da análise da sua relação com a realidade, o que essa essência é substancialmente (é pensamento, ideia). Por último, deve ainda mostrar como acontece esse desvendar do fator ideal da realidade como um âmbito preciso e com contornos claros por meio do pensar e da percepção. Tal caminho, ao evidenciar a relação entre o pensar e o restante da realidade, compreende o pensar como a essência do mundo, manifestada particularmente no pensar humano individual.

> O pensar é uma totalidade baseada em si, que se basta a si mesmo e não pode ser abandonado sem se cair no vazio. Em outras palavras: o pensar não pode recorrer a algo que não encontre em si mesmo para explicar qualquer objeto. Um objeto fora do alcance do pensar é um absurdo e não existe. Tudo se integra no pensar, tudo encontra seu lugar dentro do seu contexto (STEINER, 2004, p. 72).

O pensamento torna o mundo possível; por isso, nele existe/vive a tendência a ver suas próprias leis e também as do mundo em geral, mas não a procurar algo do qual ele próprio não tenha qualquer noção, pois sente a necessidade de confrontar e questionar a experiência percebida com sua essência (conteúdo de pensamentos). Na revelação da constituição do mundo, não existe nenhum elemento além do pensar e da percepção dos sentidos. Até fatores como força e vontade são apenas abstrações do mundo da percepção que precisam ser explicadas pelo pensar.

Somente ao homem em atividade consciente ou pensante é possível chegar à ideia na qual o fundamento do ser, que foi derramado e difundido no mundo, está contido. Steiner (2004) descreve:

> No pensar ele se mostra em sua forma mais perfeita e como é em si e por si. Quando o pensar efetua uma junção de conceitos, quando emite um juízo, trata-se do próprio conteúdo do fundamento do mundo que nele se expressa. No

> pensar, não nos são dadas afirmações sobre o fundamento transcendental do mundo, mas o próprio fundamento está substancialmente presente no mesmo. Quando efetuamos um juízo temos um discernimento substancial e objetivo imediato e não apenas formal das coisas. O juízo não decide sobre algo que lhe é estranho, mas a respeito do seu próprio conteúdo. Portanto, nosso enfoque fundamenta um verdadeiro *saber*. Nossa teoria do conhecimento é realmente crítica. Segundo o nosso enfoque, não devemos somente admitir nenhuma revelação para o qual não encontrem razões objetivas no próprio pensar, mas também a experiência deve ser aprofundada dentro do pensar como algo atuante e não ser tomada apenas pelo lado de sua manifestação. Pensando, elevamo-nos a uma visão da realidade como algo *producente* e superamos a sua percepção como um produto pronto (STEINER, 2004, p. 75).

Steiner (2004) explana sobre o caráter dogmático imposto ao conhecimento substancial das coisas, segundo o qual ao homem somente é dado o conhecimento, mas sem referência objetiva, tornando-o, assim, um observador externo. É possível encontrar tais características em dois dogmas: o da revelação, em que as verdades são expressas sobre coisas sem que seja possível observá-las, só restando crer, pois não é possível ajuizar sua origem nem seu embasamento; e o da experiência, no qual a observação e as suas transformações devem ficar no limite de seu próprio âmbito da experiência, não se questionando as causas. Em ambos, imputa-se de fora algo sobre a própria coisa (lei), não sendo possível o discernimento como penetração em sua natureza interior.

De acordo com Veiga (2017), é possível encontrar ainda hoje tais dogmas ativos, o primeiro na religião e o segundo na ciência sensorial, materialista.

> A gente tem que entender o que é diferente na postura científica, na postura religiosa e na postura artística. O religioso encontra uma satisfação ao integrar-se a um conteúdo revelado, isso não significa que o conteúdo esteja errado, ele se contenta a esse gesto de se entregar a algo que é uma pressuposição, um conteúdo e ele experimenta esse conteúdo como algo que satisfaz a sua busca. O problema da religião hoje em dia é que a legitimidade da tradição ficou questionável porque você tem que acreditar na autenticidade de um relato e de alguém que possui a interpretação. Isso funcionava antigamente quando só tinha uma igreja (VEIGA, 2017, p. 19).

Steiner (2004) evidencia a dupla tarefa do pensar: primeiro, a tarefa intelectual de criar conceitos nítidos e rigorosamente delimitados, distinguir, analisar e garantir os conceitos distintos, tratando-se de uma atividade diferenciante, analítica, que se prende aos componentes separados, afastando-se da natureza, perdendo de vista o nexo que une as partes da realidade; nesse sentido, tem o conceito como seu pensamento particular. A segunda, a tarefa racional de sintetizar uma unidade a partir dos conceitos particulares assim criados, que vai além das separações, adentra a profundidade dos seres, revela a ideia, tratando-se de uma atividade sintetizante que reconduz à realidade. Desse modo, a unidade da realidade, que antes era sentida ou apenas nebulosamente conjecturada, passa a ser plenamente discernida como ideia. A razão não pressupõe uma determinada unidade, mas somente sua forma vazia; ela é a capacidade de trazer à tona a harmonia quando essa se encontra no próprio objeto. Na perspectiva da razão, os conceitos integram-se e transformam-se.

Hoje, compreende-se onde está a raiz do conflito entre as ciências direcionadas pelo intelecto e as direcionadas pelo coração humano, ou pela verdade e pelo amor; pois a falta dessa distinção gera dificuldades, mal-entendidos e separação sobre o emprego da razão nas ciências.

> Muitas pessoas, que não desenvolveram o seu pensar a ponto de chegarem a uma cosmovisão monista, não obstante, sentem a coerência interna do universo. Eles recebem do coração o que a razão oferece ao cientista erudito [...] A unidade que constitui o objeto da razão já é assegurada antes de qualquer pensar ou qualquer uso da razão, porém, apenas numa existência potencial e não de fato. Então o espírito humano efetua a separação a fim de poder, em seguida, discernir a realidade a fundo, unindo as partes distintas (STEINER, 2004, p. 64-65; 67).

Para Steiner (2004), a essência das coisas manifesta-se somente ao pensar do homem. Desse modo, o autor expõe como, quando são aplicados os princípios cognitivos steinerianos estabelecidos em concordância com a essência da realidade, é possível encontrar, em cada campo da ciência, a sua essência, em seu âmbito de experiência, no qual procura descobrir a relação dos fenômenos. Por exemplo: no campo das ciências naturais, a essência da natureza é o fato de a lei e a atividade estarem separadas, parecendo que esta é dominada por aquela; já no campo das ciências humanas, a essência da liberdade é o fato de a lei e a atividade coincidirem, sendo que o efetuante realiza-se imediatamente no efeito e o efetuado regula-se a si mesmo. Steiner (2004) justifica a ciência da Antroposofia na direção de levar o próprio processo universal à conclusão. Considerando a mente humana o sentido desse processo, o autor destaca:

> Caso o ser humano fosse um mero ser sensorial, sem faculdade mental, a natureza inorgânica não seria menos dependente de leis naturais, mas estas, como tais, nunca chegariam à existência. Na verdade haveria seres que perceberiam o efetuado (o mundo sensorial), mas não o efetuante (a regularidade intrínseca). É realmente a forma genuína, e até mesmo a mais verdadeira forma da natureza, a que se manifesta na mente humana, enquanto para um mero ente sensorial existe apenas o lado exterior dela. A ciência tem aqui um papel mundialmente significativo: ela é a conclusão da obra da Criação. É a luta da natureza consigo mesma desenrolando-se na consciência do ser humano. O pensar é o último componente na sequência dos processos que formam a natureza (STEINER, 2004, p. 99).

Steiner (1985, 1997, 2008) procura mostrar o que a faculdade de conhecimento humano realmente é capaz de realizar. O autor ressalta que a verdade não é, como geralmente se supõe, um reflexo ideal de algo real, mas é um produto do espírito humano criado por uma atividade que é livre. Desse modo, tal produto não existiria em lugar nenhum se não o criassem. Logo, o homem não é um observador passivo em relação à evolução, apenas repetindo em imagens mentais eventos cósmicos que ocorrem sem sua participação; ele é o cocriador ativo do processo do mundo. Desse modo, Steiner (1985, 1997, 2008) coloca a cognição como o elo mais perfeito no organismo do universo para a valorização da existência humana.

A teoria steineriana do conhecimento proporciona a base para o homem trazer, para a esfera da realidade aparente, as leis fundamentais do universo, as quais determinam toda a existência sem jamais revelarem-se existentes. Por exemplo, na expressão por imagem, percebe-se a penetração da cognição nessas leis fundamentais do mundo, em seus fundamentos; logo, se reconhece que essa teoria também pode auxiliar a desvendar o entendimento de problemas do cotidiano, proporcionando a base para um idealismo que se capta a si próprio no verdadeiro sentido da palavra. Embasando com isso, há a convicção de que o pensar transmite a essência ou a própria natureza do conhecimento universal tornando manifesto o fundamento existencial que não pode ser encontrado na realidade objetiva.

Steiner (1985) expressa que nada, exceto o pensar, revela a relação entre as partes do conteúdo do mundo, seja entre o calor do Sol e a pedra aquecida, ou aquela entre o eu e o mundo exterior. O elemento que determina todas as coisas, em suas relações mútuas, é exclusivamente o pensar, pois nele o cerne mais íntimo do mundo se expressa em seu conhecimento.

Veiga (2017) relata que a teoria de Steiner foi elaborada por meio de um processo de conscientização do processo cognitivo, como tentativa de responder a uma questão imanente à existência atual, à condição moderna de existir e a uma ética que não estabelece novas normas, mas que quer capacitar o ser humano a agir, a estabelecer as suas próprias normas com a essência do humano e do real, também é uma proposta nova com relação a essas questões fundamentais da vida atual. Nesse sentido, fica evidente que é uma temática ou uma argumentação que se refere aos problemas criados pelas respostas que, embora inicialmente tenham funcionado, resultam hoje em desafios para os quais esse tipo de inteligência e de pensamento não tem saída. Veiga (2017) situa os questionamentos vivenciados pelo homem, nos dias de hoje, como questões de limiar:

> Nesse sentido, temos uma qualidade que precisa ser entendida, como essas perguntas: quem sou eu? O que eu devo? Ou posso fazer? E o que não? E qual é o fundamento do meu conhecimento? Como é que eu acho segurança no processo cognitivo? Não só no sentido secular, mas também no sentido existencial e talvez metafísico. Pela metodologia antroposófica, se tem uma forma de trabalhar essas questões ou aceitar que as coisas são assim, que realmente, se está sofrendo com uma perda de suportes hereditários e tradicionais e que se necessita edificar algo novo através de fundamentos para uma cosmovisão moderna e o individualismo ético e não o coletivismo como resposta a esses desafios. A questão da busca do conhecimento e da inquietação humana em ir além daquilo que ele encontra como pressuposto da sua existência e o que o impulsiona fundamentalmente a solucionar esse enigma, de uma maneira que através de seu desejo de conhecer mais o mundo, além do que ele próprio recebe, é que se movimentam as perguntas (VEIGA, 2017, p. 17).

Steiner (2008) ressalta que a maneira de agir na vida é determinada, em seu caráter geral, pelos ideais morais e pessoais. São as ideias que se concebe sobre sua tarefa na vida, as ideias que se formam quanto ao que se deve realizar por meio de seus atos. O agir é uma parte dos eventos que ocorrem no mundo, estando, portanto, sujeito às leis desse processo.

Sempre que um evento ocorre no universo, duas coisas devem ser distingui-das: sua realização ou seu curso externo, que segue no espaço e no tempo, e sua regularidade interior ou a lei interna que o rege. O reconhecimento dessa última em relação ao agir humano é apenas um caso particular da cognição. Reconhecer essa lei, na esfera da conduta humana, é simplesmente um exemplo especial de cognição. Isso significa que o *insight* que se obtém da natureza do conhecimento deve aqui ser aplicável também. Conhecer-se em harmonia com as próprias ações significa possuir, como conhecimento, os conceitos e os ideais morais que correspondem às ações; e o reconhe-cimento dessas leis faz com que os atos sejam também suas criações. Em tais casos, as leis não são algo dado, isto é, não estão fora do objeto em que a atividade aparece; elas são o conteúdo do próprio objeto, engajado na atividade vital. O objeto, nesse caso, é o próprio eu. Se esse realmente impregnou a essência de seu agir de maneira cognitiva, então ele se sente, ao mesmo tempo, como governante de seu ato.

Enquanto não for esse o caso, as leis que governam as suas ações apa-recerão como algo alheio; são elas que governam e o que se faz é feito sob a coação ou compulsão que elas exercem. Se essa essência for transformada de um ser estranho em uma ação completamente originada em nosso próprio eu, então a coação ou a compulsão cessa; o que compelia ou coagia passa a ser, então, sua própria natureza ou ser. Desse modo, as leis não governam mais de fora, mas de dentro, por intermédio dos atos que emanam do próprio eu.

A realização de uma ação em consequência de uma regularidade externa a quem a realiza é um ato sem liberdade ou escravo. Em contra-partida, a prática de um ato regido por uma lei que pertence a quem o realiza é um ato praticado em liberdade. Conhecer as leis dos próprios atos significa, portanto, tornar-se cônscio da direção da própria liberdade. Assim, o processo cognitivo é o processo de desenvolvimento que evolui em direção à liberdade.

Steiner (2008) mostra que o homem, constantemente, não tem conhecimento das leis que regem seus atos; a essa parte de seu agir, falta a liberdade. Porém, há uma esfera livre cujas leis estão incorporadas em sua interioridade, em que na medida em que nela é capaz de viver, pode ser chamado de moral. Transformar a primeira em uma nova com o caráter da segunda é a ocupação, pelo esforço consciente, do desenvolvimento de cada indivíduo, bem como da evolução de toda a humanidade. Entende-se que, por meio de uma metodologia de expansão reflexiva de consciência, a qual só pode ser feita pelo próprio homem para si mesmo; ele, por meio de treino, pode desenvolver competência ao investigar o pertencimento ou o não contentamento com o trivial e o óbvio, aprendendo com o fenômeno, ao procurar caracterizá-lo e conhecê-lo na decisão intencionada pela descoberta de sua raiz e, por si mesmo, propor a ocupação pelo resgate de sua coerência interior salutogenicamente, ampliando, assim, sua consciência racional. Ele pode, ao praticar a pesquisa ou a vivência de suas questões, buscar perspectivas mais fundamentais e substanciais até desenvolver a capacidade de analisar conceitos com maior precisão e clareza e elaborar argumentos com vasta fundamentação, pela prática, de maneira a tornar-se competente e autoconsciente no seu aprendizado e no seu desenvolvimento.

A integração do intelecto com a razão é um passo rumo a uma nova espiritualidade, entendida como o resgate do contexto perdido que era a inserção dentro do divino antes de certa maneira usufruída pela humanidade. Tal integração significa uma forma de pensar que é capaz de pensar nas dinâmicas do ser e as inter-relações complexas das coisas e de entender que o homem faz parte dessa complexidade dinâmica da realidade em que tudo que ele pensa e faz a influencia.

Por outro lado, não mais se obedece simplesmente aos mandamentos e às regras para existir no mundo. Porém, nesse momento, promover soluções para os problemas que foram gerados por essa forma de pensar descontextualizada, desintegradora e abstrata, em que a existência humana está perdendo sua mobilidade pensante, coloca a emergência na busca por atitudes éticas nas quais o homem perceba-se, sinta e atue como pertencente à realidade. Para tanto, a ética futura precisa de um pensamento que adentre nas profundidades do contexto real para agir de uma forma que desperte para o pertencimento e a responsabilidade para com o aporte imanente à natureza e não oposto à ordem que faz a natureza existir.

Assim, a teoria steineriana é integrativa e direcionada para a humanidade e para a ideia do ser humano como indivíduo e da ética fundamentada na conquista pelo esforço e pela responsabilidade de alguma liberdade, revelando que a forma de ver as coisas estabelece a forma de atuar no mundo. Desse modo, o processo cognitivo seria o fundamento ético para a liberdade individual. A causa está no ato e, por essa razão, explica o individualismo ético como possibilidade de atitudes livres, desde que o indivíduo compreenda o que determina, qual é o significado e qual é o sentido desses eventos e sintomas como expressão dos impulsos interiores para o seu existir e, assim, desenvolva, nesse encontro, a competência para aprender pelo conhecimento, educar pela vivência e desenvolver a consciência.

APRENDIZAGEM E DESENVOLVIMENTO NA PSICOLOGIA E PSICOTERAPIA ANTROPOSÓFICA

Steiner (2008, 2019b *apud* VEIGA, 2017) apreende a questão da individualidade humana a partir das forças da atualidade, referindo-se ao próprio ser do homem como ele é. Com isso, mostra o caminho para a resposta de cada indivíduo por meio do pensamento livre por intermédio dos fundamentos de uma filosofia moderna. Steiner (2008) procura, por meio da contemplação, estabelecer passos para uma experiência espiritual inspirada pelo calor da alma. Para tanto, o indivíduo precisa conscientizar-se de seu sentimento e de sua capacidade de percepção mais profunda, purificando-os para que chegue à experiência da universalidade do pensamento, justificando, assim, a individualidade humana.

Steiner (2008) afirma, inúmeras vezes, que a vontade deve entrar no pensamento para que a ciência espiritual venha a existir. É fundamental que a natureza do pensar implique necessariamente a vontade: o que importa é que tudo o que é realizado pareça ao eu uma atividade completamente própria e sob sua própria supervisão. Para Steiner (2008, p. 23), "torna-se cada vez mais claro que a questão da natureza da ação humana (agir ou vontade) pressupõe a da origem do pensar". Dessa forma, o pensar aparece ao pesquisador como desejado ou querido (vontade ou produto de sua própria atividade), precisamente por causa de sua natureza (anseio ou interesse). Assim, a vontade torna-se acessível, ao aprendiz pesquisador de sua vida ou de seu destino, somente quando esse se dirige à origem do pensar.

Steiner (2008) esclarece que a investigação das percepções tem consequências significativas para as leis que fundamentam os atos, isto é, os ideais morais humanos; e esses devem ser considerados como suas próprias criações livres, que cumprem apenas as determinações próprias e obedecem-nas. O ato que se orienta somente pela intuição conceitual tem sua força motriz para a ação constituída unicamente pelo pensar puro. Desse modo, "[...] o pré-requisito desse agir é a capacidade para intuições morais. Quem carece dessa faculdade não alcançará um agir verdadeiramente individual" (STEINER, 2008, p. 112). Percebe-se, portanto, que o âmbito da vontade pertence absolutamente ao indivíduo. Por meio de sua purificação, a individualidade é elevada, de modo que, sem perder-se como tal, conquista o valor do pensamento universal, pois seu elemento ideal ativo determina-se pelo conteúdo ideal ou verdadeiramente espiritual.

Para Steiner (2008), o supremo grau da vida individual é a capacidade de pensar conceitos universais livres da influência do mundo dos sentidos e do organismo humano. Chega-se ao conteúdo de um conceito por pura intuição conceitual, a partir da esfera das ideias. Compreender como estão dispostos, no homem, o mundo espiritual e o dos sentidos, os quais precisam ser superados, é fundamental para todo tipo de conhecimento e leva à visão de que o homem vive no meio de um mundo espiritual genuíno. A pesquisa pela compreensão consciente das causas que movem ou fazem agir, no aprendizado com o destino, oferece, nessa investigação consciente das coisas por trás das ações, a liberdade como fato de experiência direta nessa época evolutiva. A escolha consciente de ultrapassar a existência e a essência coloca a alma humana mediante a oposição entre o mundo espiritual e o mundo dos sentidos, e isso pode equivaler a compreender a vida vivida, na qual se percebe que os opostos foram reduzidos à harmonia. A oposição, a contradição e o conflito despertam e criam vida.

Logo, a verdade como resultado de uma ação gratuita também estabelece uma filosofia de moralidade, cujo fundamento é uma personalidade completamente livre e segundo a qual o poder de pensar penetra com clareza e completa a compreensão da verdade nos impulsos motivadores de nossas ações. Enquanto não se tem clareza sobre as razões (naturais e conceituais) para o atuar, os motivos são vivenciados como algo externo, mesmo que alguém, estando em um nível superior de desenvolvimento espiritual, possa reconhecer a extensão em que seus motivos foram originados em sua própria individualidade. Cada vez que se consegue penetrar em um motivo com claro entendimento, ganha-se uma vitória no reino da liberdade.

A experiência direta de liberdade como um elemento essencial da autoconsciência é algo para o qual a consciência ordinária, perceptual ou experimental com os seus vários dons, pode trabalhar à sua maneira entre o ser e o estar em seu caminho de destino, na atualidade, pelo caminho de busca da verdade, seja pela observação ou verificação, ou pela experiência, ou como vida refletida para atingir o pensamento criativo e o pensamento reflexivo como forma de desenvolvimento da individualidade humana no mundo espiritual. O encontro com essas verdades que libertam o homem de seus condicionantes permeia-o com o verdadeiro sentido e o sentimento de verdade. Portanto, o olhar para o aprendizado com a vida vivida promove a dignidade humana, permitindo seguir o ser do homem para o mundo da memória e do sentido. Desse modo, na epistemologia e na ontologia steinerianas; o homem, como indivíduo, não pode ser comparado a um único animal, mas a uma espécie animal inteira. Em outras palavras, um único homem possui o valor de uma espécie animal inteira: "[...] qualquer um que reflita sobre a natureza da biografia toma consciência de que, no que diz respeito ao espiritual, cada homem é uma espécie por si mesmo" (STEINER, 2010, p. 46).

Steiner (2008) relata que o trabalho de aprendizagem e de desenvolvimento sobre os aspectos implicados na disposição caracterológica individual podem acessar o pensar puro ou a razão prática como a suprema força motriz e, para os motivos, encontra-se a intuição conceitual como a mais elevada. Portanto, onde o motivo e a força motriz coincidem, não há nenhuma disposição precedente e nenhum princípio moral externo normativo determinando o agir. A ação não segue um padrão e tampouco é a mera consequência de um estímulo externo, pois ela se determina por seu conteúdo ideal. O pré-requisito desse agir é a capacidade para intuições morais. Quem carece dessa faculdade não alcançará um agir verdadeiramente individual.

Conscientizar-se dos processos cognitivos que estão envolvidos para a conquista de alguma liberdade é fundamental para este estudo empírico, pois o despertar do sentido vivenciado na FCPPA pode motivar os participantes para o significado do aprendido nas vivências pelo autoconhecimento, colocando-o em contato com seu verdadeiro sentido interior em sintonia com o coração, como caminho de desenvolvimento e autoeducação.

Percebe-se como a crise na vida espiritual da atualidade revela sua origem na crítica que vem do coração, da própria alma, que não pode manter-se como um ser no meio das formas modernas de vida, mas sente-se aniquilada. No curso unilateral do desenvolvimento da ciência nas formas externas, materiais e técnicas de vida, muita substância da alma foi derramada, que agora se volta como que destrutivamente sobre o próprio homem e ameaça a continuidade de seu espírito-alma. Isso pode ser notado ao observar as três esferas de atuação da alma: religião, arte e ciência; como hoje estão e como cada uma dessas esferas encontra-se em sua crise particular.

Reviver valores universais na humanidade, por meio da ciência, da arte e da religião, evidenciados na dignificação do homem, está no fundamento axiológico da Antroposofia, que tem, no despertar para a liberdade ética, o fundamento enraizador para a unidade da alma humana como vida que jorra do espírito. Por isso, a questão relativa ao significado da individualidade humana é tanto urgente como a mais solene experiência do destino (STEINER, 2019d).

Compreendendo o momento unilateral (ALARCÃO; TAVARES, 2003) do pensar científico racional ou sensorial da atualidade, Steiner (2019d) dispõe sua ciência espiritual como condição e referencial para colaborar no sentido de um novo caminho de conhecimento humano, em direção a uma mudança de paradigmas. Esse caminho parte do ponto atingido pelas ciências naturais e apresenta uma forma de conhecimento que conduz à conquista do eu por meio do encontro com a visão interior humana, por meio de uma contemplação espiritual moderna e comprometida com o reviver da unidade da alma humana como individualidade ética.

Por meio de sua metodologia do conhecimento e de sua visão de homem, a Antroposofia dispõe de instrumentos para auxiliar no enfrentamento da situação, na direção do *religare* e na promoção da individualização humana por meio da transformação da consciência de sua natureza, não desejando a expansão da consciência como promotora de uma individualidade egoísta. No entanto, a partir da racionalidade que colocou a humanidade em processo de ressecamento e morte, evidenciada por uma liberdade conquistada e ignorante de sabedoria, advinda do desligamento do impulso do pensamento cósmico, torna-se possível o surgimento do pensamento humano consciente por meio do ato cognitivo.

Steiner (2004) considera, como anteriormente comentado, a consciência se modificando ao longo da história, na medida em que o indivíduo a metamorfoseia, segrega e transforma-se, como no desenvolvimento orgânico e perceptivo. Por isso, na atualidade, a Antroposofia surge como uma espécie de nutrição espiritual para o homem, que vive na consciência racional científica. A ontologia steineriana busca contribuir com o desenvolvimento humano problematizando questões existenciais na intenção de que o homem ao observar-se, perceba o quanto digeriu e transformou os nutrientes recebidos da cultura e da religião, ou da natureza e da existência como representações e condicionantes que o dirigem. Assim, por meio do despertar consciente desses condicionantes, contribui para que o ser humano edifique e remodele o reino humano e se individualize-se conquistando alguma liberdade. Evidencia-se, desse modo, a libertação de condicionantes autoritários, dogmáticos e aniquiladores da alma humana pela desconexão e/ou desnutrição entre a sua existência e a sua essência.

Constata-se o distanciamento e a perda do homem em relação à conexão entre os diferentes membros de seu corpo, na medida que o pensar lógico ou sensorial ganha espaço mantendo relação apenas com sua natureza física, a qual traz em comum com os minerais e manifesta-se sob a forma de pensamento científico analítico, frio e rígido. Aniquila-se, com isso, a natureza dos corpos vital e da sensação, os quais mantêm relação com os reinos vegetal e animal, evidenciada nas crescentes debilidades orgânicas e na condição de desequilíbrio psíquico humano, bem como na prática de atos monstruosos contra o outro e contra si mesmo. Tais aspectos alertam para a urgência na mudança dessa forma de pensar que minimamente possibilite uma flexibilização que permita ao homem vivificar-se e interessar-se interiormente, de forma que possa desenvolver-se, aprender e evoluir.

A seguir, apresenta-se uma síntese da imagem humana para a Antroposofia.

3.2.2 A visão do homem para a Antroposofia

Para a compreensão da imagem ontológica antroposófica, é preciso ter em conta que a natureza, a realidade e a existência do homem são percebidas como uma entidade tríplice de corpo, alma e espírito. Nessa visão de homem, parte-se da analogia do homem como uma semente que espelha a natureza existente e universal.

3.2.2.1 A tríplice constituição humana

Steiner (2010) apresenta os três elementos da constituição humana de sua cosmovisão: o corpo, a alma e o espírito.

O mundo físico ou mundo do corpo (ou corpóreo) é o lugar de onde são retiradas as substâncias e as forças que constituem o corpo. O homem tem seu corpo como o elemento essencial com o qual as coisas ao seu redor apresentam-se. Com ele, pode colocar-se momentaneamente diante das coisas existentes nesse mundo e tem afinidade com as coisas que se apresentam externamente aos seus sentidos. Da mesma forma, também observa o mundo exterior com os seus sentidos, observando, assim, a sua existência corpórea, que se mostra aos olhos de todos; ou seja, com seu corpo, ele pertence ao mundo que o percebe com esse mesmo corpo.

Steiner (2010) caracteriza o corpo físico e a corporeidade como sujeitos ao nascimento e à morte, de acordo com as leis do mundo físico e da hereditariedade. Quanto à natureza, sua estrutura pode ser conhecida e observada por meio dos sentidos, assim como o são as demais coisas perceptíveis aos sentidos, como as formas minerais, vegetais e animais. Tais formas mantêm afinidade com o corpo físico humano, que se assemelha ao mineral, quando, ao edificar seu corpo, usa substâncias da natureza; aos vegetais, ao crescer e se reproduzir; e aos animais, ao perceber as coisas ao seu redor e estruturar vivências interiores com base em suas impressões exteriores. Assim, objetivamente, observa-se que o corpo é composto dessas três formas de existência; porém, ao considerar a diversidade dessas formas, é possível observar que o homem se faz evidentemente diverso em sua forma única, quando percebida pelos sentidos, e que é nomeada corpo. Ao investigar o corpo ou a corporeidade humana, como um reino em si, é possível, por evidência, caracterizá-lo como composto por: corpo físico ou organismo sólido, corpo vital ou organismo fluídico, corpo das sensações ou organismo aéreo — ligados aos reinos da natureza — e o quarto membro, o eu ou organismo calórico, que representa a essência que o homem experimenta interiormente.

O mundo da alma (ou anímico) é um mundo interior próprio que representa a existência da alma edificando para si seu próprio corpo anímico. Esse se apresenta ao homem quando sua atenção é dirigida a qualquer impressão sensorial, percebida ou experimentada interiormente ao trazer o mundo exterior para o interior. As impressões produzidas são experimentadas como sensação interna ao mundo da alma, as quais dão ao homem prazer ou desprazer, agrado ou desagrado, dor ou alegria. Associa-se um sentimento à existência desse mundo interior e agrega-se também a vontade, com a qual o homem imprime no mundo exterior seu ser interior. Por meio de atos volitivos, que portam sua vida interior, o ser humano diferencia-se dos fenômenos da vida externa.

No mundo anímico, existem dois grupos de forças polares (ou energias fundamentais): as forças polares antipatia/simpatia e desprazer/prazer atuam na formação anímica, distribuídas conforme determinadas pela proporcionalidade de uma ou de outra dessas forças, evidenciando ações e reações no interior da alma humana. Portanto, quanto à sua natureza, a alma pertence a um mundo interior próprio que se apresenta à mais simples impressão sensorial focada, considerada como uma experiência interior, que não se confunde com meros processos cerebrais. Como natureza essencial do mundo anímico, a alma conecta-se com o corpo e com o espírito e vincula o corpo ao espírito. O que a alma traz em si de verdadeiro e bom é imortal: pela lembrança (representação mental/memória), a alma conserva o ontem; pela ação (amor/ódio), prepara o amanhã.

O mundo do espírito (ou mundo espiritual), é o mundo onde homem sai de si e deixa as coisas falarem por si mesmas do que conservam em si, sobre o que tem significado não para ele, mas para si próprias. Por meio do espírito, o homem revela-se como um ente divino ao contemplar as coisas. A existência do mundo exterior é-lhe revelada de uma forma superior, pois é em seu íntimo que se desvendam os segredos do mundo exterior. Esse mundo é entretecido pela substância da qual são constituídos os pensamentos humanos. Está em contínua atividade e movimento, em incessante processo criativo, e é percebido por meio da sonoridade musical e luminosidade, que permeiam e interpenetram-se até o limite extremo do mundo espiritual. O elemento espírito, que é eterno, é o ponto central do homem e obedece às leis transformadoras da evolução terrena. É ele que permite à alma refletir sobre suas percepções e ações e introduz coerência racional na vida. Sua missão humana é ser processo cognitivo e agir conduzido por pensamentos corretos.

O elemento anímico defronta-se com as necessidades determinadas pelas leis do corpo e sujeitas às leis do metabolismo; e, com as necessidades advindas das leis que conduzem ao correto pensar, sujeita-se às leis do pensamento (STEINER, 2016c). Com isso, o homem torna-se participante de uma ordem superior à que pertence por seu corpo; e essa ordem é a espiritual. O anímico é tão diverso do corpóreo como do espiritual. Enquanto se fala simplesmente das partículas de carbono, hidrogênio, nitrogênio e oxigênio que se movimentam no corpo, não se considera a alma. A vida anímica só começa quando, em meio a esse movimento, surge a sensação: "eu sinto o sabor doce" ou "sinto prazer". Tampouco se tem em vista o espírito quando se assiste apenas às experiências anímicas que perpassam o homem, quando esse se entrega completamente ao mundo exterior e à vida de seu corpo. Esse elemento anímico constitui, muito mais, somente a base para o espiritual, do mesmo modo como o corpóreo constitui a base para o anímico. Nesse sentido, declara Steiner (2010):

> A relação da tríplice constituição humana está justificada da seguinte maneira: o imperecível é o espírito; o nascimento e a morte imperam na corporalidade segundo as leis do mundo físico; a vida anímica, sujeita ao destino, serve para unir o espírito e a corporalidade durante uma vida terrena (STEINER, 2010, p. 70).

3.2.2.2 O aspecto psicodinâmico

Rudolf Steiner (2002b) aborda a tríplice constituição humana, evidenciando as faculdades da alma com seu sistema orgânico correspondente, sua parte corpórea e sua parte psíquica, na qual o pensar tem o sistema neurossensorial como seu sistema correspondente. Como base corpórea da parte psíquica das representações mentais, encontram-se os também chamados nervos motores, e é preciso considerá-los também como transmissores de uma percepção, isto é, da percepção dos movimentos. Na intensificação da ação da esfera dos nervos, chega-se à parte psicológica, a reconhecer, no campo da vida psíquica, apenas a vida das ideias. Nesse caso, é preciso considerar o sistema nervoso como um sistema completo que interpenetra toda a parte física, com poucas exceções, e é a base de tudo que se refere à vida das ideias, desde a atuação dos sentidos até as manifestações do pensamento.

Para o sentimento, o sistema orgânico correspondente é o sistema rítmico. Em relação às bases físicas correspondentes ao sentimento, o sistema rítmico é um sistema completo e independente que abarca, especialmente, o processo respiratório e a circulação do sangue, que atingem o corpo inteiro. Seus fenômenos formam um conjunto, pois o processo de respiração estende-se a todo o sistema circulatório. Psicologicamente, percebe-se que o sentir está ligado a esses fenômenos quando se observa a transformação que sofre o ritmo da respiração e da circulação conforme as oscilações dos sentimentos. Portanto, a parte psíquica do sentir deve ser relacionada ao sistema rítmico ou ritmo vital, cujo centro é a atividade respiratória, com a qual está intimamente ligada. Esse ritmo manifesta-se mesmo nas partes mais exteriores da organização humana.

Quanto à volição ou vontade, essa tem o sistema metabólico como seu correspondente, onde os fenômenos de trocas nutritivas formam a base volitiva. Desse modo, tais fenômenos devem ser observados em todo o corpo, principalmente na atividade muscular, que manifesta os fenômenos de trocas nutritivas, observados na disposição ou na indisposição. Consequentemente, essa atividade pode ser relacionada, psicologicamente, com as manifestações volitivas.

Steiner (2002b) esclarece que o grau de consciência pertence ao domínio da psicologia, por tocar o pensamento, o sentimento e a vontade que representam as atividades da alma, uma vez que um estado de completa consciência, no estado de vigília, só existe em relação às ideias transmitidas pelo sistema nervoso; quanto aos sentimentos, só existe o grau de consciência próprio das representações mentais, como nos sonhos. No que se refere à vontade, só existe o grau obscuro de consciência próprio do sono. Constata-se, portanto, que o estado de vigília está ligado ao sistema nervoso. Na maior parte dos casos, porém, não se dá a devida consideração ao fato de que a consciência normal do estado de vigília é continuamente entremeada de fenômenos de uma meia consciência. As ideias em que predominam os sentimentos já se assemelham a um sonho, que caminha paralelamente ao estado de vigília; mas os sentimentos, precisamente, formam um mundo de imagens, flutuante e impreciso, em tudo semelhante aos sonhos. Na parte referente à vontade, dorme-se completamente. Por exemplo: é possível formar-se a ideia de um braço cruzado, e também a ideia de que esse será descruzado na sequência; mas não se tem nenhuma consciência da maneira pela qual essas ideias transformam-se em movimento.

A psicodinâmica integrativa e interativa da tríplice constituição humana pode ser sumariada na frase de Steiner (2010, p. 44): "[...] o eu vive no corpo e na alma, mas o espírito vive no eu, e o que de espírito existe no eu é algo eterno, pois o eu recebe essência e valor daquilo a que está ligado". A compreensão exploratória da frase de Steiner e de seus escritos, em 2010, possibilita discernir conceitos que, embora distintos, guardam metamorfoses que permitem seu entendimento. Partindo do princípio de que um corpo/organismo/reino evolui do anterior, é possível tentar compreender quando se percebe que se revelam ao eu os fenômenos sensoriais e, por outro lado, os do espírito. Observa-se que o eu vive na essência da tríplice corporeidade como a tríplice entidade anímica em alma da sensação, alma da razão e alma da consciência. Nesse processo de entrega da alma e do corpo ao eu, por nela viver e portar o espírito, o eu acaba por tornar-se cada vez mais senhor da alma da sensação, da alma da razão e, assim, acaba revelando-se de sua maneira mais elevada na alma da consciência.[3] Por outro lado, estando o interior da alma tomado de luz, esta acaba por exteriorizá-la irradiando sobre o corpo, e o espírito é vivo e atuante no eu. Por meio dessa atuação irradiada para dentro, faz do eu seu envoltório — assim como o eu vive no corpo e na alma e os tem como envoltórios. O espírito forma o eu de dentro para fora, e o mundo mineral de fora para dentro. Surge aqui a identidade espiritual como uma revelação do mundo espiritual dentro do eu, da mesma maneira como a impressão sensorial é dentro do eu uma manifestação do mundo físico. Percebe-se que a alma da consciência, como expressão mais elevada do eu, pulsa ou vibra ao tocar a verdade eterna existente por si mesma, livre de qualquer força ou energia anímica. Já a identidade espiritual também contém a mesma verdade que foi assimilada e encerrada em si mesma pelo eu, que a individualiza e é acolhida pela entidade autônoma do homem (STEINER, 2010).

---

[3] A alma da sensação é a alma que forma uma unidade com o corpo anímico, corpo dos desejos ligado ao corpo físico, do qual recebe as impressões do mundo sensorial em forma de sensação e, em seu mundo interior, tem sua própria vida, que é fecundada tanto por pensamentos quanto por sensações, e, assim, é transformada em alma da razão. A alma racional é a alma que está relacionada ao julgamento e à compreensão desse. Ela mantém conexão com o mundo anímico tanto para cima, por meio das intuições, quanto para baixo, por intermédio das sensações, percebendo e julgando. A alma da consciência está no mais íntimo do homem e também nas circunvoluções na substância cinzenta do cérebro. Essa mantém conexão com o mundo do espírito e manifesta-se pelo pensar. Nela, o mundo do espírito esculpe o órgão da intuição (STEINER, 2010).

Carl Unger apresenta o modelo da evolução espiritual:

> O homem tem uma existência individual, e como "eu" se distingue do resto do mundo, que ele procura conhecer. Essa consciência individual ilumina-se ao choque do corpo físico com o mundo exterior. Na evolução para adquirir conhecimentos superiores, o "eu" se liberta da ligação com o corpo físico e pode então iluminar-se no corpo etérico, chegando, assim, à imaginação. Em graus mais elevados de evolução, o "eu" se ilumina no corpo astral, chegando à inspiração; quando se ilumina no "próprio ser", chega à intuição. O desenvolvimento superior das forças de conhecimento pode ser considerado um despertar da consciência humana nas regiões da alma que dormem ou sonham; pois a iluminação da consciência individual nos membros superiores da entidade humana é um processo gradual do despertar da consciência (UNGER, 1946, p. 23).

Steiner (2010) ressalta que o homem só pode esclarecer a si mesmo corretamente quando se der conta da importância do pensar em sua natureza. Evidencia, assim, que o cérebro foi estruturado para ser o instrumento e a base corpórea do espírito pensante. Para justificar tal premissa, o autor elenca as estruturas que constituem o corpo ou a corporeidade humana, conforme citadas anteriormente, agora detalhadas e adaptadas ao pensar. A estrutura mineral apresenta substâncias e forças em comum com o reino mineral, as quais, ao se combinarem, possibilitam a expressão do pensamento, sendo denominada de corpo físico. A estrutura vital plasmadora exprime-se nas espécies ou nas formas de vidas vegetal e animal, distinguindo o ser vivo do mineral inanimado e evidencia-se como corpo de vida. Portanto, o vivo nasce do vivo por meio do germe. Assim, a estrutura mineral é ordenada em função do cérebro como ponto central, surgindo por meio da reprodução e recebendo, por meio do crescimento, a sua forma desenvolvida. São esses processos que o homem tem em comum com as plantas e os animais e por meio dos quais o ser vivo distingue-se do mineral inanimado. Logo, tais forças formativas são uma entidade real e autônoma que conclama as substâncias e as formas à vida, dando molde aos seres vivos, manifestando suas condições inatas, sendo chamada de corpo vital ou etérico.

Existe outro corpo que permite a percepção da forma espiritual cheia de vida por meio do desabrochar de seu órgão e, com isso, revela um mundo totalmente diverso da forma física. Trata-se de um corpo exterior ao homem e que lhe permite o vibrar da sensação, e o próprio ser interior do homem responde aos estímulos vindos do exterior. A sensação surge dentro da alma do receptor, a qual não se limita aos corpos físico e vital, e ele reage por todos os lados às impressões do mundo exterior. Essa fonte de atividade é chamada de corpo da sensação ou anímico. A percepção da alma da sensação está interiormente relacionada às sensações, que podem transformar-se em percepções suprassensíveis, com o desenvolvimento do órgão. Esse órgão não só lhe permite receber as impressões do corpo físico e vital sob a forma de sensações, mas também vê as sensações como em uma realidade exterior.

Depreende-se de Steiner (1988, 2010) que, em relação à sua atividade, a alma da sensação depende do corpo vital, uma vez que tirará dele o que irá luzir como sensação. Uma vez que o corpo vital ou etérico é a vida dentro do corpo físico, a alma da sensação também depende indiretamente dele. Percebe-se que o corpo vital apresenta uma parte mais densa — com a qual se liga ao corpo físico — e uma parte mais sutil — que se liga à alma da sensação. Portanto, pode-se dizer que a alma da sensação, quanto à sua atividade, é determinada e limitada pelo corpo, pois vive dentro desse limite. Em outras palavras, as forças que lhe impõem limites procedem do corpo físico, mas os limites da alma da sensação potencialmente ultrapassam o corpo físico. Assim, mais um elemento constitutivo da corporeidade humana mostra-se: o corpo das sensações ou o corpo astral, que é polar aos corpos físico e vital ou etérico, como ponte para a alma da sensação, que ultrapassa o corpo da sensação ou astral em expansão, sendo a sensação apenas uma parte do ser anímico. Às sensações, são incluídos os sentimentos de prazer e de desprazer e os instintos, os impulsos e as paixões, os quais caracterizam a alma da sensação e que também são dependentes do corpo. A alma da sensação, como um corpo, entra em interação também com o pensar, com o espírito, uma vez que já foi servida pelo pensar para elaborar pensamentos sobre suas sensações e seus esclarecimentos junto ao mundo exterior (STEINER, 2010).

Steiner (1991) descreve as correspondências existentes entre a parte psíquica da consciência comum e a vida espiritual em cada parte da alma. Nessa correspondência, detecta-se que a essência espiritual é a base da vida das ideias da consciência comum, que só pode ser atingida pelo conhecimento contemplativo e que se revela por meio de imaginações. O sentimento provém da esfera espiritual, da essência espiritual, que se encontra por meio dos métodos de pesquisa antroposófica e é chamada de inspiração. A vontade, para a consciência contemplativa, manifesta-se espiritualmente por meio de intuições verdadeiras.

A compreensão dessas analogias é o ponto fulcral da Antroposofia. Steiner (1991) apresenta exercícios que podem levar a pessoa ao encontro desses graus de conhecimento superior quando o homem consegue libertar-se das três partes ou aspectos da alma: a consciência pensante, o sentimento e a vontade. Para o primeiro, a imaginação, trata-se de dar tanta segurança ao pensamento que esse pode se libertar das bases físicas. Desse modo, fica-se protegido contra influências. Para o segundo, o sentimento, são propostos certos exercícios, que devem ser realizados antes de os perigos que ameaçam as mais profundas regiões da alma manifestarem-se. Um sentimento desinteressado é bastante difícil de se conseguir, mas, por meio de exercícios adequados, pode-se também libertá-lo das ligações físicas. O sentimento assim transformado revela-se em inspiração, que tem relação com a respiração. Para o terceiro, a intuição — que é o grau mais elevado do conhecimento —, é necessário fazer com que o elemento psíquico vontade se expresse em vontade desinteressada passando à intuição. Essa é a etapa mais difícil de ser conquistada, pois, nela, os exercícios também precisam proteger a vida psíquica, dando-lhe grande firmeza interior contra as influências estranhas da parte física. Assim, a correspondência espiritual da alma transformar-se-á em liberdade espiritual.

Compreende-se que o aprendizado da pesquisa espiritual sobre a transformação das faculdades anímicas possibilita ao aprendiz, pela prática de exercício para essa finalidade, desprender-se de sua corporeidade, já que o corpo correspondente à natureza com a qual a alma estabelece conexão. Portanto, esse caminho de aprendizado é e deve ser autoconsciente no âmbito da alma da consciência, no qual a alma relaciona-se exteriormente com o mundo espiritual e, interiormente, com o orgânico.

Partindo dessas colocações, pode-se compreender que, por considerar os estados de consciência humana, o espírito mantém conexões, por meio das faculdades da alma, com as respectivas naturezas de seus corpos. Por intermédio da investigação fenomenológica, observa-se que a cabeça humana é a estrutura física sensível ou objetiva que abriga essa compreensão no interior da alma humana, na mente humana. A alma humana mantém a conexão com o mundo, a qual é expressa nos fenômenos psíquicos.

Torna-se fundamental observar a psicodinâmica desses dois pontos de limiar, memória e sentidos, em relação à fase psicologia pedagógica[4] como um caminho a ser observado durante o ensino pelo educador , de maneira que promova o aprendizado e o desenvolvimento humano salutogênico ao se lidar com as faculdades da memória e da consciência.

---

[4] Entende-se como o período do desenvolvimento entre o nascimento e os 21 anos. Nesse período, atua-se no auxílio ao processo da tomada de consciência de si mesmo, em relação ao entorno e à sua realização e interiorização do eu e no encontro com outros indivíduos na sociedade (LIEVEGOED, 1996).

APRENDIZAGEM E DESENVOLVIMENTO NA PSICOLOGIA E PSICOTERAPIA ANTROPOSÓFICA

Por isso, o educador deve atentar para o efeito catabolizador ou desgastante, da força criativa vivificante transformadora da memória na criança, que o processo de aprendizagem consciente desencadeia durante o desenvolvimento da faculdade psíquica do pensamento, nas suas qualidades: intelectual (perceptiva) e racional (pensante). Sendo que, como visto anteriormente, um pensar lógico e racional (percebente e senciente) é representado por formas diferenciadas e finalizadas. Enquanto o verdadeiro pensar pensante ou cognoscente (vivificante/imagético), atua de forma a gerar plasticidade na força formativa ou criativa. Observa-se, que o desgaste e consumo excessivo da força formativa criativa acaba por empobrecer a capacidade de fantasia e imaginação na criança e que quando adulto pode se refletir em enrijecimento mental, o qual se manifestará por meio de transtornos psíquicos — como o transtorno obsessivo compulsivo ou as manias, chegando até mesmo a distúrbios orgânicos como dor de cabeça, enrijecimento músculo esquelético e patologias de depósitos como pedra nos rins. Observa-se também, que a não transformação ou plasticidade da força formativa criativa pela criança durante seu processo de apreender e de se diferenciar do mundo em seus primeiros sete anos de idade, permanece atuando de forma imatura. Pois, o não experienciar, reconhecimento ou uso de forma que tais forças sejam percebidas, sensacionadas e conscientizadas organicamente impedem a formação da barreira da memória e, tais forças podem se fazer evidentes no efeito proliferativo da força formativa fluídica ou vital, a ser observado em transtornos psiquiátricos graves, em quadros histéricos, em transtornos de pânico, imaturidade cognitiva, por exemplo. Podem, ainda, manifestar-se em distúrbios orgânicos, como rinite, sinusite, cistos, nódulos e outros. Por isso, faz-se o apelo para que a fase da psicologia pedagógica seja cuidadosamente conduzida em termos pedagógicos, pois o ensino deve ser curativo, mas não adoecedor.

3.2.2.2.1 Memória e sentido

Torna-se necessário entender o atuar dos aspectos da memória e do hábito como instrumentos para a aprendizagem e o desenvolvimento, sendo necessário ter clareza sobre seus limites ao longo do desenvolvimento do adulto. Steiner (2009a) esclarece:

> O homem, através da memória, deve separar seu ser percebente e pensante, que empurra o véu dos sentidos, onde aqui o homem se desenvolve principalmente através da cabeça,

> a vida designada como vida da consciência, onde a vida da consciência não vai além da vida do pensamento. O pensamento se torna imagem da memória, mas não penetramos mais do que na imagem da memória. Aí o pensamento é interrompido, e nossa vida normal entre o nascimento e a morte consiste em impedir que nosso pensamento desça até os órgãos (STEINER, 2009a, p. 56).

Logo, ao perceber que a memória e os sentidos são recursos que permeiam e que promovem aprendizagem e desenvolvimento humano, desde a mais tenra idade, variando suas formas de manifestação ao longo da vida, entende-se suas consequências e seus reflexos na individualidade humana.

Durante o desenvolvimento do indivíduo, observa-se que a faculdade humana da memória se expressa de maneira diversa. Nos primeiros anos da criança até por volta dos 6-8 anos, ela se expressa ligada a condições orgânicas e, em anos posteriores, ela assume muito mais um caráter de alma. Steiner (2018b, 2020) evidencia a conexão entre as memórias da criança e sua formação de conceitos, sendo essa muito dependente do que ela experimenta e, sobretudo, do comportamento daqueles que a rodeiam em seu ambiente. Isso ocorre por meio de todas as vivências percebidas pelos sentidos como impressões em seu corpo físico. Nesse período, a criança é um imitador, até mesmo em relação aos conceitos que forma, que lhes são impressionados.

Em contrapartida a isso, Steiner (2009b, 2016d, 2019c) aborda que a faculdade da memória provém mais do desenvolvimento interior da criança, da totalidade de sua constituição corporal; mas muito pouco deriva da constituição dos sentidos e, portanto, da constituição da cabeça humana. Pode-se detectar uma conexão interna com o modo como a criança é constituída. Steiner (2009b) afirma que, se na constituição do seu sangue os nutrientes sanguíneos estão suficientes, a criança forma conceitos e ideias facilmente; porém, quando estão aquém do necessário para o organismo, como na anemia, pode apresentar dificuldades em lembrar. Pode-se, assim, afirmar que é da organização da cabeça, isto é, da organização dos sentidos nervosos, e, portanto, das experiências que surgem da percepção, que a criança forma conceitos; mas que a faculdade de memória, entrelaçada, por assim dizer, à formação de conceitos, desenvolve-se a partir do resto do organismo.

Steiner (2019c) coloca que a formação da cabeça representa uma metamorfose da estrutura orgânica do ser humano, além da organização da cabeça, em relações de formas e forças. É possível observar que a faculdade da criança de formar conceitos e pensamento depende da sua formação da cabeça. Por outro lado, o que se desenvolve no homem como faculdade da memória depende, em primeiro lugar, de como o sistema metabólico mantém-se em uma condição bem-organizada. As duas coisas andam juntas: o que o homem traz consigo de sua vida terrena anterior e a faculdade da memória. Essa é adquirida por meio da organização e da manutenção de um novo organismo, quando seu ser natural vai ordenando-se, organizando-se e desenvolvendo-se ao longo da vida como um ser humano geral, como espécie, em um ambiente anímico mais cósmico ou do mundo — como uma caixa de memórias que vai ampliando-se à medida que se aprofunda interiormente no querer. Por isso, recordar as memórias individuais e as do cotidiano, para a criança, é algo de importante significado futuro, pois assim ela pratica e torna-se hábil nesse hábito e desenvolve a habilidade de acessar a barreira da memória dos conteúdos inconscientes depositados também para além do seu próprio querer. A partir disso, entende-se que a memória comum, usada principalmente entre o nascimento e a morte, e que se cultiva em ligação com essa vida terrena, expõe uma qualidade de proliferar, crescer, multiplicar, à medida que constrói o organismo e a biografia até sua morte física.

Steiner (2016d, 2018b, 2019c) discorre sobre seu entendimento quanto à ligação entre o nascimento da memória e as forças de crescimento, o que, mais tarde, mostra-se por meio de uma forma intelectual mais abstrata, como a faculdade de memória, que está ativa para começar no crescimento. Essa se aplica ainda no orgânico (calor latente), e parte dela se libera para espelhar as representações mentais (calor livre).

Ao se falar sobre o calor, que se relaciona à vontade, deve-se considerar calor latente e calor livre. O calor que é livre, que se liberta de sua condição latente, comporta-se externamente no mundo físico como a força que, depois de ter sido fonte dos fenômenos de crescimento nos primeiros anos da infância, então manifesta-se na vida interior como a força da memória. O que está por trás dos fenômenos de crescimento na primeira infância é a mesma coisa que mais tarde faz a sua aparição na sua forma própria como a faculdade de memória.

É possível captar uma ligação íntima entre a alma-espiritual e o físico-corpóreo, e assim como, a faculdade da memória, por um lado, aparece como de natureza espiritual e, por outro lado, aparece em outras conexões com o mundo, manifesta-se como a força do crescimento. O contrário é encontrado quando se considera a capacidade humana de amar, que se mostra, por um lado, inteiramente ligada à natureza física e, por outro lado, pode ser compreendida exatamente como a faculdade de memória, como a função mais semelhante à da alma, para que, de fato, em memória e amor, tenha-se habilidades com as quais se possa experimentar a interação entre o espiritual e o corpóreo e que também possa associar-se a todo o relacionamento entre o homem e o mundo.

Fica evidente a ligação da memória com a alma, pois um mundo interior está ativo e pulsando interiormente. A memória relaciona-se à alma por meio de seu elemento vontade, que se liga ao organismo sólido no corpo físico, nutrindo-o calorosamente por meio da circulação sanguínea — relacionando a alma ao interior do mundo físico (ou terreno) do passado.

Contrários à memória, há os sentidos humanos. Pela mais simples observação fenomenológica, percebe-se que eles colocam a vida anímica em relação perceptiva à sua experiência e ao mundo exterior, o que possibilita reconhecer e identificar percepções sensacionadas no vivenciar, percebê-las e ajuizá-las, pelo interior anímico, para o mundo exterior. Percebe-se a qualidade de movimento de circuito (ou rede) que se entretece em conformidade com a natureza interior no homem. Observa-se, portanto, o elemento anímico do pensamento, presente em contato com o mundo exterior corpóreo, que se irradia, movimenta-se, corre perifericamente ao corpo, centralizando suas irradiações luminosas na cabeça, como fenômenos psíquicos (percebentes e pensantes), tendo como instrumento intercomunicador o nervo que transmite, vibra, reverbera a informação captada ou apreendida, ou seja, transforma as formações (concepções) acessadas em representações mentais.

Portanto, observa-se o sistema neurossensorial, por meio dos nervos, como transmissor de percepções ou conhecimentos que são iluminados/conhecidos como representações mentais do mundo, que a alma conhece por meio de sua percepção e pensamento.

É possível inferir que memória e sentidos revelam verdades ou concepções; são elementos que revelam e situam passado e futuro à realidade do homem pela vivência, dotando-o de capacidade sensória e perceptiva como condição para tornar-se autoconsciente, no presente ou em presença de espírito, colocando o sentir anímico e o eu em unidade.

Dentro da psicodinâmica steineriana, o tema dos 12 sentidos e sete processos vitais (posteriormente apresentado nesta obra) é abordado sob diversos aspectos. Fundamentalmente, é preciso que sejam considerados como um caminho para a compreensão da entidade humana, por meio do qual se esclarecem, ao próprio espírito, as bases espirituais do mundo e a existência espiritual do homem, a qual pode ser demonstrada e acessada por meio do método do conhecimento imaginativo, com o qual se apreende toda a corporeidade, como natureza e existência.

APRENDIZAGEM E DESENVOLVIMENTO NA PSICOLOGIA E PSICOTERAPIA ANTROPOSÓFICA

Para Steiner (1992, 2005, 2007, 2011, 2018b) e Dekkers (2003, 2007), os 12 sentidos constituem um tema de relevância para o aspecto psicológico, com seus 12 âmbitos sensórios de experiência externa, que podem ser distinguidos um do outro e que, simultaneamente, apresentam um denominador comum: o fato de serem todos veículos da atividade perceptiva. Os sentidos transmitem o intercâmbio cognitivo do homem com o mundo exterior por meio da vivência ou experiência perceptiva, de forma bastante variada.

Para Steiner (2002b) e Emmichoven (1982), a percepção permite lidar com a característica da intencionalidade, que se expressa como uma projeção externa de imagens mentais; ao fazer isso, enfatiza a atividade interna da alma, ao expressar-se no movimento externo. Por meio da percepção, a alma transforma em representações as qualidades que o mundo irradia ao seu redor. Como vem sendo apontado ao longo deste estudo, a liberdade humana está condicionada à superação pelo indivíduo de suas disposições caracteriológicas, tanto relacionadas aos motivos existenciais como à força motriz essencial[5] do homem. Buscar a estreita concordância entre as qualidades motivadoras e pulsionais promove não só alguma liberdade, mas também traz aprendizagem e desenvolvimento ao homem. Para estabelecer tais relações, é necessária a percepção, uma vez que ela evidencia as qualidades e características dos estímulos motivadores e da força motriz.

Quanto mais verdadeiras ou translúcidas forem as imagens do mundo real, mais real será a percepção pela qual as verdades do mundo revelam-se à alma, de diferentes maneiras, possibilitando, com isso, transformações das substâncias e dos motivos humanos. Para que essas qualidades perceptivas sejam reveladas ao mundo exterior da forma mais verdadeira possível, o âmbito dos sentidos entra em cena; porém, a alma deve estar o mais livre possível dos elementos desarmônicos anteriores.

Com isso, os sentidos permitem à alma ir transformando-se, no mundo, continuamente. É essa relação mutável entre alma e mundo que traz as percepções fornecidas pelos sentidos humanos, que dependem de que o âmbito anímico esteja cada vez mais livre de elementos perturbadores da alma, como sentimentos, emoções, desejos, impulsos, instintos e afins,

---

[5] A teoria steineriana entende que os atos de vontade provêm da organização humana consciente. Para compreender como eles emanam dela, é preciso observar a relação entre pensar, eu consciente e o próprio ato, no sentido de suas manifestações. Uma de suas duas formas de manifestação é a força motriz como o fator da vontade, localizado na organização humana, como causa determinante permanente no indivíduo. São as possíveis disposições subjetivas, capazes de converter determinadas representações e conceitos em motivos. As forças motrizes das ações dos indivíduos, ao se investigarem os elementos, dos quais é composta e que compõem a vida individual, podem ser discriminadas como: o perceber dos sentidos, o sentimento, o pensar e o intelecto (STEINER, 2008).

que causam falsas percepções, penetram-se no seu âmbito. Os sentidos recebem as impressões exteriores; a alma decodifica-as e devolve para o mundo, exterior ou não, em forma de percepção, a experiência vivenciada nos sentidos. Assim, pelos sentidos, é possível trazer o caráter intencional durante a atividade vivenciada para o plano da consciência de algumas impressões, pois existem muitas maneiras — nesta obra, há 12 formas — de a alma perceber e decodificar essas impressões de sua relação com o mundo, conforme será abordado posteriormente.

A Psicologia fenomenológica inspirada na Antroposofia percebe o homem como uma entidade cósmica em relação a tudo o que os seus sentidos transmitem-lhe. Aponta a necessidade de distinguir entre certos aspectos que intervêm na vida humana ordinária, por exemplo: a parte subjetiva de seus pensamentos; a parte da sua vida interior seus sentimentos; e a parte em que está realmente adormecida sua vontade.

A Figura 2 ilustra a existência de três âmbitos da estruturação da totalidade sensorial.

Figura 2 – Esquema sintético dos âmbitos da estrutura sensorial

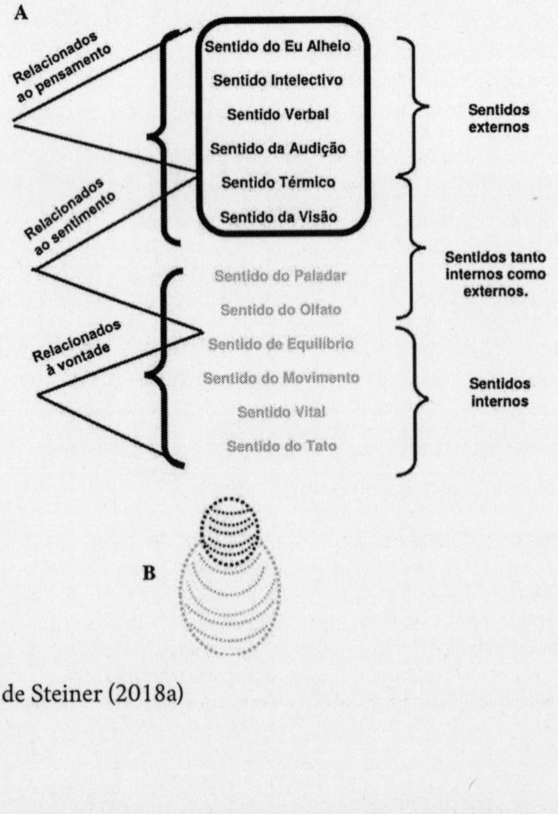

Fonte: adaptada de Steiner (2018a)

O primeiro grupo de sentidos conduz o homem por meio da capacidade de perceber o eu de outro homem. Por isso, deve ser distinguido da consciência de seu próprio eu; do sentido intelectivo ou do pensamento; do sentido verbal ou da palavra; e do sentido auditivo. Esses sentidos, quando incorporados à sua vida de alma, conectam tudo o que está relacionado às representações e são sentidos externos ou sociais.

O segundo grupo representa os sentidos térmico, visual, do paladar e olfativo. Esses sentidos são medianos ou intermediários; neles ocorre uma experiência vivida em comum com o mundo exterior e simultaneamente uma experiência dentro de si mesmo. Relacionam-se ao sentimento (ou emotividade). Os dois primeiros são relacionados ao homem superior,[6] e os dois últimos são relacionados ao homem inferior.

O terceiro grupo é o dos sentidos do equilíbrio: sentido cinestésico ou do movimento, o sentido cenestésico ou da vitalidade e o sentido do tato. São sentidos internos, estão relacionados à vontade e dizem respeito ao homem objetivo.

A pertinência desse referencial para a análise considera a possibilidade de dois tipos de processos perceptivos o objetivo e o subjetivo, que se manifestam na experiência da vida humana em duas perspectivas: objetiva, quando toda a realidade fora do pensar possui uma manifestação que aparece em forma de experiência; e subjetiva, à medida que a natureza do espírito humano, cuja essência consiste na observação, exige que os objetos a serem observados sejam dados sob forma de experiência. O homem conecta-se de forma diferente a partir da forma como relaciona-se com o mundo exterior a si, com o espaço.

Percebe-se que há uma diferença entre o conteúdo proporcionado ao homem e as vivências oferecidas pelos sentidos. É preciso observar como se registram as experiências internamente e como essas não repercutem, de imediato, sobre o processo exterior — como ocorre, por exemplo, ao escutar-se o soar de um sino.

Assim, a Figura 2 resume como os sentidos subjetivos (tom mais escuro, na parte B) são os sentidos externos, que têm a tarefa de assimilar o que é percebido externamente por meio deles — ou seja, os sentidos do eu, do pensamento, da fala e da audição mais os sentidos da visão e térmico. Já os sentidos objetivos (tom mais claro, na parte B) são os sentidos internos;

---

[6] O homem superior pode ser visto na manifestação perceptiva por meio dos seis sentidos subjetivos. O homem inferior pode ser visto na manifestação perceptiva por meio dos seis sentidos objetivos (STEINER, 2018b).

o que se percebe por meio deles, em si mesmo, é exatamente o mesmo que se percebe no mundo fora de si mesmo. São os sentidos do tato, vital, do movimento, do equilíbrio, mais os sentidos do paladar e do olfato. O processo objetivo não tem nenhuma conexão específica com o conteúdo da vida da alma. Reagir é uma mudança orgânica, dentro de si mesmo, provocada pelos sentidos objetivos.

Abaixo da vida anímica interior, das profundezas que permanecem à margem da nossa vida anímica ordinária, pulsa aquilo que faz emergir as entidades matemáticas e geométricas, que, embora configuradas na mente humana, estão enraizadas numa parte do seu ser que é, ao mesmo tempo, cósmica. De fato, só se é subjetivo na região acima do sentido da visão (como mostra o diagrama B da Figura 2). Em contrapartida, os seis sentidos abaixo do sentido da visão põem o homem em relação ao resto do mundo exterior. O espaço que se atravessa ao andar e do qual se tem em conta ao andar, a partir dos próprios movimentos, é o mesmo que, depois de tê-lo reproduzido sob a forma de uma imagem mental, aplica-se ao contemplado. Trata-se do mesmo espaço que se mede ao caminhar, comunicado pelos movimentos. O espaço nada tem de subjetivo, não vem do âmbito em que surge o subjetivo: surge daquela esfera no homem diante da qual ele se comporta objetivamente.

Na vida normal da alma, o homem ignora o que acontece quando move o braço. Esse movimento é uma atividade de vontade; é um processo tão exterior ao homem como qualquer outro processo externo e, apesar de estar intimamente conectado ao indivíduo, não entra na vida anímica. Por outro lado, não é possível criar uma representação mental sem que seja acompanhada de sua consciência.

A teoria dos 12 sentidos é importante para a compreensão do presente estudo, uma vez que os sentidos permitem que a alma perceba-se, objetiva e subjetivamente, na relação com o outro humano, seu corpo e o mundo ao redor. Por meio das sensações e percepções, na alma da sensação e pelas percepções, promove o desenvolvimento da alma racional que o corpo das sensações imprime-lhe, as quais são percebidas e interiorizadas pela alma, conferindo-lhe identidade pessoal. Isso acontece nas quatro esferas psíquicas: nas representações mentais, nas percepções, nos sentimentos e na vontade. Tais esferas permitem o despertar compreensivo dos fenômenos psíquicos na mente humana como pensar ativo ou espírito ativo, que podem ser — e efetivamente são — significados conforme condicionamentos hereditários, culturais e anímicos, e então podem ser ressignificados, possibilitando alguma liberdade ao indivíduo.

Para Dekkers (2019), os significados condicionados nos eventos e sintomas manifestos na biografia humana ou no aprendido com a vida devem ser expressos e conscientizados, para compreensão interior. Com isso, pode-se, então, poder promover o desenvolvimento com sentido de verdade e de amor pela vida, vivenciada experimentada e ressignificada, por meio de um educar-se.

Compartilhar essas temáticas do aspecto psicodinâmico da entidade humana é necessário para a compreensão do indivíduo e de seus reflexos, manifestos nas atividades do curso de FCPPA, uma vez que evidencia expressões que explicam e caracterizam a aprendizagem e o desenvolvimento humano e também estão presentes na abordagem da Psicoterapia Antroposófica.

3.2.3 A Psicologia inspirada na Antroposofia

A Psicologia inspirada na Antroposofia orienta-se na escola da Fenomenologia, constituindo, portanto, uma Psicologia Fenomenológica, inspirada na concepção filosófica antroposófica, em sua axiologia, sua gnosiologia, sua ontologia e sua antropologia. Parte da perspectiva de que, por meio do contemplar da vida e do pensar no fenômeno psíquico em si e por si mesmo, pode-se promover a autocompreensão da natureza do espírito como ativa. Desse modo, poderá compreender a riqueza interior e sua experiência alicerçada em si mesma e, ao mesmo tempo, ativa, que não pode nem sequer ser comparada às vivências em meros sentimentos ou à percepção da vontade. Porém, é exatamente da riqueza e da plenitude interna do pensar que sua imagem aparece morta e abstrata na consciência ordinária.

O método psicológico baseia-se na Fenomenologia e concebe o aprofundamento da mente em sua própria atividade de autocompreensão. O desenvolvimento, por meio da autoconsciência, é visto como o caminho para a individualidade e para a conquista de alguma liberdade, por meio da contemplação da própria atividade nos fenômenos psíquicos. Ao desprender a mente individual de suas limitações casuais e de suas características secundárias, tenta-se elevar a mente à contemplação do indivíduo humano em si. O decisivo não é contemplar a individualidade particular totalmente casual, mas, sim, ter indícios acerca do indivíduo que se autodetermina.

Steiner (2004) aborda que, na Psicologia, a consciência lida com o espírito humano individual, em que a realidade já contém o ideal. Aquilo que o espírito pode ler nos fenômenos é a forma mais elevada de conteúdo alcançável por ele. Refletindo então sobre si mesmo, deve reconhecer-se como a manifestação direta dessa forma mais elevada, como o portador dela. O que o espírito encontra como unidade, na realidade multiforme, ele deve encontrá-lo em sua individualidade como existência imediata. O que ele contrapõe à particularidade como sendo algo genérico, ele deve atribuí-lo à sua individualidade como sendo a própria essência dela; assim, na forma mais elevada da existência, é objetivamente necessário que o indivíduo se compreenda.

Uma única forma a mente humana apresenta; no entanto, diversas são as formas de um indivíduo movimentar-se, a partir de sentimentos, ideais e pelo entusiasmo em relação a suas ações. Portanto, não se trata de uma forma particular do espírito humano: é sempre com o ser humano inteiro, pleno, que se lida. É preciso destacá-lo de seu ambiente, quando se quer compreendê-lo. Steiner (2008) ressalta que só é possível alcançar uma verdadeira psicologia ao compreender a natureza do espírito como ativa. A alma unitária nos é dada à experiência, da mesma maneira como seus atos isolados. Por exemplo, quando o homem diante de um ato, é colocado para além do mero observador da experiência representada ou sensacionada do e com esse ato, onde o homem vivencia interiormente o que nele agora vive de essencial da experiência percebida pela alma. A alma atua como um órgão transmissor da experiência enquanto realidade sensorial e ou ambiental para a compreensão do espírito no ser humano. Logo, não só novo conhecimento, mas um conhecimento compreendido transformado em sentimento interior único, é vivenciado ativamente como si mesmo, ou espírito próprio ou eu espírito é expresso ou fala à própria alma, à alma pessoal no ser humano terreno. Observa-se com isso que a tríplice constituição humana em constante cooperação é essencial para a aprendizagem, desenvolvimento e educação humana.

A Psicoterapia Antroposófica promove a investigação da essência da individualidade particular do homem, por meio da autocontemplação ativa dos fenômenos psíquicos para a conquista de alguma liberdade e da dignidade humana através do despertar das forças da alma. Cabe ainda considerar a intenção do contínuo evolutivo transgeracional, étnico e antropogênico humano, pois nele está a individualidade imortal, que, no indivíduo, pode ser tocada pelo despertar da vontade como sentido de verdade eterna, orientada pela confiança. Dentro da evolução humana, ninguém tem o direito de sentir-se como individualidade caso não queira sentir-se também integrante da humanidade (STEINER, 2008).

APRENDIZAGEM E DESENVOLVIMENTO NA PSICOLOGIA E PSICOTERAPIA ANTROPOSÓFICA

A Psicoterapia Antroposófica parte da premissa de que cada um é cônscio de que todas as manifestações da mente, ou seja, pensar, sentir e querer, são atividades da personalidade humana, que, em essência, partem do centro de seu ser, o "eu". Essa abordagem psicoterapêutica parte de uma psicologia fenomenológica inspirada na antroposofia, e entende que tudo o que se observa no mundo exterior faz parte do potencial de sua vida interior ou da alma humana, porque o próprio ser assim o fez, ao constituir sua disposição caracteriológica. Tal abundância, ou não, desse potencial expressa-se na vida interior anímica, como manifestação, em seus quatro âmbitos distintos: pensamento, sentimento, impulsos da vontade e reação interior às experiências sensoperceptivas. Esses aspectos permitem o relacionamento com o mundo exterior, observando-o e mantendo essa interação interior em forma de memórias e hábitos.

Diante do exposto, a ciência psicológica e psicoterapêutica antroposófica configura o âmbito da alma humana e sua relação com os outros âmbitos, como seu campo de atuação profissional, ocupando-se, psicológica e psicoterapeuticamente, com o âmbito anímico, para a promoção de saúde do e no aspecto, que está compreendido e manifesta-se no interior da vida anímica humana. Portanto, assim como o homem é triplamente constituído em corpo, alma e espírito enquanto expressão microcósmica dos mundos do espírito, da alma e físico, estarei expondo a correlação destes mundos no microcosmo humano, na alma do homem. Onde a alma humana pode se relacionar em sua extensão, sendo tocada, superiormente por forças do mundo do espírito, manifestas em sua mente, vindas do mundo externo e em interiormente são emanadas forças vindas do mundo físico que constituem sua corporalidade para o espaço da vida anímica. Da qualidade dessas forças e formações que constituem a alma humana , na perspectiva steineriana, o mundo anímico é disposto em três âmbitos: da alma da sensação, da alma da razão e da alma da consciência onde em cada âmbito a alma humana individual pode aprender, se desenvolver e educar-se (STEINER, 1988, 2010).

No âmbito da alma da sensação pode viver sem ser muito permeada pelo pensamento. Seu papel principal é receber impressões do mundo exterior e levá-las ao interior. Ela é também o veículo dos sentimentos de prazer e dor, alegria e tristeza despertados pelas impressões exteriores. Todas as emoções humanas, todos os desejos, os instintos, as paixões surgem no interior da alma da sensação, a qual submerge, na vida corpórea, ligando-se a seus conteúdos interiormente. É a parte mais interior da vida anímica, sua parte do inconsciente, sede dos desejos e interesses, e, pelo educar do pensamento (eu), permeiam-se os sentimentos, interesses e impulsos, os quais ascendem para a semiconsciência e consciência.

No âmbito da alma da razão se apresenta sentimentos gradualmente superados, dominados e permeados pela luz interior e educadora do pensar. Não há sentimentos indefinidos, como a cólera, por exemplo, vindos das profundezas do inconsciente. O conteúdo da alma da razão é positivamente educado pela verdade — entendida como algo que o indivíduo possui internamente e leva sempre em consideração, quando ela o guia para além de si mesmo (ideia) e, ao mesmo tempo, amplia o eu, enquanto o fortalece e torna-o menos egoísta (conceito). A âmbito alma da razão conecta-se aos conteúdos do mundo exterior pelas sensopercepções, manifesta-se pelo julgar no permear na consciência ordinária e pode evidenciar a intuição conceitual (ou pensar puro).

No âmbito da alma da consciência os mundos espiritual e físico enquanto corporeidade físico são tocados, nos limites da vida anímica, iluminando-se em autoconsciência ao ser educada pelo si mesmo ou eu espírito, a origem da autoconsciência. Até então, o indivíduo satisfazia sua sede por conhecimento ao observá-lo no mundo externo; porém, a partir daqui, está em uma situação bastante diversa em relação a adquirir conhecimento sobre o mundo suprassensível, pois ele não mais está diante de si. Para isso, a alma da consciência precisa ter o impulso que vem do interior e permeia seu pensar inteiramente. Esse só pode vir das outras forças de sua alma, o sentir e o querer metamorfoseados pelo eu, como alma da sensação e da razão. A menos que seu pensar seja estimulado por essas duas forças, ele jamais será levado a aproximar-se do mundo suprassensível. Isso não significa que o suprassensível seja apenas um sentimento, mas que o sentir e a vontade devem agir como guias interiores em direção a esse âmbito desconhecido. Onde o sentir, através da verdade do pensar, dá a força ou sentimento do amor e o querer dá o sentimento de esperança. No âmbito da alma da consciência o ser humano tem a tarefa de conhecer o destino individual, que vem para o homem do mundo exterior, com a mesma abnegação que ele até agora só aprendeu a enfrentar as impressões do mundo exterior, e a realizar ações no mundo que são sustentadas pela moralidade.

Em Steiner (2005, 2016a) as expressões evolutivas da consciência são caracterizadas como sete condições universais: inconsciente ou universal (de transe), sem sonhos (do sono profundo), da imagem subconsciente (onírica), vigília ou desperta (dos objetos), psíquica (consciente da imagem), supra psíquica (consciente do sono) e universal espiritual, sendo as três últimas ainda a serem desenvolvidas no futuro. Então, nesse momento a humanidade está exercitando a consciência objetiva, ou desperta para os fenômenos existentes. A alma humana enquanto manifestação vivenciada e experimentada da personalidade em seu pensar, seu sentir e sua vontade apresenta vinculada a diferentes condições de liberdade em relação aos estados de consciência, indo da inconsciência, subconsciente, consciência ordinária e autoconsciência. Das colocações feitas por Steiner, é possível depreender que o psicólogo psicoterapeuta antroposófico deve iniciar o processo psicoterapêutico pela consciência sensória objetiva, estando ativo na vivência, ou seja, protagonista no processo a partir da região mediana da alma, a região subconsciente, onde a vida anímica acontece, para verdadeiramente auxiliar no encontro consciente com a individualidade e a humanidade em seu desenvolvimento. Pois, neste ponto, motivo e força motriz (ou significado e sentido) podem, pelo esforço, equilibrar-se. Essa é a região em que, pelo sentimento, é possível acessar a consciência psíquica (ou a consciência da própria alma em mim) rumo à intuição conceitual.

Os conteúdos anímicos são ilustrados na Figura 3.

Figura 3 – Conteúdos anímicos

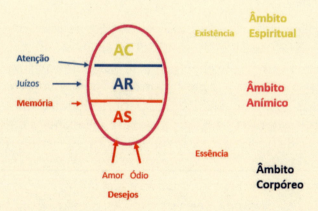

Fonte: as autoras (2021)

Os estudos psicosóficos de Steiner (2005) sobre a personalidade humana aponta que, na totalidade dos conteúdos da vida anímica ou psíquica, atuam duas forças distintas: juízos e vivências de amor e ódio. As forças de amor e ódio originam-se da capacidade de desejo como força do querer ativa no centro da alma, enquanto os juízos vivem como força ajuizadora, como capacidade de julgamento no limite periférico anímico em representação mental. Tais forças expressam o interesse da alma pelo que já foi querido ou desejado podem ser são nitidamente observadas na região da vida da alma humana, enquanto vivencias interiores. Essas forças estão interiorizadas no homem, na região mais profunda da alma, e se refletem como qualidades em sua identidade.

Portanto, observa-se que, no deslocamento das forças do desejo (do centro da alma até seu limite exterior, com o portal dos sentidos), esta vivencia-se sensorialmente e retorna como sensação para o interior anímico, guardando essa sensação em forma de memória como uma barreira ou um portal das forças do desejar ou querer. Já as forças dos juízos experienciam-se até a representação do manifesto, no limite anímico do portal ou na barreira dos sentidos com o mundo externo, e retornam como percepção ao interior anímico do mundo exterior. O fim da atividade ajuizadora ou de ponderação anímica conduz ao que se forma como julgamento partindo da representação mental, a qual só tem um significado na vida quando é verdadeira para o mundo exterior. A alma, por si, não pode decidir sobre a verdade, pois essa se fundamenta em si mesma. Aqui se tem o observar atento ao mundo. Porém, não é pelo ponderar algo que a decisão, o julgamento, torna-se correto; mas, sim, por razões diversas, objetivas, extraídas do arbítrio da vida anímica, de modo que o julgamento, seja lá o que pretenda a alma na decisão, vem a existir fora do elemento anímico.

A vida anímica tem seus conteúdos investigados pela consciência, deparando-se com a capacidade de juízo e com o interesse. Se, no entanto, busca-se a particularidade interior, a constituição da vida anímica revela o seguinte: só se pode atribuir as vivências de amor e ódio e a capacidade de juízo à vida anímica se forem justificadas com a palavra "consciência".

Portanto, em Steiner (2005), são identificadas quatro capacidades que vivem e atuam na e a partir da alma como forças: capacidade de desejo, a qual o interior anímico se depara enquanto força de amor e ódio; capacidade de entendimento que no interior anímico se depara com a memória ou fala como força de juízo; capacidade pensante na atenção às verdades do mundo exterior como força de julgamento e capacidade consciente que nada tem da vida anímica como força da consciência.

Na vida anímica, conforme a Figura 3, "desejos" correspondem ao que se traz na vida como essência da própria alma, submerso no interior anímico na corporeidade, que emerge até seu limite interno, onde a impressão externa promove expressão sensorial interior, e liga-se aos sentidos ou às representações dos sentidos (linha vermelha) e se reconhece como sensação, não atingindo o mundo exterior (STEINER, 2005). Entretanto, estabelecem um "envoltório" como um limite anímico do espaço interior sensacionado, que externamente se estabelece pela vivência dos sentidos no portal dos sentidos. É possível perceber que a essência da alma vem da atenção relacionada às representações sensoriais, que são as sensações do eu (mundo interior anímico, a partir daqui). A percepção do eu é como um espelhamento interior na alma.

Como mostra a Figura 4, os limites do julgar correspondem ao que uma excitação exterior promove quando há uma excitação interior que se junta a uma expressão sensorial. A percepção (como representação trazida ao interior do objeto significado no mundo exterior), assim, resulta dos desejos e juízos do interior da vida anímica, os quais se relacionam com a sensação.

Figura 4 – Limites do mundo anímico

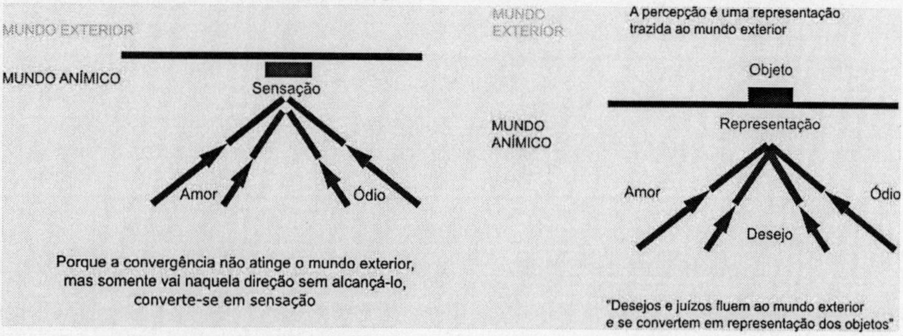

Fonte: adaptada de Steiner (2005)

No interior da vida anímica, há a sensação ligada aos sentidos, que surge apenas quando o desejo investido é obrigado a recuar devido a um contragolpe vindo de fora, ou seja, por aquilo que o sentido faz. Também há a sensação interior que surge quando o desejar é rechaçado de algum modo, um pouco antes do limite anímico, e vive no interior da vida anímica; essa sensação sentida, não foi percebida nem representada no mundo exterior, é o sentimento. Portanto, para a observação anímica, os sentimentos são um desejar modificado, ou seja, são os desejos permanentes rechaçados em si mesmos. Assim, Steiner (2005) observa que também, junto aos sentimentos, conserva-se o elemento desejo, substancialmente anímico.

Da compreensão sobre o processo dos limites do mundo anímico vida entende-se que esta é constituída de sensações sensoriais adquiridas da relação com o mundo exterior.

Ao se observar a atividade de julgamento , a vivência experienciada na vida da alma pelos sentidos durante às impressões externas é chamada percepção sensorial. E, o que a alma carrega consigo dessa vivência, como permanente é a sensação sensorial. Assim, pelo atentar tem-se a presença do desejo e o que se revela como essencial no interior da alma desse atentar é a sensação sensorial, enquanto um desejo modificado e como imaginações sensoriais. Sendo esta sensação interior sentida o que se chama de sentimento, conforme anteriormente exposto. Assim, o sentimento carrega conteúdos de desejos modificados para a observação da alma em seu interior, como processos substantivos e reais já presentes no interior da alma humana.

Tanto a atividade do julgar como a forma do desejo terminam em um determinado momento, pois a atividade do julgar termina diante de uma decisão concluída em forma de ideia que continua como verdade, e o desejo termina com sua satisfação. Portanto esses elementos fluem e se esforçam continuamente na vida da alma por decisões e por satisfação empurrando e pressionando-a interiormente.

Assim, o ato de julgar coloca a alma a lutar esforçadamente, e pelo desejar se atua desfrutando-o interiormente. Apenas o início do julgar apenas o início pertence à vida da alma; pois, a decisão vai além da vida da alma. No desejo é invertido, não é o início, mas o fim, pois a satisfação fica na vida da alma.

Ao examinar o que pertence à vida da alma como sensação sensorial satisfeita, ou seja, o ponto em que a vida da alma vivencia em si mesma a satisfação, dando fim ao desejo. Da força do desejo, observa-se a presença dos que encontram a satisfação e os que não encontram a satisfação e podem apoiar-se não apenas nos objetos externos, mas também nas experiências da alma interior. Assim, o sentimento que é devidamente chamado de desejo insatisfeito pode se apoiar em uma sensação que talvez traga à mente algo que já foi abandonado há muito tempo. Assim, no interior da alma, tem-se situações em que o sentimento que terminou em satisfação, que é transmitido pela vida da alma de tal forma que é, por assim dizer, neutralizado, tem um efeito tal dentro da vida da alma que tudo ligado a ele recebe uma influência salutar. E onde o desejo permanece insatisfeito, o que é transmitido à vida da alma porque o objeto não pôde satisfazê-la, nesse momento em que o objeto sai, a alma recebe uma referência viva, por assim dizer, como "nada", "vazio". E a consequência disso é que a alma vive em um desejo insatisfeito como em um fato interior não fundado na realidade.

Steiner (2005) argumenta que o homem possui um soberano no mundo exterior, situado em um ponto do espaço; ao avançar em sua própria vida anímica, o indivíduo tem que olhar para a dramática contradição em si e reconhecer que, também em seu interior, existe um soberano, no tempo.

> Pois toda pessoa é um ser — na medida em que possui uma alma — que simplesmente não é senhor de si; cada pessoa também está sujeita a algo interior que tem poder sobre ela e que não pode ser, de antemão, abrangido por seu saber. O mundo exterior é soberano acima de nós em todas as percepções sensoriais. Na vida anímica nós também temos de reconhecer um soberano interior ao observar como ela transcorre no tempo — dia após dia, ano após ano, época após época da vida — e, mediante um poder interior, é impulsionada à frente e se torna cada vez mais rica. Já por este caso simples e concreto os senhores veem que em nossa vida, na medida em que é vida anímica, nós devemos reconhecer um soberano exterior — a pressão das percepções sensoriais —, mas também que possuímos um soberano interior. Nós sucumbiríamos ao devaneio se não quiséssemos reconhecer este soberano interior. (STEINER, 2005, p. 119).

Com a capacidade de consciência da corrente de representações que são assimiladas, fica evidente que o que está dentro da alma não coincide com a vida anímica. Percebe-se que uma representação assimilada pela alma continua a existir sem que se esteja consciente dela, pois estava na alma, mas não na consciência. Constata-se, assim, que a corrente contínua da vida anímica flui; a corrente da consciência, por sua vez, é diferente dela, uma vez que uma corrente pode conter em si todas as representações mentais que, por assim dizer, fluem para a alma, vindas do passado para o futuro. Porém, para torná-las conscientes, primeiro é preciso, mediante esforço, que sejam retiradas de seu estado inconsciente de vida na alma, para elevarem-se à consciência.

Figura 5 – Correntes da alma

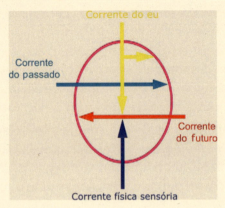

Fonte: adaptada de Steiner (2005)

Steiner (2005) observa que a consciência pertence à alma, o que não significa que tudo que está na alma incida sobre a consciência. O fluxo da vida das representações mentais segue o fluxo contínuo da corrente do passado para o futuro (linha em azul, na Figura 5). A corrente da consciência (linha em amarelo, na Figura 5) ilumina apenas em certos momentos uma parte da vida anímica, na direção da direita, acima. Portanto, conforme a Figura 5, entende-se que a consciência surge quando as correntes do tempo, ou seja, a corrente do passado (azul) ou etérica (da esquerda para a direita) contrapõem-se à corrente do futuro (vermelha) ou corrente astral (da direita para esquerda). No espaço interior, entre as correntes do tempo, desce a corrente do eu (amarela) e incide de cima para baixo. A consciência manifesta-se quando a corrente do eu choca-se com a corrente física sensória.

Desse modo, a alma humana, em sua vida interior, trabalha com o julgar e os desejos; tais elementos existem independentemente dela, mas nela se manifestam, proporcionando a condição de que se torne sentimento, pensamento e vontade.

São os fenômenos psíquicos os que promovem a saúde ou desarmonizam-na, manifestando-se como psicopatologias, sob a forma de distúrbios ou doenças psíquicas, orgânicas, espirituais (mentais) e sociais. Do mesmo modo, os fenômenos anímicos também se manifestam como tédio, dificuldades de memória e similares. A pesquisa da dinâmica interior da alma possibilita desenvolver e criar ações psicoterapêuticas salutogênicas e éticas como proposta ou modelo de mudança, por meio de procedimentos técnicos, metodológicos e processuais, para contribuir na prevenção e na mudança e dar coerência ao que se apresenta como fenômeno psicopatológico da vida anímica, na perspectiva da Psicologia Fenomenológica inspirada na Antroposofia. Nesse sentido, cabe ao psicólogo e ao educador conhecerem como as atividades anímicas atuam no organismo humano, pois, assim, podem optar por práticas que equilibrem e harmonizem sistemas orgânicos, colaborando com o aprendizado.

O mundo anímico mobiliza seus conteúdos em diferentes regiões, por meio de forças que se manifestam em duplicidade. Como exemplo, citam-se a antipatia e a simpatia, uma vez que, para o aspecto pedagógico e psicológico, essas são de grande importância para a aprendizagem e o desenvolvimento da criança ou do adulto, como promotoras da representação mental diferenciante e da representação criativa sintetizante.

O agir salutogênico promovido pelo psicoterapeuta antroposófico, ante o paciente, enquanto esse esteja em desconforto, pode auxiliar para que o paciente aja sobre seu próprio pensar e procure aprender, ou, ainda, para que conheça seu pensamento (representação mental) e encontre a força (que continua no corpo vital, podendo torná-lo adoecido na inconsciência, atuando em algumas representações mentais que, como tais, são realmente causadoras de enfermidades) que alimenta a representação mental presente, mantendo a desarmonia. Desse modo, pode então reorientá-la de maneira a vivenciar/pesquisar pontos de apoio que possam ser incorporados à consciência e que façam sentido para a pessoa, dentro do tempo necessário para a ressignificação da força criativa e transformadora. Em outras palavras, diante da impotência do ser humano em relação às representações mentais que atuam em seu corpo vital, deve-se promover a auto ascensão dessas à consciência, sendo isso salutar à vida. Portanto, o psicoterapeuta antroposófico necessita estimular o paciente a criar vida nova à mente e a ser criativo.

O próximo tópico deste estudo apresenta uma síntese do desenvolvimento humano, apontando variáveis que incidem sobre a tripla constituição humana. Frisa-se que, para este estudo, o constituinte alma é de especial importância, por ser o espaço de expressão da consciência.

3.2.4 Fases do desenvolvimento humano na perspectiva da Antroposofia

Considerando a população do estudo — adultos profissionais em Curso de Formação Continuada em Psicologia e Psicoterapia Antroposófica —, abordar o tema "fases da vida", dentro da perspectiva antropológica antroposófica, justifica-se, pois expõe cronotipicamente o desenvolvimento como fase da vida humana. Nessa exposição, conta-se fundamentalmente com o referencial teórico de Bernard Lievegoed (1996, 1997), médico e psiquiatra antroposófico.

O ser humano apresenta, simultaneamente, vários desenvolvimentos, os quais evidenciam aspectos específicos e, ao inter-relacionarem-se, causam interferências. Os aspectos biológico, psicológico e espiritual, de acordo com Lievegoed (1997):

a. caminho da vida sob o aspecto biológico refere-se à determinação, a partir da espécie, analisado em três períodos: o de crescimento, durante o qual o desenvolvimento construtivo prevalece sobre o declínio; o de equilíbrio entre desenvolvimento e declínio; e o de involução ou época de declínio crescente;

b. caminho da vida sob o aspecto psicológico diz respeito à evolução do pensar, do sentir e do querer. Apresenta uma linha evolutiva perceptível no desenvolvimento psicológico do pensar, do sentir e do querer, em sua forma complexa e no seu conteúdo sempre mutável, vivenciados em pensamentos, sentimentos e impulsos da vontade, que devem ser considerados, desde a primeira fase do crescimento até a idade adulta. A ser visto, para cada uma das três fases da vida, há um motivo-condutor diferente;

c. caminho da vida sob o aspecto espiritual está relacionado à trajetória de individuação, de escolhas, de valores, de sentido e de realizar uma parcela do potencial do eu.

O ritmo biológico do desenvolvimento tem seu mais profundo efeito no período anterior à maturidade; o desenvolvimento psicológico apresenta-se mais claramente com lógica própria durante a fase intermediária; e o desenvolvimento espiritual é característico da fase final da vida.

Nas vivências dos elementos tempo, espaço, movimento e forma, o homem recebe impressões que deixam significados e sentido moral humano manifestos em motivos e força motriz. O tempo dispõe todo o conteúdo anímico, como sentimentos e concepções, que o espaço anímico capta, como manifestação de sentimento que pulsa, em movimento de contração e expansão, revelando-se em forma, como expressão do movimento impressionado. O resultado desse processo transformativo no tempo como movimentos contrativos e expansivos e no espaço, manifestos como formas impressas em forma mnemônica e de consciência expressam a natureza e a existência do ser humano na biografia do indivíduo, na perspectiva da Antropologia Antroposófica.

3.2.4.1 O desenvolvimento humano na perspectiva antroposófica

A partir da biografia humana, pode-se compreender relações e inter--relações, crises, espelhamentos, repetições, intensidade, polaridade, doenças, questões existenciais e metamorfoses que se manifestam nas diferentes fases e nos setênios da vida. Também se pode compreender a inter-relação dos âmbitos físico, psicológico e espiritual individualmente, mantendo um padrão arquetípico que atua na cultura de nossa época.

Bernard Lievegoed (1996, 1997), médico e doutor em Psiquiatria, organizou e deixou contribuições sobre as fases de desenvolvimento do caminho humano da vida (ou biografia humana), na perspectiva antroposófica, as quais serão consideradas, de forma conjunta, com outros estudiosos do tema, como G. Burkhard (2002, 2009) e Jocelyn (2009).

Para Lievegoed (1997, p. 13), "[...] a mais remota descrição das fases da vida humana pode ser encontrada no provérbio chinês: A vida humana consiste em três fases: vinte anos para aprender, vinte anos para lutar e vinte anos para atingir a sabedoria".

Ao organizar as fases do desenvolvimento do caminho humano da vida, Lievegoed (1997) realizou pesquisas sobre o tema, passando pelos gregos, com suas 10 fases de sete anos cada; pelos romanos, com suas cinco fases da vida; por autores internacionais antroposóficos, que seguem ou não a divisão grega; autores da Psicologia do desenvolvimento da época; pelo filósofo Guardini; e, principalmente, por Rudolf Steiner, que muito o influenciou.

Steiner (2006, 2010, 2012a), ao falar do homem tríplice, descreve o corpo com leis evolutivas predeterminadas que são criadas em um longo período de desenvolvimento. O autor reporta 10 períodos de sete anos no desenvolvimento, sendo: três vezes sete anos para o desenvolvimento físico e mental; três vezes sete anos para o verdadeiro desenvolvimento psicológico; e três vezes sete anos para o desenvolvimento do espírito. Assim, o homem, dos 63 aos 70 anos, atravessou os estágios do desenvolvimento e tem um período adicional para consolidá-los. Aos 70 anos, o homem está em posição de colher os frutos da vida e devolvê-los à comunidade.

A divisão por três períodos de 21 anos cada (e os anos subsequentes) proposta por Steiner (2012a) foram aprofundados e complementados por Lievegoed (1996) como as três grandes fases de desenvolvimento do caminho humano de vida, que são:

a. fase biológica (ou fase da formação da corporeidade): situa-se entre o nascimento e o 21º ano de vida, na qual ocorre o desenvolvimento físico e mental, e a criança integra ao corpo sensível os corpos suprassensíveis;

b. fase psicológica (ou fase do desenvolvimento da alma): ocorre entre os 21 e os 42 anos, quando o eu educa as três almas; e

c. fase espiritual (ou fase do espírito): ocorre entre os 42 e os 63 anos.

Após esse período, é prevista uma pausa para consolidação, e, na sequência, preveem-se a colheita dos frutos e a devolução à humanidade do que foi desenvolvido, conforme pode ser visualizado na Figura 6.

Figura 6 – Fases de desenvolvimento do caminho da vida, subfases e espelhamentos

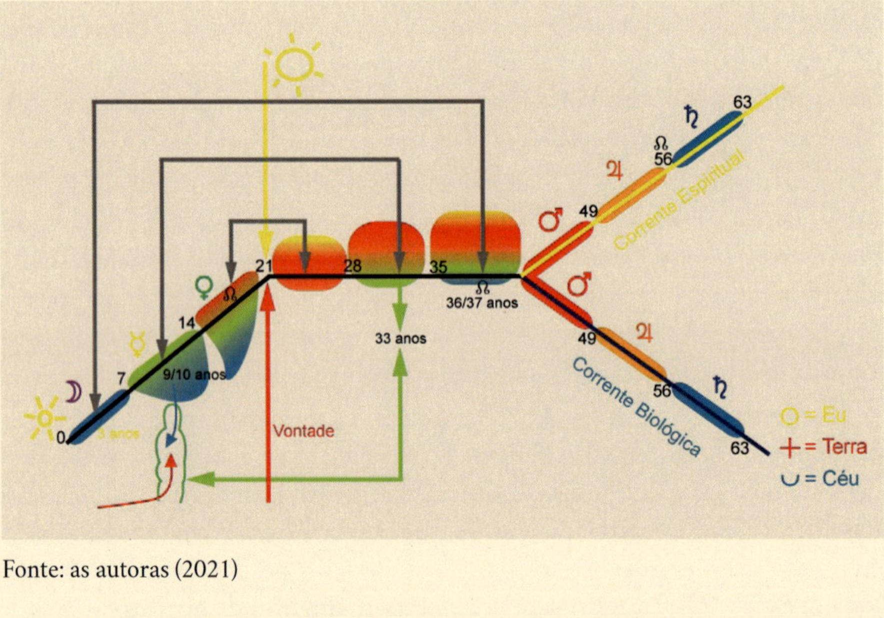

Fonte: as autoras (2021)

3.2.4.1.1 Fase biológica ou fase da formação da corporeidade

Na fase compreendida do nascimento até os 21 anos, a criança reconhece/imprime sua identidade nos corpos com os elementos comuns aos reinos mineral, vegetal e animal, que compõem sua forma natural, identificando-se humano. Esse processo ocorre ao tomar consciência de si em si corporeamente, ao perceber-se vivenciando o ambiente e ao reconhecer seus ideais, suas realizações e seus atos para com os outros humanos. Estruturam-se, assim, em sua corporeidade, os corpos físico, vital, astral e humano como instrumentos para dotar de autoconsciência o existir.

A Figura 7 ilustra as duas correntes de crescimento: a fisiológica e a psicológica. Um olhar atento ao funcionamento dessas correntes possibilita perceber a continuidade do crescimento biológico na direção craniocaudal, em oposição ao crescimento psicológico.

Figura 7 – As duas correntes de crescimento fisiológico e psicológico

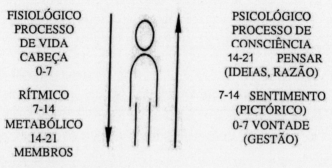

Fonte: adaptada de Jocelyn (2009)

Como mostra a Figura 7, Jocelyn (2009) distingue, no primeiro setênio da vida, duas correntes de crescimento em polos opostos, mas que não se atritam criando conflito, pois corpo, alma e espírito ainda funcionam como uma unidade. No segundo setênio, as forças da alma ou psicológicas estão mais livres; ambas trabalham harmoniosamente no sistema rítmico — pelo menos até a idade de aproximadamente 10 anos, quando há a primeira agitação com o nascimento do corpo astral independente, na puberdade, e quando há o surgimento do espírito individualizado. As duas correntes estão novamente em polos opostos: a fisiológica, no organismo inferior; e a psicológica, na cabeça. Isso prepara o palco, por um lado, para o amor e, por outro, para os novos poderes mentais. O intelecto independente pode agora ser ativo no raciocínio, pensar logicamente, discriminar e fazer julgamentos. Até então, a organização não era suficientemente madura para esse tipo de atividade mental independente. Em sua forma ideal, à segurança anteriormente obtida — de que o mundo é bom (do nascimento aos 7 anos) e é belo (7-14 anos) —, pode agora ser acrescentada a ideia de que o mundo é verdadeiro (14-21 anos).

Para melhor compreensão, descrevem-se, a seguir, as relações que ocorrem nas diferentes fases e em suas subfases, bem como a interligação entre os três aspectos do desenvolvimento, em cada fase do caminho da vida humana.

3.2.4.1.2 Fase biológica caracterizada do nascimento até a troca dos dentes

Essa fase constitui a base da saúde orgânica ou corporal. Ao nascer, a criança comunica sua chegada com o primeiro choro, propiciado por inspirar o ar até seus pulmões, que estavam, até então, colabados.[7] Nesse inspirar, o coração diminui um pouco seus batimentos em relação à fase pré-natal, e a criança abre-se para as impressões do mundo. Na ocasião da morte, comunica-se a saída da existência com o último suspiro; ao expirar o ar, os pulmões, colabam-se. Situação similar ocorre com o coração, que, com a morte terrena, cessa seus batimentos, em oposição à situação no momento do nascimento, em que os batimentos passavam de 150 por minuto.

Os três primeiros anos da criança são um período em que grandes conquistas são atingidas, como os aprendizados fundamentais de andar, falar e pensar. Nesse período, o ser humano conquista a posição ereta e aprende a andar, em um aprendizado de superação da gravidade; passa pela curvatura cervical, com o virar e firmar o pescoço; pela curvatura lombar, com o sentar e o engatinhar, assumindo a posição quadrúpede; até permanecer em pé, na posição bípede, e deslocar-se no espaço por meio do andar. Aí, a primeira manifestação de consciência do eu acontece.

Esse conjunto de habilidades — andar ereto, falar e pensar — dá ao ser humano autoconsciência, permite a autorreflexão e a possibilidade de modelar seu próprio destino individual. Tais aprendizados são a base do desenvolvimento posterior do ser humano, de acordo com G. Burkhard:

> Os três passos de desenvolvimento do ser humano são a base de todo desenvolvimento posterior. E todas as forças anímicas (psíquicas) e espirituais (ou da consciência), estão totalmente mergulhadas nessa tarefa orgânica. Somente quando está parcialmente cumprida, aparece o primeiro momento de consciência em que a criança se percebe como individualidade própria, usando a palavra "eu". Joãozinho fala de si, não mais "Joãozinho quer", mas sim "eu quero". "Eu"

---

[7] Com as paredes grudadas, coladas, como bexiga vazia. Sem ar ou vida.

> e o mundo antes desse acontecimento eram uma coisa só. Agora, sou "eu", e o mundo está fora de mim. Para a maioria das pessoas, é a partir deste momento que vêm as primeiras lembranças da infância. Esse momento pode ser denominado de "consciência do eu" (BURKHARD, G., 2009, p. 5).

Nessa fase, para seu desenvolvimento psicológico futuro, é necessário considerar que a criança está completamente aberta a todas as impressões exteriores e a aprender pela imitação de seu ambiente. Nesse sentido, o mais importante elemento individual que se pode dar a ela é um sentido de autoconfiança, convicção e segurança: o sentimento de ser bem-vinda neste mundo de pessoas, por meio do qual ela recebe amor e calor. Toda criança deve receber calor, comida e carinho. A autoconfiança e a convicção vêm de uma vida rítmica e da consistência nos encontros da criança; a segurança vem do amor caloroso de seu ambiente. Em suma, à criança deve ser dado um sentido básico de que o mundo é bom.

Segundo descreve Steiner (1997), o eu é conscientizado interiormente e exteriormente por meio dos 12 sentidos. Isso ocorre quando a criança experimenta sensorialmente a relação de seu corpo com o mundo interior e exterior — identificando impressões exteriores e interiores como sensações — e desenvolve a capacidade consciente de reconhecer e identificar tais sensações; assim, reconhece-se em relação ao mundo externo interiormente, desenvolvendo sua percepção.

A relação manifesta, nessa fase, é do eu dentro de mim, por meio da experiência sensacionada dos quatro sentidos interiores (do tato, vital, do movimento e do equilíbrio), como base para a consciência do eu no corpo físico. A sensação coloca o ser em relação a seu eu, levando ao bem-estar. Porém, nessa fase, a criança necessita do acordar interior de sua vontade, pela experiência perceptiva da alma de seu bem-ser interior. As vivências sensacionadas e percebidas determinarão o bem-estar, o bem-ser e o fazer, por meio da realização na Terra, e afetarão a base de seu desenvolvimento da corporeidade, nas fases futuras necessárias para o desenvolvimento anímico e espiritual, que trazem o desenvolvimento fisiológico da alma humana.

Nessa etapa, a criança está construindo sua ferramenta para o futuro, seu corpo físico; quaisquer situações externas serão refletidas nele como desarmonias orgânicas. A íntima correlação entre o desenvolvimento físico e o mental, nos primeiros anos, é mais ou menos decisiva. A menor desordem estomacal ou doença iminente é primeiramente notada no comportamento da criança: ela se torna apática e irritável.

Steiner (2016d, 2019c) e Lievegoed (1996) explanam que, nesse momento, o aprendizado está voltado para a metamorfose orgânica. A criança precisa produzir novas e próprias células, criando, assim, sua estrutura celular, na medida em que vai trocando e destruindo as células de seu atual corpo doadas pela mãe, pelas quais a carga genética foi transmitida. No esforço de edificar-se e constituir organicamente, de maneira individuada, cria sua imunidade e a saúde física, tendo como possibilidade, para esse trabalho, desenvolver as doenças infantis febris e as desarmonias inflamatórias. Essa fase termina com a troca dos dentes.

3.2.4.1.3 Fase biológica entre a troca dos dentes e a puberdade

Nessa fase, entre 7 e 14 anos, o esforço dirige-se para a integração do corpo vital à corporeidade. Trata-se de uma fase básica para o amadurecimento psicológico do indivíduo.

O esforço da criança é dirigido para relacionar-se com o ambiente ao redor, reconhecendo-se como parte dele. Nessa fase, o eu é vivenciado conscientemente ao experienciar as sensações promovidas pelos sentidos medianos (térmico, paladar, olfato e visão), oriundas da cultura, que o permeiam externamente. A criança pode reconhecer-se e significar-se nesse ambiente. A nuance da experiência do eu, na pré-puberdade, leva o indivíduo a voltar-se agudamente para si mesmo e para suas próprias experiências. A criança desperta o sentir da alma, interiormente, por meio da percepção consciente da atmosfera do ambiente ao redor, em forma de imagem, como pertencente ao corpo anímico ou astral. Logo, a alma acolhe, em seu interior, as vivências do eu, dotando-as de percepção no sentir e significando-as no pensar. Essa consciência perceptiva promove uma evolução psicológica em que o pensar, o sentir e o querer passam a evoluir dentro do âmbito fechado da própria personalidade.

Com o corpo estruturado orgânica e cerebralmente, forças plasmadoras ficam livres para ser utilizadas no processo de aprendizagem, como percepção e memória ou pensar imaginativo. Somente na época da pré-puberdade é que surge cada vez mais o pensamento lógico a ser então cultivado. Também aqui a fantasia criativa desenvolve-se. Essa fantasia infantil lança a base para a criatividade e o entusiasmo, para o desenvolvimento anímico futuro na vida social e na carreira dos anos posteriores. Um indivíduo que foi incapaz, por qualquer razão, de fantasiar e sonhar durante essa fase,

APRENDIZAGEM E DESENVOLVIMENTO NA PSICOLOGIA E PSICOTERAPIA ANTROPOSÓFICA

mais tarde sentirá uma falta de espontaneidade e versatilidade nas relações interpessoais. Nesse sentido, a educação intelectualizada abafa e impossibilita o desenvolvimento da fantasia criativa. A falta de desenvolvimento do sentimento e da atitude de veneração e devoção, perante as pessoas e o mundo, cria pessoas que, mais tarde, na vida, tornam-se solitárias e são continuamente confrontadas com sua inabilidade para fazer contatos reais com outras pessoas. O sentir na vida escolar relaciona-se à autoridade amada, emitida pela postura do professor (STEINER, 2016b).

O caminho do desenvolvimento psicológico, na fase escolar, é caracterizado por um isolamento muito intenso: a criança volta-se mais para si mesma e explora as qualidades de sua própria mente no pensar, no sentir e no querer, por meio da fantasia. Na verdade, ela agora vive em seu próprio jardim, cercado por um alto muro: dentro dele, a criança constrói um mundo próprio, no qual pode fazer tudo o que ainda não pode no mundo real externo.

Durante a segunda fase, a criança precisa ser convencida de que o mundo está cheio de alegria e cheio de beleza. Arte e religião deveriam permear todo o ensino, desenvolvendo uma atitude de veneração, admiração, valoração e reconhecimento perante os três reinos da natureza (o reino mineral, as plantas e os animais). Por meio de um ensino artístico, a criança pode abrir os olhos para o mundo; "o mundo que é belo" precisa ser sentido com toda a força do coração. Portanto, o ensino com mentalidade artística, a brincadeira criativa e o contar histórias, por parte dos pais, exercitam a mobilidade das faculdades mentais e nutrem a originalidade e a espontaneidade.

Essa fase coincide com o início da alfabetização, uma vez que o sistema neurossensorial está pronto para o trabalho com o pensar. O sentir e a vontade mantêm-se unidos ao pensar:

> Os três primeiros anos escolares formam um período que, do ponto de vista psicológico, pode ser considerado uma unidade. É uma época incomumente feliz! Tudo concorre para conduzir criança a um estado harmonioso e equilibrado, de um modo que jamais se repetirá na vida posterior. As energias da vontade, ainda fortemente dominadas pela fantasia, apoderam-se com gosto do pensar em evolução. Abre-se à criança um novo mundo ao qual ela se entrega com veneração (LIEVEGOED, 1997, p. 62).

O repetir constante e rítmico, o treino e o exercício de persistência permitirão um aprendizado que se incorpora não só intelectualmente, mas em todo o corpo, promovendo o desenvolvimento de uma vontade e de um pensar, sentir e agir sadios, em fases posteriores.

Nessa época, o temperamento da criança torna-se bem visível e característico e deve ser levado em consideração, tanto na escola como no lar. Uma armadura de normas, hábitos e valores culturais pode ser incutida com tal intensidade que impedirá o desenvolvimento da vida dos sentimentos mais tarde. Essa fase termina com a maturidade sexual como marco da interiorização do corpo vital e da corporeidade.

3.2.4.1.4 Fase biológica entre a puberdade e a maioridade

Ocorre entre os 14 e os 21 anos. Essa é a fase do amadurecimento social do indivíduo e fase da maturidade terrestre. Abrange o desenvolvimento social da alma. Também aqui, três subfases podem ser observadas: de 14 a 16 anos, de 16 a 18 anos e de 18 a 21 anos.

A primeira fase é mais voltada para os fenômenos e as mudanças corporais, em que a "organização do pensamento", o interesse pela ciência e pela técnica ajudam a própria organização.

A partir da pré-puberdade, a diferenciação sexual torna-se cada vez mais visível. A mulher amadurece mais rapidamente que o homem; a forma do seu corpo denota também as qualidades da alma feminina: mais redonda, mais cósmica, mais espiritual, menos profundamente ligada à Terra. Outras características são: tonalidade da voz mais alta, ossos mais leves, hemoglobina do sangue em porcentagem menor, útero e órgão de reprodução retraídos para dentro do corpo. O homem, por sua vez, tem seu corpo mais anguloso, ossos pesados, mais terrestre, cérebro mais pesado, hemoglobina em porcentagem mais elevada; portanto: quantidade maior de ferro, pensamento mais racional, voltado para a luta, a defesa, a ação. Os órgãos sexuais, baixos e expostos, têm os elementos masculino e feminino ao mesmo tempo: numa parte, desenvolve-se; noutra, regride — dando a diferenciação sexual.

As modificações corpóreas são intensas e profundas nessa época, especialmente devido ao crescimento dos membros e à maturação sexual, que são acompanhados pelo desenvolvimento anímico, conferindo, muitas vezes, um aspecto desengonçado e desajeitado. Rudolf Steiner (2012a, 2016b) denomina esse período de "fase de maturação terrestre" e não sim-

APRENDIZAGEM E DESENVOLVIMENTO NA PSICOLOGIA E PSICOTERAPIA ANTROPOSÓFICA

plesmente de maturação sexual, pois esse é apenas um lado da puberdade, que representa um limiar: até então, o ser humano era muito mais cósmico e espontaneamente ligado à natureza; agora, ele se liga profundamente à terra, e a gravidade da Terra começa a tomar conta do seu corpo. Desse modo, ele se torna um "cidadão terreno", capaz de atuar na sociedade, na Terra, e de viver o seu destino. Muito jovens recuam inconscientemente diante dessa responsabilidade, fogem para o suicídio, para drogas, apego ao corpo, ideologia, dentre outras formas de fuga.

Juntamente dessa descida para a Terra e para dentro de si surge uma sensação de grande isolamento, de incompreensão, e a síntese com o mundo tem de ser reconquistada de dentro para fora. O jovem encontra-se em uma tensão enorme: de um lado, tem, dentro de si, essa imagem ideal; de outro, a partir da maturação sexual, há uma solicitação dos seus instintos. É essa tensão que o torna tão difícil. O jovem procura esse ideal em si, mas também dentro dos outros.

Lievegoed (1996) observa que as próximas etapas no caminho do desenvolvimento do ser humano são a puberdade até o final da adolescência, a puberdade dos 14 até os 16 anos e a adolescência, que propicia o grande despertar para a realidade. Algo parecido acontece, como na subfase anterior ou no estágio pré-púbere, e que acaba no início dessa subfase, em que o mundo protegido da criança é quebrado. Aqui, depois desse mundo quebrado, a jovem pessoa encontra-se frente a uma realidade que frequentemente não é amigável. Os resultados desse rompimento no mundo da fantasia infantil incluem a solidão na puberdade, o sentimento de não ser compreendido por ninguém e a tendência para a idolatria de heróis.

Na crise dos anos de maturação, na puberdade, a personalidade do indivíduo começa seu despertar tornando-se aparente na adolescência, constituindo seu fundamento norteador no meio ao redor. Caso não aconteça tal despertar, percebe-se que o adolescente manifesta-se de maneira polar, ou dependente de seu ambiente ou com atitude de rebeldia frente às figuras de autoridades.

Na fase dos 16 aos 18 anos, a vida sentimental busca a síntese com o mundo, e o elemento artístico e de reconexão com o espiritual domina. Nesse sentido, composições poéticas tratam de vivências de contato com a natureza, sentimentos religiosos indefinidos e de amores a distância. Também nesse período, alguns jovens acabam querendo seguir o caminho religioso. Se o jovem ampliar sua visão de mundo e conseguir encontrar seu lugar nesse novo mundo, percebendo-se separado de seu ambiente, de outras pessoas e do mundo espiritual, poderá atingir, com a síntese buscada nessa fase, camadas profundas da vida anímica.

Essa pode se tornar uma fase bastante intensa e densa para o jovem, que não fez sua síntese de significado e diferenciação do ambiente, quando acontece o não se sentir animicamente significado e diferenciado. Pode-se expressar a vivência do dualismo dos 9 aos 10 anos, intensificando comportamentos agressivos, antissociais e momentos profundos de depressão, os quais levam ao tédio; a carga anímica de peso e escuridão intensifica-se e pode levar o jovem ao suicídio.

As perguntas cruciais a serem respondidas são: quem sou eu? O que eu quero? De que sou capaz? Percebem-se as características da adolescência como um sentido de impermanência, uma falta de base fixa ou destino, e uma desilusão com relação às ideias da puberdade. As tarefas do indivíduo, nesse estágio de sua vida, incluem, portanto, "[...] a unificação da sexualidade sensual (biológica) com o erotismo psicológico" (LIEVEGOED, 1997, p. 41). Tornamo-nos conscientes da sexualidade sensual durante a puberdade, enquanto a segunda precisa despertar na adolescência para que, na próxima fase, possa começar a vivenciar o desabrochar inicial do amor pela personalidade de outro ser humano.

Para Lievegoed (1996), nessa fase o adolescente está vivendo de dentro para fora, de forma muito intensa. Para a pessoa apaixonada, o mundo inteiro parece diferente; a forma como a vida é vivenciada é determinada pela vivência das realidades do mundo, não pelo significado objetivo dessas realidades. Por meio do erotismo, a realidade é vista de outro modo, e é somente agora que a escolha pessoal de um caminho por meio da vida torna-se possível. Assim, o perigo da adolescência é de que a sexualidade possa persistir desacompanhada do despertar do erotismo. Lievegoed (1996) explica o conceito de erotismo correspondente a essa fase:

> O conceito de erotismo que eu estou usando aqui é o mesmo que na Idade Média era chamado de amor galante ou romântico. No fim da idade da cavalaria o amor se tinha tornado um fator cultural. Os menestréis cantavam a pura atração romântica entre homem e mulher. O amor era a reverência de um homem pelo ideal feminino e de uma mulher pelo ideal masculino. Quando o cavaleiro, na batalha ou num torneio, lutava pelo nome de sua *lady*, não havia o menor toque de sexualidade na relação entre eles. O amor era praticado

> como arte, assim como a música é uma arte; o elemento lúdico era importantíssimo, e o amor, como qualquer jogo, era jogado de acordo com regras predeterminadas (LIEVE-GOED, 1996, p. 41).

Entende-se, com o exposto, que a tomada de consciência do amor pelo jovem configurava uma experiência transcendental, não representando um assunto pessoal. O amor espiritual configura-se como assunto pessoal e individual; nasce do encontro e reconhecimento do outro eu, o qual dá a segurança interior que conduz à fidelidade para com a individualidade do parceiro. Percebe-se que o erotismo é um estágio no desenvolvimento da alma, mas não ainda do espírito.

Normalmente, a adolescência começa com o despertar do jovem para a experiência de conscientemente querer ser alguém distinto de qualquer outra pessoa. Essa busca traz-lhe a tarefa que culmina com o deixar de ser adolescente.

> O despertar consciente de ser um indivíduo é acompanhado do poder de elevação da vitalidade. Há aqui a falta de um senso de realidade e a incondicionalidade de qualquer julgamento, que causa a rejeição a qualquer compromisso. Ideias verdadeiras e a atitude apropriada deverão ser capazes de alterar a realidade. Há uma tendência na direção de um curto-circuito do julgamento e da ação, e "tanto mais violento quanto mais o eu pessoal estiver inseguro de si mesmo" (LIEVEGOED, 1997, p. 42).

A grande ideia, o protesto contra a injustiça, é superestimada em seus efeitos. O que ainda está faltando é "a atitude fundamental de paciência" (LIEVEGOED, 1997, p. 42) com relação à realidade, com seus fatores concomitantes de mediocridade e banalidade. Contudo, a inexperiência quanto às resistências da realidade também pode despertar a coragem necessária para uma decisão sobre a vida, que então precisará de décadas para passar a vigorar. Até a simples escolha de uma carreira é sempre um empreendimento arriscado, pois a configuração de valores para a fase resulta da maneira como conseguir assumir a si mesmo, ou seja, aprender a aceitar-se e, assim, ser capaz de responder perguntas para si, fazer escolhas e tomar decisões. Porém, a experiência necessária que conduz a isso, no curso da vida do adolescente, precisa ser conquistada por meio da condição de realmente querer aprender com suas próprias experiências. A prática de tais experiências estimula a coragem e a confiança em suas convicções interiores, promovendo, assim, por si mesmo, sua liberdade interior.

Mas para a conquista de tal liberdade é necessário um saudável desenvolvimento do eu. Para tanto, considerar que todo novo aspecto de desenvolvimento fornece novo conteúdo aos aspectos prévios, permite compreender que na passagem da puberdade para a adolescência, o que antes na infância surge como conteúdo para a consciência do eu, é na passagem da infância para a puberdade, o mundo fechado da criança já foi aberto e a realidade do mundo tornada visível, esta qualidade surge como vivência do eu, e esta dotada de nova qualidade pode despertar como realização consciente do eu.

A fase dos 18 aos 21 anos, por sua vez, está mais centrada na profissão e no encontro do jovem com a sociedade. Uma grande válvula de segurança e companheiros de solidão são os diários que aparecem nessa fase.

O adolescente entra na busca de uma ideologia ou imagem do mundo, do apelo religioso e político, que, nessa idade, tem um carácter religioso, e, finalmente, da escolha da educação final e da carreira (para aqueles que são capazes de completar o seu desenvolvimento da melhor forma). De fato, aqui há o despertar da busca da verdade: como o mundo realmente é? Nessa fase, o pensar lógico deverá ser desenvolvido especialmente por meio da ciência. Vale a frase: "o mundo é verdadeiro". Só consegue transmitir a verdade do mundo ao jovem aquele que é autêntico e verdadeiro e que acredita no que está ensinando.

A personalidade que se forma tem cada vez mais consciência de si mesmo e se questiona. A pergunta agora é: onde eu me situo no mundo? O que esse mundo parece de fato? Que forças atuam nele? Qual é o equilíbrio de forças? Em outras palavras, o que eu significo no mundo? Quem sou eu? Que aptidões e talentos trago que poderão ser desenvolvidos? Muitos jovens necessitam de tempo e de várias experiências para encontrar respostas a essas perguntas. Para outros, a resposta torna-se clara por volta dos 18 anos e meio, quando o eu se interioriza ainda mais, atingindo agora a esfera da ação, época da realização do eu. O eu significa a si mesmo e se reconhece por meio das sensações conscientizadas pela experiência por meio dos sentidos sociais (audição, pensamento, fala e eu) no encontro com outros indivíduos e no que realiza na sociedade.

A realização do eu coloca-se na realidade social com os contemporâneos e os idosos. Principalmente, para os que seguem o programa educacional, que os encontra nas instituições de ensino a discorrer acerca dos problemas sociais, na escolha da educação contínua e de uma carreira profissional, a qual passa a ser o foco e escolha motivacional.

APRENDIZAGEM E DESENVOLVIMENTO NA PSICOLOGIA E PSICOTERAPIA ANTROPOSÓFICA

Lievegoed (1996) ressalta que a escolha da carreira demanda considerável autoconhecimento e conhecimento do mundo, porque a realidade das profissões e dos negócios tornou-se obscura para os leigos. O resultado é que essa escolha vital é feita durante a adolescência, mais ou menos ao acaso. O fato de tantos estudantes fracassarem nos exames, abandonarem seus estudos ou mudarem de curso antes de concluí-lo ilustra os perigos de um sistema que requer dos alunos os caminhos de sua futura educação e carreira profissional em um momento entre 15 e 18 anos de idade.

A qualidade da temporariedade evidencia-se, nessa fase, como uma situação notável e autocontraditória, a qual o próprio adolescente não considera de nenhum modo perturbadora. É um momento em que os julgamentos, os sentimentos e as escolhas são provisoriamente absolutos.

Cursos universitários e outras formas de educação prolongam a adolescência até muito depois dos 20 anos e, assim, perturbam o desenvolvimento saudável da primeira maioridade, que depende parcialmente de o indivíduo ter suas próprias responsabilidades. O fato de, hoje em dia, os estudantes exigirem uma parcela de responsabilidade por seu próprio estudo é uma reação saudável, em contraposição a uma dependência que continuava por tempo excessivo. Quando essas reivindicações começam a adquirir um caráter absolutista e dogmático, isso se torna um sintoma de uma adolescência prolongada. O problema mais importante que o adolescente enfrenta, portanto, é encontrar seu próprio relacionamento com a realidade social da cultura e da época na qual vive.

Muitas vezes, junto aos estudantes, encontram-se jovens que também trabalham com ou sem qualificação, outros precisam parar de estudar para ajudar a sustentar a família, sendo, por causa disso, retirados da sala de aula e do convívio social com outros púberes e adolescentes, passando para um ambiente social com hábitos de adultos e com as horas de trabalho. Mesmo que a independência financeira torne-se aqui mais um fato em um estágio muito precoce na vida do indivíduo, e por ele possuir muito pouco, ela é endossada com uma importância exagerada e considerável. Não observando que os jovens são privados de sua adolescência, a autodescoberta ocorre em um único e repentino choque, em um momento em que o eu ainda não está amadurecido o suficiente para controlar o processo. Percebe-se também um alto grau de constrangimento espiritual na formação de uma imagem de mundo e no julgamento de situações sociais e culturais. Lievegoed (1997) enfatiza:

> Todo ser humano tem o direito a uma educação geral até o seu décimo oitavo ano. Que esta educação não precisa cobrir o mesmo terreno para todos, nem mesmo para pessoas na mesma "corrente", mas que deveria ser flexível para poder satisfazer às necessidades e acomodar as capacidades de cada indivíduo (LIEVEGOED, 1997, p. 48).

Em relação ao comportamento revolucionário, que muitas vezes os adolescentes acabam por desenvolver, isso com frequência atua como forma de dificultar que seu eu se realize, ficando, assim, retido e sem condições de passar para a fase intermediária. Esse momento é analisado por Lievegoed (1997):

> Outro ponto necessário em se abordar é a "revolução adolescente" típica deste momento, que merece se fazer observações: primeiro, a "luta pela democratização" é geralmente liderada por pessoas cuja adolescência ficou para trás, mas que mostram em sua estrutura de caráter claros sinais de um processo de adolescência perturbada ou deficientemente desenvolvida. Isto resulta na persistência de situações de desenvolvimento que já deveriam ter sido superadas: idealismo fanático e uma falta de consideração por seus companheiros, e uma concomitante simplificação de problemas complexos, além de uma mentalidade de "bode expiatório". As verdadeiras soluções não estão em nenhuma democracia violenta, mas em aprender a ser criativo em situações humanas concretas. O aspecto estrutural da sociedade em que vivemos só poderá ser abordado frutiferamente quando a maturidade nas relações sociais tiver sido alcançada. Que a criação de tal clima é uma tarefa laboriosa e que consome tempo, com sempre novos e surpreendentes pontos de partida. Permanece como um fato da vida o haver muitas formas diversas de maturidade, tanto na biografia do ser humano individual quanto em qualquer outro lugar. Uma sociedade justa tem o dever de oferecer chances iguais de sobrevivência para todos. (LIEVEGOED, 1997, p. 48).

Diante do exposto, é possível concluir que o problema central no caminho de desenvolvimento da fase da adolescência é: quem sou eu? O que eu quero? Do que sou capaz? O indivíduo que não conseguiu formular essas perguntas nessa fase da vida — mesmo que se dê conta de que sofre por não saber as respostas — falhou ao lançar as bases para o despertar de seu ser psicológico. Desse modo, ele corre o risco de, nessa importante fase intermediária da vida, encontrar-se preso ao estágio vital da personalidade como um eterno adolescente que, em suas apreciações de valor, permanece dependente daquilo que o mundo pensa a seu respeito, ou que, por conta de sua insegurança, continua a brigar com o mundo. O adolescente precisa posicionar-se no mundo e atuar nele ativamente a partir de seu próprio interior. Por meio do impulso para a realização do eu, que surge nessa etapa, o adolescente pode dar sua expressão no mundo. Isso ocorre por meio do que a pessoa produz no mundo, ou seja, da atividade profissional e da própria orientação da biografia.

3.2.4.1.4 Fase psicológica, fase do amadurecimento psicológico ou fase do desenvolvimento anímico do ser humano e suas subfases

Começa agora a fase dos 21 aos 42 anos, com suas três subfases a cada sete anos: fase da alma sensível, fase da alma racional e fase da alma da consciência.

Essa é a fase intermediária da vida, do início da idade adulta até o começo dos 40 anos, na qual uma rica vida interior desenvolve-se com suas muitas facetas concomitantemente aos objetivos orientados pelo exterior. O caráter é formado por meio do encontro com a resistência da realidade; e o preço é pago no processo da sobriedade e da objetivação. Depois desse período, trata-se de perceber se outros e novos valores podem ser encontrados.

3.2.4.1.4.1 Fase da alma da sensação, fase da alma sensível ou primeira maioridade

Essa subfase entre os 21 e 28 anos corresponde ao quarto setênio da biografia do adulto. Lembre-se de que tais fases são enunciadas por características que se apresentam nos indivíduos, evidenciando pensamentos, sentimentos e atitudes diversas da fase em que estavam antes. Isso denota a transição e o início de nova fase. A adolescência desliza, de forma gradual, para a maioridade até que as características da última prevaleçam.

Aos 21 anos, legalmente, o indivíduo atingiu a maioridade e é responsável por suas próprias ações e passa a responder pelo resultado concreto de um julgamento sobre a responsabilidade que é, em si mesma, baseada em um conhecimento pré-científico. Esse período corresponde a um processo de transição, estando sujeito a influências individuais e políticas. No entanto, é também um ponto de fixação tanto biológico quanto psicológico.

Interiormente, o início da idade adulta é experimentado no sentido positivo, já que, depois das dúvidas e das transições da adolescência, o indivíduo começa a ser capaz de avistar algo do futuro. A transição traz um impulso vital poderoso em direção a uma expansão em vários campos. As bases da maneira individual de viver e o começo de uma carreira são os dois aspectos mais importantes para o homem. Para a mulher, é uma fase de confronto entre a tarefa profissional e a vida em direção à constituição de uma família, ficando internamente em conflito diante de escolhas significativas. Normalmente, o mais importante é a aquisição de sua responsabilidade para modelar um ambiente. Quando esse momento é adiado por causa de circunstâncias externas, isso é sentido interiormente como uma privação, sendo reprimido. No entanto, em qualquer caso, uma criatividade de consideráveis proporções tem de ser desenvolvida.

Buscar e encontrar um companheiro, encontrar e mobiliar um lugar para morar e as fases iniciais de uma carreira são claras manifestações externas de uma estrutura mental interior. Isso se aplica não apenas às situações concretas que cercam a vida a dois, mas também ao casamento em si. O próprio meio ambiente modela essa fase e estabelece a qualidade das relações.

O desenvolvimento desse espaço vital, física e mentalmente, requer muita energia e interesse, mas também proporciona uma grande dose de satisfação. Um esforço igualmente criativo, no campo social, está envolvido no estabelecimento individual em um trabalho. Independentemente do nível em que se começa, esse será sempre confrontado com a necessidade de ganhar a estima dos seus superiores e colegas e, sem isso, o indivíduo não habitará psicologicamente em um "espaço de alma habitável".

O jovem aprendiz procura testar suas habilidades na intenção de descobri-las, e a pior coisa a acontecer é ficar desempenhando as mesmas funções por anos seguidos. São frequentes os pedidos de demissão e de novos começos até o momento em que o jovem se resigna e acomoda-se. A preocupação com a segurança externa e com as previdências sociais é uma reação natural.

Durante os 20 anos, e especialmente na segunda metade desse período, a vida interior, psicológica do indivíduo, assume sua primeira forma pessoal. Essa é a fase que Rudolf Steiner (1988, 2005, 2010) chama de "alma de sensação", momento em que a forma de pensar é vivenciada formando uma unidade. Nessa fase, forças orgânicas emergem. Com isso, os impulsos de querer, ou os interesses que agora surgem com argumentações lógicas e cheios de poder são ainda muito dirigidos para si mesmos.

Lievegoed (1997) aponta que o início da maioridade é também a fase da vida na qual o desenvolvimento do sexo para o amor, por meio do erotismo, é determinado para o resto da vida do indivíduo, permanecendo como um elemento polar na alma como atração e repulsão, esperança e desapontamento. O erotismo pode desenvolver-se separadamente da sexualidade biológica, na amizade e no respeito, sendo que ele é o grande inspirador das artes, particularmente da poesia e da música. O erotismo evolui para o amor quando a alma se abre para outra pessoa, quando um pode vivenciar o outro dentro de si mesmo e de tal modo que o outro saiba ter sido reconhecido no amante. Esse complexo de problemas é um fator importante no início dos 20 anos.

Durante esse período, a escolha do futuro parceiro pode dar-se apenas com base no sexo biológico, evidenciando os apegos e os encontros efêmeros. Lievegoed (1997) expõe que, nesse momento, às vezes, pode começar uma base sexual, crescer um jogo íntimo de pequenas surpresas e iniciativas, significando mais para a alma do que para o corpo. Isso pode então progredir para tornar-se amor pela configuração espiritual do parceiro, que só então saberá que ele ou ela foi realmente reconhecido e, dessa forma, invocou e incentivou o desenvolvimento de uma humanidade espiritual. Nessa fase, podem ser lançados os germes para um desenvolvimento relacional futuro. Mesmo isso exigindo um caráter consideravelmente expansionista, dirigido no sentido do desenvolvimento interior, percebe-se que, se tal desenvolvimento deixar de acontecer agora, será particularmente difícil durante a década dos 30 anos e pode, na crise dos 40 anos, o indivíduo estar se questionando sobre a vivência de relacionamentos e parcerias duradouras e significativas afetivamente, conforme serão vistas na fase correspondente mais adiante.

Próximo da idade dos 28 anos, as ondas emocionais tornam-se menos intensas, e o enfoque intelectual começa a pesar mais, e, com isso, o distanciamento dos acontecimentos aumenta. Depois disso, há a primeira visão retrospectiva, um sentido claramente definido de ruptura final com a juventude como um todo, a premonição e presciência de uma fase na qual tarefas bem diferentes imprimir-se-ão enquanto a espontaneidade do desenvolvimento emocional desloca-se para o segundo plano.

G. Burkhard (2009) discorre, nessa fase, sobre a crise dos talentos que surge perto dos 28 anos, pois todo indivíduo traz aptidões e talentos (disposições) e sente fortemente dentro de si a necessidade de colocá-los no mundo; mas viver e colocá-los à disposição dos outros representa apenas colocar algo que nos foi dado no passado à disposição dos outros; porém, não representa, ainda, um desenvolvimento para o futuro. Em torno dos 28 anos, esse viver do passado, por assim dizer, chega a um fim, e as aptidões têm que ser reconquistadas e trabalhadas. A dificuldade, agora, consiste em trabalhar de dentro para fora, com dificuldade e constante esforço. Para muitos, essa idade é vivenciada como crise, a qual, muitas vezes, até manifesta-se como doença física ou psíquica; para outros, o desenvolvimento psíquico cessa nessa idade.

3.2.4.1.4.2 Fase da alma da razão, da alma da índole, da alma intelecto-afetiva ou fase organizacional

Essa fase, entre os 28 e 35 anos, corresponde ao quinto setênio. A pergunta básica nessa fase é: qual a ordem do mundo e como organizar a si mesmo? A experiência é interiorizada. Com isso, o indivíduo sente o que é aplicável do aprendido, ou o que não é; como o ambiente responde a ele ou o aceita, ou, ainda, se reage contra ele e as suas atitudes. Desse modo, a experiência interna vai crescendo: podem ser elaborados esquemas de trabalho, de organização e até de vida e, após esse planejamento, é possível executá-los. O indivíduo desenvolve maior responsabilidade e seriedade no cumprimento do dever. Além disso, começa a liderar cada vez melhor.

Lievegoed (1997) descreve que, no final da década dos 20 e início da década dos 30, as performances alcançadas pelos indivíduos encontrão seu auge como resultados de esforços que exigem perseverança e persistência nos trabalhos relacionados a feitos científicos e acadêmicos e também no comércio e na indústria. Nessa fase da vida, o equilíbrio interno e o senso de segurança estão no auge, mostrando internamente o mais pacífico de suas vidas. O indivíduo, em seus 30, está sempre inclinado a lançar-se em algo exclusivo. Aqui estou eu — e ali está o mundo a ser conquistado, cuidado, mudado, combatido ou temido. Todo anseio de poder começa de uma posição exclusivista, com o perigo da psicologia do bode expiatório: a culpa sempre fica com os outros — se eles pudessem apenas ser eliminados ou mantidos fora do caminho, o problema seria solucionado. Nesse estágio da vida, ser reconhecido como certo é mais importante do que estar certo.

APRENDIZAGEM E DESENVOLVIMENTO NA PSICOLOGIA E PSICOTERAPIA ANTROPOSÓFICA

Para Lievegoed (1997), por volta dos 35 anos, o homem está no auge de sua capacidade de trabalho e com sua autoconfiança bem elaborada em virtude da experiência profissional vivenciada em termos quantitativos. Com isso, as mudanças de emprego diminuem e tenta-se estabelecer sentido no vínculo com o próprio trabalho, fazendo dele um meio para ascender na carreia e chegar à posição superior, ou ao menos a algum aumento de responsabilidade. Embora o impulso de expansão anterior ainda lhe dote de vitalidade considerável; nessa fase, as atitudes individuais passam a figurar predominantemente pelo aspecto intelectual. Por volta dos 30 anos, o indivíduo já efetuou sua autoavaliação, identificando, assim, suas capacidades, suas dificuldades, e, desse modo, fará mudanças para metas possíveis de atingir, a fim de se desenvolver em seu plano de vida. Olhando para o passado recente, considera as metas da década anterior como tendo sido necessárias para testar suas aspirações.

Rudolf Steiner (1988) chama essa fase de desenvolvimento da "alma da razão". Tem-se novamente dois modos de expressar a mesma coisa, momento de exercitar o equilíbrio entre o intelecto e o afeto como o encontro de posicionamento razoável pelo desenvolvimento da compreensão desses aspectos, em coerência interior. Por isso, é comum, nessa fase da vida, o indivíduo evidenciar uma estrutura de personalidade mais materialista ou lógica, estabelecendo um apoio no aspecto intelectual ou lógico da fase em detrimento do aspecto ideal ou espiritual. Desse modo, ele passa a considerar suas escolhas a partir de sua potencialidade conhecida, estabelecendo, assim, metas e esforçando-se na direção de sua conquista, havendo, dessa maneira, um período de grandes atividades com um sistema objetivo de valores, dentro de uma persistência lógica com esforços dominantes, acreditando que todos os problemas podem ser solucionados por meio da organização pragmática.

Lievegoed (1997) apresenta o período conhecido como fase organizacional, onde porque há uma tentativa de resolver problemas por meio da organização, onde o homem se ocupa com sua carreira, promoção e prestígio. Pesquisar um campo, analisar os fatores envolvidos, tomar decisões lógicas com base em fatos e prognósticos observados e pesquisados — essa é a atitude que agora se evidencia. Ao mesmo tempo, especialmente para os homens, há a necessidade crescente de emparelhar a habilidade organizacional com uma posição de poder. A coisa mais importante é a pessoa haver se "situado" antes do seu quadragésimo aniversário — pois a visão comumente adotada é a de que ninguém que não se tenha sobressaído nessa época passará por posteriores promoções.

Para Lievegoed (1997), a mulher também atravessa uma fase intelectual, sendo vista, por vezes, até como fria e materialista. Em seu 28º, 29º ano, ocorre uma transição e uma despedida de coisas passadas ainda maior do que para o homem. Nos seus 30 anos, ela também é solicitada a fazer relativamente grandes contribuições na esfera organizacional. Seus filhos estão começando a crescer e a ir para diferentes escolas com horários diversos. Para conseguir fazer cada criança sair de casa em tempo hábil, equipada com tudo do que precisa (material e psicologicamente), e então deixar a casa em ordem antes que a primeira criança volte para o almoço, ser capaz de prover cada criança com qualquer coisa de que ela precise, e ainda estar atraente e ser boa companhia à noite — tudo isso exige tanta habilidade organizacional quanto a direção de uma empresa pelo homem.

A paixão inicial de estar amando agora já passou. Como visto anteriormente, outras fontes devem ser antecipadamente hauridas; pois, caso contrário, o casamento esvaziar-se-á numa relação sóbria, metódica, na qual cada parceiro tem seus deveres e na qual a vida sexual torna-se uma rotina, não havendo nela muito para ser experimentado. Desse modo, apenas um vínculo espiritual mútuo pode guiar o casamento para uma fase posterior e nova.

O indivíduo fez sua escolha e está pronto para aceitar as suas consequências, pois entende-se com a autoimagem definida e visível, acreditando em si mesmo e nas direções que anteriormente foram planejadas. O risco de atitudes rígidas e egoístas são eminentes, pois o indivíduo direciona seu foco para o aspecto profissional e lança as bases de seu próprio isolamento social. Suas amizades tornam-se associações de interesse e de utilidade. Envolve-se em política, seja profissionalmente, seja para incrementar um programa bom e lógico.

Lievegoed (1997) denota que a rotina da vida, nessa fase, pode tornar-se perigosa, impondo uma estrutura rígida, despótica, orgulhosa e crítica diante dos outros. Para o homem, há o perigo de se tornar um estranho para a família; para a mulher, de se envolver demais com a casa e com os filhos. Só o diálogo sobre as várias tarefas e um companheirismo verdadeiro ajudam a integração familiar.

3.2.4.1.4.1 Fase da alma da consciência ou a segunda metade da década dos 30 anos

Essa fase, entre os 35 e 42 anos, corresponde ao sexto setênio. G. Burkhard (2009) expõe para essa fase a crise da autenticidade dos 35 anos, fase mais ou menos do meio da vida, bem como as forças de desgaste e de envelhecimento do organismo começam a fazer-se sentir. Não se está mais nas asas da vitalidade, e o trabalho já começa a não render mais tanto.

Entrou-se na fase da alma da consciência, dos 35 anos aos 42 anos. A questão, nesse período, é: como é o mundo realmente e como encontrarei minha própria realidade? À medida que o desgaste físico vai manifestando-se, muitas vezes, inconscientemente; por vezes, sonhos de morte se manifestam ligados a isso. Inicia-se o encontro com a qualidade da autoconsciência anímica e, na medida de seu aflorar luminescente anímico, um novo órgão perceptivo da essência da realidade pode surgir.

Evidenciam-se questões como: quais são meus princípios de vida? Quais são meus limites, aceito-me com eles? A autocrítica e o trabalho de aceitação de si mesmo expressam a maturidade psíquica que nessa fase pode — e deveria — ocorrer.

Lievegoed (1997) discorre que, para a maioria das pessoas, a época que precede o início dos 40 anos é um período de continuação das atitudes de vida e da autoafirmação que adquiriram durante a primeira metade de sua década dos 30. Em muitas conversas particulares, mas também em discussões em grupo, ouve-se isso nos seguintes termos: "eu conheço o que acontece no mercado"; "encerrei o romantismo dos meus 20 anos"; "tornei-me um realista"; "neste mundo, o que interessa é do que você é capaz, e se você está numa posição de realmente aplicar aquilo de que é capaz e aquilo que sabe"; "demarquei o caminho que vou seguir — mais três anos aqui e então estarei saindo para uma posição superior numa organização menor"; ou "conheço minhas limitações e tomarei cuidado para não ultrapassá-las".

É comum, também, nessa fase, que a pessoa seja assolada por dúvidas e por questionamentos, mesmo com toda a estrutura estabelecida, planejada e segura. Às vezes, no meio da noite, surgem dúvidas, e a pessoa perde o sono pensando nisso e em acontecimentos da vida diária que correm em sua mente, ou em pequenas irritações ocorridas no dia que não foram resolvidas e que despertaram emoções. Muitos momentos semelhantes a assolam também durante o período de vigília, atrapalhando o fluxo dos pensamentos e a concentração. Muitas vezes, insegura e com receio de adoecer, vai ao médico, faz exames, mas nada encontra. Algumas pessoas também podem seguir um caminho diferente, em que se sentem felizes em seu emprego, ligam-se a muitos aspectos sociais e culturais e à sua família. Essas são algumas possíveis manifestações de acontecimentos que podem ser chamados de crises de valores, a transição para uma nova fase.

Lievegoed (1997) discorre que a década dos 30 anos foi edificada salutarmente sob um sistema particular de valores eficientes, evidenciando que tudo transcorreu bem e que as dificuldades foram passíveis de solução, demonstrando que os valores são verdadeiros e sólidos. Contudo, se o sistema de valores começa a evidenciar instabilidade, se repentinamente o alvo que a pessoa aspirava, parecendo tão desejável, torna-se oco e vazio, sem produzir a satisfação que tinha parecido prometer, então essa pessoa se percebe verdadeiramente perdida. O medo de perder o próprio rumo pode empurrá-lo para trás, como um espectro ameaçador, para a mente inconsciente, em que acaba por trancafiar-se; ou pode se anestesiar ou se afogar inconscientemente pelo aumento constante da carga de trabalho, ou pelo abuso de álcool e/ou de outras drogas, ou indo atrás de aventuras eróticas, ou se permitindo, num meio-sono, permanecer "ocupado" diante da tela de televisão.

Lievegoed (1997) ressalta que procurar refúgio em outro lugar, entretanto, não funciona, pois irá carregar o medo ou o problema consigo. Nunca voltará a ter 19 anos nem escapará à crise dos valores, mesmo se der um jeito de encobri-la por algum tempo. Não há objeções quanto a fazer outra coisa, mas primeiro deverá ser bem-sucedido em fazer a mesma coisa de modo diverso e, então, frequentemente, não é mais necessário mudar de emprego. Fazer a mesma coisa de maneira diferente requer, primeiramente e sobretudo, encontrar novos valores pelos quais viver. Desenvolver e esforçar-se mentalmente para encontrar novos valores precisa vir de uma atmosfera de interesse espiritual.

A razão é dependente dos valores dentro dos quais se deseja ordenar os fenômenos. Os próprios valores são determinados pela vontade, que faz a escolha e corta os laços. O desenvolvimento da alma da consciência é um período que começa a incomodar a certeza e a segurança do período objetivo anterior e abre caminho para uma fértil penetração em uma fase completamente nova e grandiosa da vida, em que novos e diferentes valores podem ser encontrados mediante o que se estabeleceu diante da resistência trazida pela realidade vivenciada.

3.2.4.1.5 Fase espiritual, social, do espírito ou a terceira fase principal da existência humana

Essa é a fase principal da existência humana madura e totalmente desenvolvida entre os 42 e os 63 anos. Abrange a crise existencial dos 42 anos, quando a crise de autenticidade iniciada na fase anterior atinge o seu auge. Os 42 anos inauguram os três setênios seguintes, os anos que os chineses chamavam de fase da sabedoria. Mas como conseguir essa sabedoria? Eis a grande questão. É preciso que a própria luz seja acesa; pois ninguém mais a acenderá por nós. Nesse sentido, a autoeducação passa a ser a condição primária para o desenvolvimento das fases posteriores.

Lievegoed (1997) expõe que, para muitos, conforme mostra a Figura 8, o desenvolvimento biológico cessa e começa o declínio da vitalidade nesse ponto. Desse modo, o desenvolvimento anímico acompanha a curva biológica com franco declínio. Para outros, no entanto, começa o verdadeiro desenvolvimento espiritual. A barreira a ser vencida é grande, e, por causa disso, a tentação de começar tudo de novo no trabalho ou no casamento, como encontrar um(a) novo(a) companheiro(a), é grande. Muitos expressam e sentem esse elemento na profundeza de suas almas: "sinto que não é um fim, mas o começo de algo novo". É como um renascer, ocorrendo muitas vezes uma total inversão de valores. Com a crise existencial, chegou-se a um vazio, a um zero.

Figura 8 – Diagrama do desenvolvimento psicológico

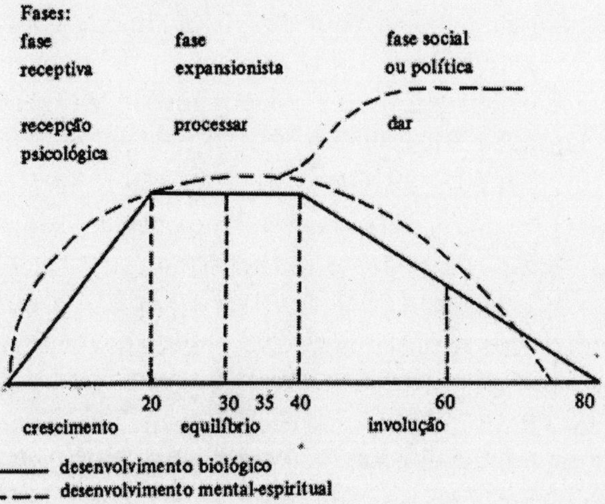

Fonte: Lievegoed (1997, p. 39)

3.2.4.1.5.1 Fase da alma imaginativa, da personalidade espiritual ou fase social

Essa fase, entre os 42 e 49 anos, corresponde ao sétimo setênio. As forças de desgaste, cada vez mais intensas, fazem-se sentir. Trata-se de um processo natural e que deve ser encarado desse modo. Exemplos disso são: a vista não se acomoda mais tão rapidamente; perde-se o fôlego ao subir uma montanha; as pernas tornam-se mais finas; dentre outros. Esse desgaste continua aparecendo no inconsciente, nos sonhos, por exemplo, dando a impressão de que se vai morrer logo. Assim, percebe-se chegando ao declínio biológico e possível desenvolvimento espiritual.

Na fase intermediária, afinal, a correnteza estava a favor. Na cultura ocidental, é inevitável que o confronto com valores materiais e racionais seja apontado e que estes sejam incorporados à vida. Toda a cultura ainda é uma cultura da alma racional, na qual, em alguns casos, como ciência e tecnologia, surgem os primórdios dos valores culturais com base na percepção autoconsciente.

A civilização está no limiar da exploração de novos valores espirituais autodescobertos. Os antigos valores espirituais do passado mágico-mitológico foram empobrecidos pelo racionalismo e extinguiram-se por causa do materialismo. Se a religião for novamente considerada vivente, e isso é de vital importância para as relações sociais entre as pessoas, então a velha regra hierárquica dos valores espirituais terá de abrir caminho para a busca independente e a criação de uma nova hierarquia de caráter ascendente. Não é mais alguém que decide o que é espiritualmente bom para todos: ao invés disso, o próprio indivíduo procura um professor, seja na literatura ou pessoalmente, o qual reconheça ser o seu instrutor espiritual e de quem aprende até avançar. Uma descoberta que será feita por muitos é que, durante esse processo, velhos conceitos podem adquirir uma nova realidade.

Novos valores que ainda terão de ser encontrados são valores existenciais. Isso significa que não apenas são aceitos ou suportados como teoria, mas também vivenciam esses valores. Tão logo parta em busca de seu eu superior, o indivíduo encontra-se em um mundo de realidades espirituais, e cada qualidade psíquica torna-se uma força com a qual precisa lutar para apropriar-se ou para superá-la. Cada degrau espiritual, então, torna-se uma entrada em uma nova paisagem, como é chamada pelos fenomenólogos, com novos encontros, os quais, sobretudo nos estágios iniciais, nem sempre precisam ser de natureza amigável.

Essa fase da vida começa com considerável turbulência. Biologicamente, ela pressagia o início do declínio da força vital. Para as mulheres, é claramente marcada com o fim da fase fisicamente criadora. Para os homens, é uma fase de necessidades sexuais intensificadas, as quais geralmente são mal interpretadas por suas esposas. Psicologicamente, esses anos significam um período de dúvida, desorientação e tendências para soluções ilusórias, com breves períodos de felicidade.

Espiritualmente, esses anos significam lutar com o vazio, com a sensação de ter perdido todo o antigo terreno e ainda não ter encontrado nenhum novo.

No caminho da vida, defronta-se, agora, com uma encruzilhada: a escolha feita determinará o rumo futuro da vida e indicará se um novo *leit-motiv*[8] será realizável ou se desaparecerá nas profundezas do inconsciente, de onde, para o resto de vida, representará uma constante ameaça ao sentimento de autorrespeito. O que já havia feito sua aparição no final dos 30 anos, nominalmente, a dúvida acerca do valor duradouro da abordagem da vida expansiva e egocêntrica, agora se torna um problema existencial.

Para quem não tiver procurado por valores não materiais na vida, essa situação é ameaçadora ao extremo. A descoberta da vitalidade em declínio, a crescente dificuldade com que faz e decide as coisas, a par de uma vaga insatisfação com a própria situação, é um ataque à sua vivência do eu, ao seu senso de autorrespeito.

É compreensível o fato de Martha Moers (1926 *apud* LIEVEGOED, 1997) afirmar que — nessa fase da vida entre os 42 e 56 anos, o que ela chama de quarta fase da vida — existe uma predisposição para a crise. A autora faz uma analogia com a puberdade, que também é precedida por um período de confiança, interrompido bruscamente pela descoberta de que não se conhece nem a si mesmo e nem a vida. A grande diferença é que nossa primeira puberdade ocorre durante uma linha vital ascendente, enquanto a segunda ocorre durante uma descendente. Embora, em ambos os casos, a primeira harmonia da vida esteja em perigo, a essência da crise agora é bem distinta: antes era uma ruptura de barreiras, com poder, adentrando a realidade da "vida"; agora, com a redução do poder, é uma crescente incerteza sobre o valor daquela mesma "vida".

Lievegoed (1997) expõe-nos, nos próximos parágrafos, ao declínio biológico que o ser humano passa a evidenciar nos próximos anos de vida com suas consequências diferenciadas para o organismo do homem e da mulher, ressaltando que a redução do impulso vital é causada pelo início do processo de involução de todos os tecidos do corpo. Cada órgão no corpo humano tem sua própria curva vital. Em certos órgãos, como os órgãos sensoriais e os órgãos de secreção interna, é possível medir o

---

[8] Termo alemão (pl. Leitmotive) da autoria de Hans von Wolzogen (1848-1938) e que, em português, poderá traduzir-se por *motivo condutor*. Utiliza-se para fazer referência a todos aqueles motivos recorrentes que, no seio de uma narrativa, encontram-se intimamente associados a determinadas personagens, objetos, situações ou conceitos abstratos (LOPES, 2009).

padrão da mudança com alguma precisão; para outros, tais como o sistema nervoso e aqueles que regulam o metabolismo, os resultados da pesquisa tendem a variar.

As manifestações desse declínio biológico aparecem no tecido ocular, trazendo dificuldades para manter o foco nas leituras, fazendo com que a pessoa passe a usar óculos. Também o tecido pulmonar perde a elasticidade, percebido na perda de fôlego ao correr da chuva ou pegar um ônibus. Percebe-se também que os músculos estão menos flexíveis e se fadigam mais rapidamente. Tal declínio orgânico acontece naturalmente, mas a conscientização, muitas vezes, acontece apenas diante de uma situação de descoberta da alteração em um exame ou outra. A mais comum dessas alterações é a menopausa ou a andropausa, em que as glândulas endócrinas, tanto em homens como em mulheres, começam a deixar de funcionar. No entanto, o curso que esse processo toma é extremamente diferente nos dois sexos, pois no homem é percebido até dez anos depois.

Na pré-menopausa, vários sintomas orgânicos e psíquicos manifestam o deixar de funcionar das glândulas e dos órgãos, como queixas físicas de dor na coluna, dores no corpo, insônia, inchaços nos dedos que amanhecem avermelhados, problemas cardíacos, como palpitações, pressão arterial alta e crises nervosas e de irritabilidade, mesmo diante de pequenas coisas ou situações. Tais sintomas são decorrentes do equilíbrio hormonal dos órgãos de secreção interna, que começa a diminuir e tem reflexo na glândula pituitária. Essa, por sua vez, causa reflexos nas glândulas tireoide e suprarrenal. Enfim, o desequilíbrio se instala — algumas vezes, durando anos, outras vezes, de durabilidade menor, assim como a presença da sintomatologia percebida difere entre as mulheres. No entanto, isso passa e ela volta a se sentir renascida e experimenta uma nova e ilimitada energia para viver.

Nos homens, a andropausa segue diferente, pois as necessidades sexuais aumentadas podem ser encaradas como uma pré-andropausa, que geralmente ocorre no meio da década dos 40 anos. Embora a andropausa manifeste-se mais tardiamente, por volta dos 55 anos, também apresenta sintomas psíquicos e orgânicos que devem ser tratados, como distúrbios depressivos, apatia, irritabilidade, sonhos e fantasias sexuais, afastamento social e outros problemas orgânicos, como cardíacos, de próstata, de alteração do sono e de fraqueza muscular, dentre outros.

É preciso entender que, nessa fase, o que é perceptivo nos homens junto às mulheres são particularmente os problemas no plano psicológico e particularmente no plano espiritual. Lievegoed (1996) discorre que passa a existir, na psique masculina, um conflito entre o anseio de ser jovem novamente, começar de novo aos 20 anos e reviver a fase expansionista inteira, só que melhor dessa vez, com a ajuda da experiência adquirida em torno da primeira, e, de outro lado, o desejo de avançar para o verdadeiro tema da vida, a realização do próprio *leitmotiv*, para a certeza de uma realidade espiritual, a qual possa a corresponder ao nosso eu superior.

> O desejo de ser jovem novamente (como uma camuflagem para a aspiração interna a algo de novo na vida) pode levar para a projeção externa dessas necessidades. Muitos homens começam a usar roupas extravagantes e de estilo jovem, a caminhar com agilidade, a tentar ser a alma da festa, e assim por diante. Algo do galo no homem se torna visível. Porém as mulheres, subitamente, também começam a frequentar o salão de beleza para um rejuvenescimento. Elas esperam que passarão por irmãs mais velhas de suas filhas. A ilusão de começar de novo aos vinte deve, com certeza, ter repercussões eventuais, embora haja homens e mulheres capazes de manter a ilusão por muito tempo. Uma reestruturação que eu chamo de "maturação espiritual" é solicitada. Este processo é acompanhado por uma maneira diferente de vivenciar o tempo. Até a idade dos quarenta, nós apenas temos um futuro; tudo é possível, a realidade ainda está para ocorrer. Agora, entretanto, aquele futuro adquire um horizonte: vinte e cinco anos para a aposentadoria e, então, o quê? Ademais, o tempo passa mais e mais rápido, contra um passado que cresce cada vez mais longe. A contribuição feita pela vontade de trabalhar se torna acentuadamente mais fraca (nós precisamos fazer mais esforço para atingir o mesmo resultado), especialmente para o trabalho com um conteúdo que muda rapidamente. O interesse por um trabalho no qual o conhecimento, a experiência de vida e a habilidade para elaborar julgamentos têm um papel aumenta — e nos últimos anos desta fase, isto se aplica especialmente ao trabalho criador, para desempenhos superiores de uma complexa natureza espiritual. Isso é verdadeiro para todos os níveis de trabalho, e precisa tornar-se a base para uma saudável política na formação de um grupo durante estes anos. (LIEVEGOED, 1997, p. 66-67).

Martha Moers (1926) descreve o aprisionamento do eu como uma excessiva limitação do ego, sendo guiada pela assertividade e pelo impulso do poder e voltada para o aspecto utilitário. Um pouco antes de atingir a idade do idoso, o homem atinge a crise do momento decisivo em sua vida; passado isso, é necessário decidir como seguirá ao encontro conclusivo de sua vida.

Torna-se evidente o desafio que essa fase constitui como chance de maturação para as pessoas, particularmente para aqueles professores, coordenadores, supervisores e outros que trabalham com jovens, pois é uma provação nesse momento. Nesse sentido, os que conseguiram e se autoeducaram prosseguem liderando com facilidade; porém, os que ainda não superaram seu egoísmo terão dificuldades em ser aceitos. Logo, os que superaram a prova e livraram-se de seu aprisionamento do eu prosseguem para se tornar líderes aceitos pelos jovens. Já aqueles que falham nisso também falharam aos olhos dos jovens, que têm um belo senso para a autenticidade de uma pessoa ou para o erótico, para o agarrar-se a uma posição, ao conhecimento ou ao prestígio.

> Em nenhum período posterior da vida, está a constelação psicológica de novo tão favorável para uma avançada libertação de todo o enorme aprisionamento do ego e, portanto, também para o desenvolvimento da verdadeira simpatia e da vontade altruísta de ajudar como neste momento (MOERS, 1950 *apud* LIEVEGOED, 1997 p. 68).

Nesse sentido, Lievegoed (1997) ressalta a questão das diferenças:

> [...] entre impulsos biológicos, necessidades psicológicas ou desejos e ambições espirituais ou direções da vontade. Na alma humana, as forças entram de dois lados e encontram-se mutuamente na vivência do próprio ser: instintos e impulsos "de baixo", e ambição ou aspiração "de cima" (LIEVEGOED, 1997, p. 68).

Na fase intermediária da vida, todos os impulsos precisam ser encontrados pelo eu e confrontados na alma por aspirações superiores. O resultado é o desenvolvimento de diversos aspectos da alma humana, os quais, seguindo Rudolf Steiner (2004, 2005, 2008, 2010), são chamados de alma da sensação, da razão e da consciência.

Na década dos 40, todos esses aspectos da psique humana estão disponíveis para servir à vida que ainda tem de ser vivida. A pergunta principal então é: para que quero usá-los? O que, agora, tenho realmente de fazer nesta vida? Qual é minha verdadeira tarefa? A vivência de Lievegoed (1997) evidencia claramente a situação anunciada nessa fase da vida.

APRENDIZAGEM E DESENVOLVIMENTO NA PSICOLOGIA E PSICOTERAPIA ANTROPOSÓFICA

> Uma ou duas observações pessoais não estariam deslocadas. Desde que tinha trinta anos eu me ocupei com o lado teórico destas questões. Eu sabia exatamente o que estava para acontecer e pensava que deveria atravessar a crise, quando ela viesse, com êxito total. A realidade se mostrou diferente. O conhecimento das coisas não liberta alguém de ter de vivê-las e sofrê-las quando a época chega. Por vários anos eu frequentemente ficava acordado metade da noite, pensando o que eu realmente deveria fazer, e onde se situava o verdadeiro trabalho de minha vida. No entanto, eu tinha um emprego interessante como psiquiatra infantil e como diretor de uma grande instituição para educação de crianças especiais: trabalho que eu tinha iniciado sozinho e no qual eu estava cercado de valiosos assistentes e colegas. E, contudo, a resposta veio de um lado tão inesperado que eu nunca teria sido capaz de imaginá-la por mim mesmo. O apelo veio da indústria, para me envolver com jovens operários não-especializados e mais tarde com o treinamento e a organização de seu trabalho. Com compreensão tardia, eu percebo que este era o meu verdadeiro leitmotiv: mas outros tiveram de formular-me a pergunta antes que eu pudesse reconhecer minha própria tarefa. O fato de eu ter estado esperando por isto, através de muitos anos de dúvida interna, tornou ainda maior meu entusiasmo pelo novo trabalho (LIEVEGOED, 1997, p. 68).

É importante perceber que o destino vem do interior. As oportunidades acontecem no exterior, mas é preciso estar maduro e em sintonia com o chamado, pois ninguém é preservado desse processo de desenvolvimento. Nessa fase, estar ciente da crise facilita, pois assim o indivíduo não procurará colocar a culpa em alguém ou em forças adversas do mundo externo pelo desconforto vivenciado.

O grande desafio é a realização de novas metas de vida não mais materiais, mas talvez mais de ordem espiritual — pois, se consigo estar em harmonia com as leis espirituais do cosmo, estarei em harmonia comigo mesmo. Um senso de responsabilidade pelos membros da nova geração vai crescendo e pode-se tentar promovê-los e gradativamente passar nossas tarefas cada vez mais para suas mãos.

3.2.4.1.5.2 Fase da alma inspirativa, do espírito vital ou fase moral

Ocorre entre os 49 e 56 anos e corresponde ao oitavo setênio. É uma fase relativamente harmônica, de interiorização da fase anterior, com certos paralelos com a fase dos 7 aos 14 anos e a dos 28 aos 35 anos.

Na fase anterior o aprendizado ocorreu ao se perceber as correlações entre os fatos sob certa visão. Aqui, o aprendizado ocorre ao se escutar as perguntas que são colocadas. Não importa o que se quer realizar (como na fase expansiva), mas, sim, como o indivíduo coloca-se diante da demanda dos outros. Nessa fase, ele se torna mais sereno e questiona-se sobre se o que está sendo feito tem um valor para o mundo e para a humanidade. Nesse sentido, acaba fazendo de seu atuar na vida a sua filosofia. Apresenta-se de maneira objetiva, distanciada, e, disso, uma nova religiosidade lhe surge. A criatividade se amplia no trabalho, podendo se tornar um gestor bondoso, ou um "pai verdadeiro", ou um "líder incontestável". Isso ocorre não só para os filhos de sangue, mas também para muitos outros indivíduos que se aproximem para a convivência com ele.

Lievegoed (1997) expõe que, nessa fase, o homem pode pressentir a aposentadoria como seu fim e entra em uma crise que pode significar um vazio maior ainda. A luta contra esse vazio é compensada por mais trabalho ou pela "segunda juventude", que só pode levar a fracassos, aumentando a sensação de vazio e a possibilidade de doenças como infarto, câncer ou depressão.

No final da década dos 40 anos, a intensidade da crise diminui. Agora, fica evidente se o indivíduo encontrou ou não algo novo; do contrário, as fases vindouras tornam-se uma trágica linha de declínio da vida. Nesse caso, o indivíduo agarra-se, cada vez mais, ao seu trabalho. Todo homem capacitado mais jovem, ainda em sua fase expansionista, torna-se uma ameaça. Torna-se cada vez mais necessário ao indivíduo "cantar de galo", isto é, insistir sobre a suposta autoridade de sua posição nominal. Ele não é mais capaz de adaptar-se a situações novas, pois o seu próprio passado e a sua experiência de vida são idealizados. Ocorrem pensamentos como: "Os jovens de hoje são um bando de inúteis, são mimados, ganham demasiado, são despudorados e rudes, falta-lhes respeito".

Para o homem que atravessou sua crise dos 40 anos, os anos 50 são uma liberação. O horizonte expande-se e novos problemas de significado mais amplo tornam-se visíveis. A vida torna-se mais interessante, e a distância para os pequenos problemas diários aumenta. O interesse na filosofia por trás da política é despertado e há uma nova e profundamente sentida alegria em ver os jovens crescendo em sua fase expansionista. O resultado final é que essa pessoa pode dar conselhos e oferecer apoio de uma maneira totalmente nova e que é aceita. Como já foi assinalado: isso é da máxima importância naquelas profissões nas quais as pessoas jovens recebem seu

APRENDIZAGEM E DESENVOLVIMENTO NA PSICOLOGIA E PSICOTERAPIA ANTROPOSÓFICA

treinamento ou educação. Uma nova criatividade irrompe: se na idade de 35 anos alguém foi um advogado dotado ou um ativo superintendente, agora se torna um eminente jurista ou um sábio e equilibrado gerente. Para o homem que continua a crescer mental e espiritualmente, a metade dos 50 anos é um segundo pico em sua vida criativa. Ele já foi capaz de revisar e ordenar sua experiência, mas ainda tem a vitalidade para expressar essa ordem em seu trabalho. Essa é a idade do "líder eminente".

Na mulher, quando os sintomas da menopausa declinam biológica ou organicamente, duas possibilidades se manifestam, tendo em vista, que as forças vitais, agora retornam psiquicamente, e algumas evidenciam sentimentos de libertação, lidando naturalmente com a disposição psíquica e organicamente sem sintomatologia. No entanto, outras mulheres, que não elaboraram a menopausa como o fim de uma fase e o início de uma nova fase, a força vital atua impulsivamente e é redirecionada para atividades, vivências, comportamentos, pensamentos e percepções sem o calor da vontade entusiasmada com a presença do outro, o que se manifesta pelo distanciamento social evidenciado como um caminho negativo, que se reflete na sensação de que agora é tarde: "nunca tive tempo para nada", "agora acabou", apresentando rigidez consigo mesma e no trato com os outros, chegando a comportamentos tiranos.

Em profissões árduas, tais como o ensino e a enfermagem, é inteiramente justo que a mulher que teve longa carreira profissional seja capaz de aposentar-se aos 60 anos, de forma a ter tempo e energia suficientes para construir uma nova vida para si mesma, depois que sua vida profissional se encerrou. Muitas vezes, o que acontece é que o profissional não desenvolveu condições de se descobrir individualmente e, quando chega na fase da aposentadoria, acaba por adoecer, pois perde o papel que lhe mantinha como alguém que tem um significado.

Em contraste com a mulher feroz e amargamente mergulhada em seu trabalho, há também mulheres que atravessam a crise da menopausa com uma visão positiva da vida e alegremente acham que podem novamente agarrar-se a toda espécie de coisas e que podem, ao menos, perceber um novo aspecto de seu *leitmotiv*. Gratas pela fase passada, em que foram capazes de ser úteis aos outros, agora elas encontram uma nova tarefa na vida social: assumem a jardinagem com novo entusiasmo, ou se voltam a um instrumento musical há muito esquecido, por exemplo. Com modéstia e charme, ela seguramente irá mergulhar em uma nova tarefa como avó, criando um ambiente no qual a segunda geração possa sentir-se segura e aquecida, onde possa ouvir histórias tão dotadas de vida como em nenhum outro lugar. Como mulher, pode se tornar "mãe universal". Ela saberá abençoar se aprendeu a rezar e a venerar entre os 7 e os 14 anos.

A crise dos 56 anos e a andropausa masculina com aspecto de caráter mais psíquico, que não significa perda de potência (que para alguns ocorre mais cedo, para outros só muito mais tarde), aparece ao final dessa fase. É como um lutar contra si mesmo e contra tudo; é uma tormenta num copo de água e geralmente de mais curta duração do que a crise da mulher.

Após os 50 anos, as diferenças sexuais vão se apagando. Com isso, o homem e a mulher ajudam-se na superação dessas fases de menopausa e de andropausa. Se o casal encontra novos valores espirituais, pode ocorrer um aprofundamento no relacionamento. O conhecimento da individualidade do outro nasce aos 30 anos e amadurece aos 50. Criou-se uma fidelidade capaz de transpor a morte. Não se pede mais, se dá.

3.2.4.1.5.3 Fase da alma intuitiva, do homem espírito ou mística

Ocorre entre os 56 e 63 anos e corresponde ao nono setênio. Na primeira metade da década dos 60 anos, próximo da idade de 56 anos, novas nuvens começam a formar-se no horizonte. O alto platô sobre o qual a vida desdobrou-se fornece uma boa visão em todas as direções, mas foi principalmente uma vista dirigida para o mundo exterior. A visão é agora novamente voltada para dentro. É como se, apesar de tudo, todos os valores da vida tivessem de ser revividos existencialmente. É uma idade pré-senil e enfatiza a confrontação com o fim da vida, agora genuinamente à vista, ou pelo menos com a realidade da aposentadoria.

Essa fase, que precede a aposentadoria ou na qual ela se inicia, é bastante mística, muitas vezes com problemas de saúde e de difícil aceitação psíquica. É a pré-senilidade: as folhas do outono caíram, começa o inverno. Nesse período, são reavaliados os valores e olha-se para trás vendo como foi a vida, o que foi alcançado e o que se deixou de alcançar. O que levará de tudo isso para além da morte? Nessa fase, "quanto tempo perdi", "não há mais tempo" e "só espero me aposentar para..." são expressões comuns.

No relacionamento, muitas vezes, as palavras não são mais necessárias, mas sentar-se juntos em silêncio para ver o pôr-do-sol expressa a harmonia em que os dois encontram-se. Se essa harmonia não foi encontrada, o casal se irrita constantemente com os costumes do outro (por exemplo, a maneira de assoar o nariz, de roncar, de comer), e a vida dos dois pode se tornar difícil.

É possível que surja um sentimento de um novo e difícil período. Entretanto, novamente tudo tem que passar por uma metamorfose transformativa, um eterno vir a ser. Não que os valores que tenham sido encontrados estejam começando a tremer ou a ser abalados, mas torna-se claro que ainda não estão verdadeiramente sob posse do indivíduo. Se perguntar a si mesmo, com toda a honestidade, o que está realmente habilitado a levar, através dos umbrais da morte, como os frutos de sua vida, então muito daquilo que agora está ligado a conhecimento, ao *status* e à experiência teria de ser abandonado. Algumas pessoas vivenciam o início desse período como uma premonição de ainda maiores provas; já outras o veem como uma série de tarefas a serem esperadas, com as quais prefeririam não ser confrontadas. Para o homem, também, sua profissão frequentemente produz uma série de desilusões.

Qualquer um que tenha atingido a idade de 60 anos é encarado como "passando o resto de seus anos" (LIEVEGOED, 1997, p. 72), mesmo que ainda esteja fazendo seu trabalho com perfeição e para a satisfação de todos. Ainda uma vez, ele tem de reconciliar-se consigo mesmo para abdicar daquilo que construiu por si só e que será certamente continuado de forma diferente por aqueles que o sucederem. Somente agora esse desprendimento está se convertendo em realidade: até aqui isso não era mais do que uma teoria.

Torna-se urgente preparar-se para o que ainda se espera alcançar, o que terá de deixar e o que ainda será capaz de terminar. Há uma compreensão, cada vez mais ansiosa, de que isso é menos do que se tinha pensado até agora. O passado corre em retrospectiva: é incrível que alguém tenha gastado tanto tempo em trivialidades — "se apenas eu tivesse mais tempo diante de mim, tempo que eu deixei escapar entre meus dedos como areia"; "não existe mais um longo futuro para mim nesta vida"; mas o que, a despeito disso, pode provar ser duradouro?

Em certo sentido, o desenvolvimento da vida do indivíduo chegou a uma conclusão temporária na idade dos 63 anos. Bebê, criança em idade escolar e adolescente, juntos eles constituem a juventude, na qual tanto nos é proporcionado. Como é usual, o presente do mundo é sempre uma mistura de alegria e tristeza, de ajudar e impedir a experiência. Os esforços mentais vitais, objetivos e espirituais fizeram, da fase expansionista, um período no qual muito poderia ser dado ao mundo na forma de trabalho, amizade e animosidade, comandando e obedecendo, mas no qual também era possível e necessário interiorizar e apropriar-se de experiências passadas, culminando em uma personalidade madura, sabendo o que quer e o seu valor.

Crise e involução, o auge nos 50 anos e, ainda mais uma vez, o teste final tornaram a pessoa um ser maduro, que desenvolveu o sentido da diferença entre esperteza e sabedoria, entre habilidade orgulhosa e modéstia. Um período final, antes da idade dos patriarcas, capacita-o a fazer o balanço e a se acomodar ao fato da idade com disciplina e concordância, mas também com extrema atividade interior, a qual finalmente será capaz de levar à bondade, também com capacidades declinantes e com enfermidades físicas e dependência de outros. É preciso aprender a viver com sua própria decadência ou será permitido morrer com boa saúde? Essas são perguntas muito reais para aqueles que se preparam para o período da velhice.

Para algumas pessoas, essa fase da vida configura uma questão de agarrar-se desesperadamente a uma vida que está gradualmente se apagando. Nessa época, é possível ter o encontro da realidade espiritual verdadeira, daí a denominação de "fase mística". A pessoa pode se tornar um verdadeiro "guru". Não é à toa que os papas, mas também os dirigentes de países ou regentes de orquestra, costumam ter idades avançadas, aproveitando o novo órgão perceptivo que só a fase da sabedoria permite desenvolver.

Novamente, se estiver isolado dentro de si mesmo e olhando criticamente ao redor, ou emanando a verdadeira luz que agora foi interiorizada, é a fase da abnegação (se no primeiro setênio conseguiu-se desenvolver a confiança básica). Porém, a pessoa pode também ter se tornado amargurada, avarenta e cheia de rancor. Questões como essas emergem: será que morrerei sadio ou ainda terei que aprender a conviver com uma doença?

A percepção externa diminui, mas a vida interna pode aumentar incrivelmente — daí a possibilidade de desenvolvimento artístico. O artista não se aposenta. É possível que escreva sua biografia, avaliando perdas e ganhos, e descubra o que falta ser desenvolvido. Qualquer momento da vida é tempo de começar e de trabalhar sobre algo que a vida oportunizou desenvolver anteriormente.

Em sua idade avançada, Goethe (*apud* LIEVEGOED, 1997) descreveu as fases da vida nestes termos: a criança é um realista; o jovem, um idealista; o homem adulto, um cético; o homem idoso, um místico!

3.2.4.1.6 Fases finais

Esse é o período das fases finais, ou a pausa para a consolidação, e, na sequência, há a colheita dos frutos e a devolução à humanidade. G. Burkhard (2009) explica que após ter completado os nove ciclos, o ser humano liberta-se das influências planetárias com as quais se relacionava, na perspectiva da cosmovisão steineriana, não mais atuando nem de forma positiva, nem de forma negativa. Para muitos, essa fase após os 63 anos significa a morte; para outros, começa uma fase bastante produtiva.

Nessa fase, o idoso, que na fase anterior, entre 56 e 63 anos, estava já doentio ou mesmo doente, agora pode se tornar são novamente. Claro que isso irá depender de como vivenciou sua infância. É muito comum o idoso não viver o presente ou o ontem, mas sim viver épocas anteriores da infância e da juventude. Uma certa morosidade de pensamento e ações é natural, bem como a inflexibilidade para com as mudanças e os costumes. A importância das refeições regulares e o prazer com elas são aspectos que devem ser considerados; igualmente importante é uma garantia de sobrevivência financeira (para poder ter a devida serenidade). Muitos idosos cultivam flores, e o seu jardim passa a ser novamente importante; ou então confeccionam brinquedos para netos e netas. Estar avô ou avó pode ser um aspecto importante para a senilidade. Quais são os netos que não gostam de escutar contos de fada que o vovô ou a vovó sabem tão bem contar?

Com o passar dos anos, os órgãos dos sentidos vão se fechando para o mundo exterior, e a vida interior dos idosos passa a ser a parte mais importante. Isso evidencia que quanto mais rica for sua vida interior, melhor sentir-se-ão. Ao passo que se ficaram voltados apenas para o materialismo, para a mesquinhez em relação às suas posses, podem se tornar excessivamente rígidos e distantes nas relações. Gradativamente, à medida que as forças físicas vão diminuindo, a luz interna pode crescer; a luz externa da criança interiorizou-se totalmente no decorrer da vida, e o idoso começa a luzir de dentro, cumprindo a sua evolução de ser humano na Terra e levando essa luz metamorfoseada para o além-morte, de volta ao cosmos. O medo da morte, que em muitos já existe desde a juventude, pode ser superado, em grande parte, pela consciência dos acontecimentos que ocorrem com a alma e o espírito após a morte.

Lievegoed (1997) frisa a importância de ajudar os idosos a ter um entardecer fértil e criativo para as suas vidas. É preciso estimular uma cultura doméstica para os idosos, por meio de tornar os ancionatos centros de cultura, com palestras, noites musicais e cursos criativos, nos quais outras pessoas do entorno fossem capazes de participar. Isso funcionaria nos dois sentidos: as pessoas da localidade teriam um centro no qual coisas interessantes estariam acontecendo, e os idosos manteriam seu contato com um mundo vivente, visto que pessoas idosas que levam uma vida ativa gozam de melhor saúde do que aquelas que permanecem ociosas na frente da televisão, do computador ou do rádio.

É sabido que muitos dos grandes artistas produziram seus melhores trabalhos muito após terem passado seu septuagésimo aniversário. Quando se observam os âmbitos em que os indivíduos mantêm-se trabalhando, nota-se que escritores, pintores e músicos foram muito mais capazes de continuar trabalhando do que cientistas e homens de negócios. Isso confirma ser a criatividade no idoso possível, pois muitos, com seus mais de 80 anos, pintam, escrevem e criam coisas maravilhosas para si mesmos e para os outros, sendo que, muitas vezes, outros seguem suas pegadas, com graus variáveis de sucesso externo, mas, em todos os casos, com enorme ganho interno. Com o aumento da idade, o caminho introspectivo progride, enquanto a percepção do que ocorre no exterior declina. A sabedoria do idoso situa-se em um mundo atemporal; basta observar as vitórias da humanidade: "[...] o sumário da essência da vida e o encontro com um mundo atemporal de valores e significâncias!" (LIEVEGOED, 1997, p. 74).

3.2.4.2 Síntese do desenvolvimento biológico, psicológico e espiritual

Lievegoed (1997) ilustra, no diagrama apresentado na Figura 8, uma contribuição sobre o desenvolvimento psicológico por meio de processos complexos e, qualitativamente, tão diferentes durante as fases da vida.

Percebe-se um declínio das forças biológicas e a possibilidade de as funções mentais espirituais serem encontradas pelo indivíduo. No entanto, se ele passa com equilíbrio pela fase intermediária, direcionando seu interesse pelas artes e ciências, pela natureza e assistência social, ele consegue viver, de maneira crescente, a partir de uma fonte espiritual. Se, ao contrário disso, o indivíduo continuou preso às questões materiais, e se as suas funções mentais vitais estão em declínio, ele passa a viver em uma situação trágica e pode se deixar sucumbir por situações de máxima inadequação.

Ao final da fase intermediária, e se durante o seu desenvolvimento psicológico ele se abrir para o aprendizado por meio das funções mentais espirituais, pode-se esperar que o trânsito para a fase da existência humana madura dar-se-á de maneira natural. Isso ocorre, pois o equilíbrio aprendido leva à aceitação do desgaste físico maior; a encontrar o ritmo adequado ao seu organismo físico; a treinar a contenção e a desenvolver o amor e a aceitação do próprio destino e, assim, aceitar e ajudar a desenvolver o destino dos outros. No caso do trabalho, seria o desenvolvimento dos colaboradores. Na vida social, pode começar uma nova fase, na qual a experiência acumulada pode ser repartida com aqueles que estão à sua volta. Ele pode desenvolver, com as equipes de trabalho, planos de ação em que todos podem executar trabalhos, respeitando seus potenciais e aprimorando as suas capacidades. No relacionamento mútuo, pode-se desenvolver o verdadeiro amor espiritual, que transcende qualquer egoísmo, a tal ponto que ambas as individualidades têm lugar.

A fase social ou a fase do comportamento político, que se inicia após os 40 anos, pode surgir como possibilidade diante desses processos tão complexos do desenvolvimento humano.

Na Figura 8, observa-se que os ritmos biológicos, no desenvolvimento, têm seu mais profundo efeito no período anterior à maturidade. Já o desenvolvimento psicológico manifesta-se, com lógica própria e mais claramente, durante a fase intermediária. Por sua vez, o desenvolvimento espiritual é característico da fase final da vida.

No tópico seguinte, será abordada a metodologia da Formação Continuada em Psicologia e Psicoterapia Antroposófica (FCPPA).

3.3 CONCEPÇÃO METODOLÓGICA DO CURSO DE FORMAÇÃO CONTINUADA EM PSICOLOGIA E PSICOTERAPIA ANTROPOSÓFICA

No sentido de incentivar e de promover uma educação ampliada que reflita e considere o despertar da vontade de aprender e de desenvolver o sentido da coerência, a FCPPA adotou a metodologia e didática de Houten (2011), que se fundamenta na imagem de homem da teoria antroposófica.

Entende-se que, ao promover, por meio de sua metodologia, a aprendizagem, é possível proporcionar ao adulto as condições necessárias para colocar-se como seu próprio enigma. Assim, no exercício de encontrar-se consigo mesmo com o apoio da ciência natural ou sensorial, considera-se que essa abordagem possibilita ao ser humano diferenciar-se corporeamente da natureza terrena e perceber-se como um ser pensante ao reconhecer-se humano, bem como reconhecer-se organicamente como pertencente à espécie *homo sapiens*, a qual representa, como um ser de consciência objetiva e lógica, diante do mundo exterior ou do mundo corpóreo. Nessa busca do encontrar-se consciente ou não, como ser objetivo no mundo e com vontade e sentido de verdade, pode-se tornar conhecedor de talentos e de potencialidades que nutre e manifesta no aprender profissional, respeitando sua competência para atuar profissionalmente e mostrando-se capaz, bem como se reconhecendo como individualidade diante da sociedade, expressando sua forma de pensar.

Cabe considerar alguns aspectos metodológicos e didáticos básicos envolvidos na educação de adultos antes de expor a metodologia e a didática do processo de aprendizagem do adulto segundo Houten (2011).

Conforme explanado anteriormente na Introdução deste estudo, considera-se que promover o sentido de verdade e o despertar da vontade são princípios fundamentais para a educação de adultos.

3.3.1 Princípios fundamentais da educação de adultos

Há dois princípios fundamentais da educação de adultos. O permanente despertar da vontade do adulto de aprender como a meta fundamental a ser atingida é o primeiro princípio. O segundo princípio fundamental apresenta-se como polaridade ao anterior, o qual deve ser desenvolvido constantemente — trata-se do sentido da coerência, um sentimento pela verdade.

A vontade de aprender pode ser gerada; mas um sentido, e especialmente o sentido de verdade, não é experimentado até que se expresse ao ser usado, pois só gradualmente se aprende a confiar que seu próprio sentido de verdade lhe levar de fato a uma realidade.

O educador de adultos deve fomentar o encontro com os dois princípios primordiais: vontade de aprender e o sentido de verdade, que devem ser vivenciais e depende do aprendiz. Esses se complementam, fortalecem-se e confirmam-se mutuamente:

> Aprendizado, desenvolvimento, mudança — todos pertencem um ao outro e são três aspectos de um processo que constitui o esforço vitalício da humanidade para se tornar

um ser humano. Este é um processo que nunca acontece espontaneamente, mas sempre precisa ser reavivado deliberadamente (HOUTEN, 2011, p. 13).

Para o desenvolvimento do sentido de verdade, é necessário confiar no próprio pensamento e na atividade formadora de julgamentos, os quais são usados para seu reconhecimento do livre pensar; pois, sem esses elementos, qualquer aprendizagem adulta tornar-se-ia inútil (STEINER, 2009). Por meio do pensamento teórico humano, a matéria, substancialidade, é levada ao seu fim; por meio de seu pensamento moral, matéria e energia cósmica são imbuídas de nova vida. O mundo natural morre no homem, no campo moral, e, assim, um novo mundo natural nasce.

A transmissão de conteúdo como teoria, a educação do sentimento ou a pesquisa ou vivência sensoperceptiva e a disciplina dos impulsos ou a prática são aspectos inerentes e condicionantes a serem integrados e equilibrados para o verdadeiro ato cognitivo ou do educar. Houten (2011) aponta o despertar da vontade livre como princípio básico para o aprender relacionado à natureza do eu (si mesmo), que inicialmente se manifesta como força ou energia vital ligada à formação corpórea. É no elemento calórico que se unem ao eu (si mesmo) e à vontade; por isso, o estímulo desse processo é fundamental para o aprendizado.

Existe um calor corpóreo que acompanha toda a atividade do corpo; há também um calor primordial, espiritual, que surge quando esse Eu desenvolve entusiasmo pelo belo, pelos valores, pelo verdadeiro, pelo bom, dentre outros. Assim, o Eu vive no calor, mas também produz calor como produto do entusiasmo, que leva à ação, unindo o Eu e a Vontade. Logo, a vontade desperta emerge da ação entusiasmada. Steiner (2020) descreve esse calor como a conexão entre o corpo e a alma:

> A conexão do homem com o universo só pode ser entendida se o físico for traçado até o estado rarefeito em que a alma possa estar diretamente ativa no elemento físico rarefeito, como por exemplo no calor. Então é possível encontrar a conexão entre corpo e alma. A vida da alma não será revelada como tal. Mas se a substância corporal é rastreada de volta ao calor, uma ponte pode ser construída a partir do que existe no corpo como calor para o que funciona a partir da alma para o calor do organismo humano. Existe calor tanto dentro como fora do organismo humano. Como ouvimos, na constituição do homem o calor é um organismo; a alma e o espírito se apoderam desse organismo de calor e, por meio

> do calor, tudo o que se torna ativo, que interiormente experi-
> mentamos como moral como fonte do poder criativo mundial.
> Ideias morais, ou ideias de caráter moral-religioso, que nos
> entusiasmam e se tornam impulsos por ações, funcionam
> como poderes criativos do mundo (STEINER, 2020, p. 43).

Ao aprender, o adulto aprendiz é sustentado por unidades de vontade biológica, ou ligadas ao corpo, que se agitam interiormente, consciente, semiconsciente e inconscientemente e manifestam-se interessadamente como impulsos para o conhecer, o desenvolver-se e para o transformar-se.

O impulso do conhecimento é o mais consciente e serve de base, pois conhecer é um contínuo crescer para dentro das profundezas do mundo. Ele serve de elo para entender o mundo e a nós mesmos; em primeira análise, apresenta-se como um enigma. Na aquisição do conhecimento, se cresce continuamente naquilo que é a fundação do mundo, ou seja, em um processo contínuo baseado no impulso de conhecimento.

O impulso do desenvolvimento é uma força anímica básica e que forma e transforma a alma continuamente por meio de polaridade, de intensificação e de metamorfose vivida pelo ser humano em sua biografia por meio de suas fases. Essa vontade de se desenvolver, de constantemente querer mudar, vive como força propulsora no processo do aprender.

O impulso para melhorar é o mais velado, mas é o mais importante. É o sentido de que tudo pode ser feito melhor. É sabido que se está sempre a caminho e ainda longe de ter atingido o total desenvolvimento do ser humano.

Dispor de didática promotora do despertar desses três impulsos no aprendiz é tarefa do educador para atingir as metas do despertar da vontade livre de aprender. Tal vontade deve ser constantemente alimentada por esses três impulsos básicos, que se ligam à segunda meta — o sentido de verdade —, pois um adulto prima por independência, autonomia interior e atuação genuína.

3.3.2 As três barreiras ao aprendizado

Segundo Houten (2011), ao aprender ou nos transformar durante um processo de aprendizagem, surgem três barreiras que podem ser experimen-tadas, principalmente na atividade do pensar, no mundo dos sentimentos e na atividade da vontade ao agir do aprendiz. Tais obstáculos são vivenciados diferentemente: como barreira intransponível, como abismo que provoca medo e como sentimento forte de antipatia ou de impotência. Essa vivência

APRENDIZAGEM E DESENVOLVIMENTO NA PSICOLOGIA E PSICOTERAPIA ANTROPOSÓFICA

é frequentemente acompanhada por sentimentos de insuficiência, de inferioridade e de fraqueza, dentre outros. Para confrontar esses sentimentos, contemplá-los e reconhecê-los corretamente, faz-se necessária a coragem.

Nesse processo, percebe-se que a contemplação imaginativa possibilita uma compreensão muito mais profunda dos sentimentos do que a contemplação analítico-intelectual. O mundo dos sentimentos orienta-se para os dois lados: para o da vida dos pensamentos e para o da vida da vontade; por isso, é importante aprender como iluminar sentimentos problemáticos com o pensar imaginativo e como fortalecer com a vontade os sentimentos positivos. Quando compreendido ou descoberto, o aprendizado essencial ou realmente transformador acontece se as barreiras do aprendizado forem vencidas ou superadas, enobrecendo, aprofundando ou enriquecendo o mundo dos sentimentos, bem como conquistando uma habilidade ou uma capacidade que não se tinha antes.

Todo curso que supervaloriza o trabalho numa única barreira fará com que o participante fique desequilibrado, além de submetê-lo a inúmeros perigos: excesso de ênfase do intelectual sem a relação correta com a ação prática; treinamento de habilidades sem qualquer compreensão real de seu propósito ou significado; e intelectualização e treinamento sem inclusão de elementos pessoais, como avaliação, conexão e qualificação da vida dos sentimentos. Tudo isso levará o curso a distorções de natureza duvidosa, a um endurecimento, a um unilateralismo e a um descomprometimento com o verdadeiro e plenamente humano processo de aprendizagem.

Como o ser humano tende a enfatizar demais uma das três barreiras, ele acaba tendo dificuldades de manter o equilíbrio no trabalho. Por exemplo, uma pessoa intelectualmente dotada tenderá a ignorar a barreira dos sentimentos e evitará praticar, enquanto um "fazedor" prefere não lidar com a teoria. Assim, os educadores podem fortalecer uma disposição unilateral, em vez de equilibrar e harmonizar o aluno pela sua maneira de ensinar. Nesse sentido, é vital trabalhar pela inclusão e pela luta por um equilíbrio das barreiras, tanto na educação de adultos como em qualquer processo de aprendizagem, pois tal esforço terá um efeito salutogênico e permitirá descobertas surpreendentes que podem desenvolver as mais elevadas faculdades espirituais.

A barreira do pensar situa-se entre a compreensão que se tem do mundo e o eu racional. Ela é como um limiar que obstrui o acesso à realidade espiritual do mundo. Na melhor das hipóteses, nossos modelos de pensamento podem abrir uma parte da realidade para nós. Ao mesmo tempo, no entanto, estão encobrindo outras realidades. São frequentemente chamados de "modelos reducionistas" e "conceituais".

O homem cognoscente sempre se depara com novos enigmas ao tentar compreender o mundo, os quais lhe permitem tomar consciência dos seus bloqueios cognitivos, que surgem como barreiras próprias de pensamento criadas por meio de suas inclinações ou educação. Na intenção de superação da barreira do pensar, é preciso trabalhar. Para isso, é preciso ter uma atitude básica para todos os fenômenos, uma que queira questionar e investigar em vez de passivamente absorver o conhecimento. Também é preciso ter a compreensão de que, em vez de impor à realidade os modelos feitos pelo homem, é preciso mudar para que a realidade do mundo lhes possa revelar a sua verdade. Qualquer crença de que há apenas uma ideia ou método certo — o nosso próprio — é enganosa. No aprendizado, nossa capacidade de observar objetivamente com todos os 12 sentidos é tão importante quanto desenvolver o nosso pensamento, e apenas os dois combinados podem levar à verdade. Desse modo, é preciso aprender a distinguir entre o que é sabido e o compreendido. O questionamento: "o que eu apenas assumi e o que é que fiz de meu?" conduz à percepção de que, para realizar a verdade plena, as outras duas barreiras devem também ser atravessadas.

Os educadores de adultos nunca podem satisfazer a todos, simplesmente porque todos têm uma maneira diferente de pensar. Isso, no entanto, requer que eles se tornem conselheiros para os problemas que resultam dos encontros no limiar do pensamento, ajudando o participante a superar sua unicidade. Por isso, o educador deve, com o participante, primeiramente ajudá-lo a descobrir os seus bloqueios; em segundo lugar, precisa aconselhá-lo sobre o que fazer exatamente para ultrapassá-los; e, em terceiro lugar, deve acompanhá-lo em sua prática. Assim, o participante desenvolve a capacidade de se colocar diante do mundo cada vez mais aberto, sem barreiras para que a verdade do mundo seja expressa nele. Para o adulto, é muito mais importante obter ajuda para conseguir lidar com as barreiras do pensar do que assimilar muito conteúdo de maneira imperfeita e passiva.

A barreira do sentimento está entre o eu e a compreensão que o indivíduo tem de si mesmo. Não é um relacionamento entre o eu e o mundo, mas um relacionamento entre o eu Racional e o eu (si mesmo).

O homem quer entender a si mesmo e, em primeiro lugar, seus sentimentos. No processo de aprendizagem, experiências, antipatias, simpatias, qualquer aspecto relacionado às emoções expressar-se-á em sentimentos.

Nesse processo, encontra-se um limiar, uma resistência que se expressa em sentimentos. Abordar essa resistência de forma cognitiva, ou mesmo com a vontade de mudar, parece ser particularmente difícil para muitos participantes. Os educadores também parecem relutantes a esse respeito e não consideram a barreira do sentimento como parte essencial do processo do aprendizado, muitas vezes negligenciando-a.

Na prática, frequentemente se ouve: "isso é muito subjetivo"; "é muito pessoal"; "os adultos devem ser deixados completamente livres"; "egoísta"; "muito íntimo". Tais afirmações revelam que os próprios educadores têm enormes dificuldades com suas barreiras de sentimentos, sendo confrontados com seu próprio limiar. É preciso encontrar um caminho criativo para que o participante consiga lidar com sua própria barreira de sentimento, que acompanha continuamente os processos do aprendizado.

Dois elementos básicos da aprendizagem acontecem no reino médio do sentimento: as atividades da "alma que experimenta" e da "alma que julga". Um processo de aprendizagem, por meio do qual não se une de forma pessoal e experiencial, não pode contribuir para o desenvolvimento humano, tampouco um processo de aprendizagem que não envolva o julgamento independente.

A superação da barreira do sentimento não se refere tanto a conseguir abrir passagem, como o pensar ou uma prova de coragem, como ao querer; pelo contrário, trata-se de promover a mudança em si mesmo. O real desenvolvimento tem lugar na vida dos sentimentos. Os sentimentos inaceitáveis não podem ser suprimidos à força, mas também não podem ser simplesmente vividos em plenitude. Em nenhum dos casos há mudança.

Houten (2011) considera que, na literatura sobre educação de adultos, há pouco sobre o caminho de aprendizagem para o autoconhecimento. A literatura sobre ciência espiritual, por outro lado, tem muito a dizer sobre o caminho de desenvolvimento ou espiritual, uma vez que a barreira do sentimento é o verdadeiro limiar interior para o mundo espiritual.

Os educadores de adultos necessitam familiarizar-se com a natureza desse limiar entre as almas consciente e inconsciente e o processo de aprendizagem. Precisamente porque se está tocando na esfera pessoal, é necessária uma atitude amigável e compreensiva que não critique, condene, culpe ou repreenda. Isso, porém, só é possível se o educador de adultos, em sua própria vida sentimental, tiver chegado a uma certa maturidade, tendo primeiro trabalhado o "aprender a aprender". Trabalhar em todas as três barreiras levará o aluno ao autoconhecimento.

Como indicação para a barreira do sentimento, enfatiza-se que, no processo do aprendizado, todos os participantes devem compreender como é importante acompanhar construtivamente, e, ao mesmo tempo, ir aprendendo sobre as infindáveis resistências do sentimento. Toda manifestação não superficial do sentimento é importante, é essencial, quer exprimir alguma coisa, deve ser levada a sério e ser pesquisada, até que a mensagem que quer ser expressa possa incorporar-se ao processo do aprendizado. É necessário, portanto, ter uma compreensão própria, profunda, das etapas de seu desenvolvimento biográfico, e, ainda, fazer uma ideia das maneiras como a alma, de crise em crise, prossegue em seu desenvolvimento, o que engloba o aprendizado por meio dos sentimentos. Isso é de suma importância para que seja desencadeado um processo de aprendizado que apele para a personalidade inteira.

Nesse sentido, o educador de adultos deve manter conversas de apoio cuja principal qualidade seja ouvir com verdadeiro interesse. Faz parte da educação de adultos exercitar a "conversa de apoio"; entretanto, certa coragem é necessária para adentrar essa delicada área do limiar do sentimento. Há muito a fazer, o que é embaraçoso e difícil, mas também inesperadamente belo e positivo, pois trabalhar esse aspecto geralmente proporciona libertação e um certo grau de maturidade interior. A experiência de que o sentimento de vida em si pode se tornar uma faculdade de conhecimento e de compreensão deve acender o desejo de passar pela educação da sua vida do sentimento. Novamente frisa-se que essas abordagens se aplicam tanto ao educador como ao educando adulto.

A barreira da vontade refere-se à relação do eu racional com o mundo. O eu racional quer agir, dizer alguma coisa no mundo, quer formar, transformar, exprimir-se, fazer, realizar algo; a tudo isso se opõe uma resistência da vontade dentro dele. Apesar de haver muitas pessoas que aprendem fazendo, que conhecem alguma coisa por meio da compreensão ativa no mundo, que andam por um (chamado) caminho de descobertas ou preferem avançar por meio de experiências, observa-se que, nesse limiar, é bastante comum surgir uma paralisia da vontade. Nas atividades dirigidas evidencia-se uma paralisia da vida volitiva, que impede a aproximação ativa das resistências, no âmbito das ideias, do sentimento e da vontade. Existe, assim, a tendência para um condicionamento em nosso aprendizado, o qual impede a independência do aluno.

O caráter fundamental da resistência na vontade é a força do medo que permanece um pouco escondido; trata-se de um medo que vive na vontade e que se expressa como uma ansiedade na vida de sentimento e como uma incerteza na vida intelectual. Queixas frequentemente ouvidas, nas instituições de educação de adultos, são que a vontade dos alunos de aprender é muito fraca; que os estudantes têm pouca resistência e, por isso, desistem rapidamente; que eles preferem evitar dificuldades, permanecem espectadores passivos; que são incapazes de se comprometer; que fazem apenas o que é emocionalmente agradável, e assim por diante.

Seguem-se algumas indicações de como é possível despertar a vontade: as atividades artísticas podem ser muito eficazes, uma vez que falam ao elemento formativo e criativo das pessoas; os quais unem a alma ao som, à cor, à palavra, ao movimento e a outros. O trabalho em grupo leva a um forte engajamento, principalmente nos grupos de estudo, pois percebe-se que são mais bem-sucedidos para movimentar a vontade, do que quando a pessoa conta só consigo mesma; as atividades com projetos como método de aprendizado trazem bons resultados; e a estrutura do processo de aprendizagem em si também afeta a vontade humana: apresentações apenas de conteúdo suscitam antipatia; o subjetivo, o elemento pessoal, tem um efeito envolvente. A estrutura do processo de aprendizagem, por outro lado, pode afetar a vontade.

Considerando que o processo de aprendizado do adulto deve se dirigir ao homem de forma integral, impõe-se a tarefa objetiva de reconhecer as três barreiras do aprender, manipulá-las equilibradamente e fornecer ajuda concreta ao participante para superá-las.

3.3.3 Os três caminhos do aprendizado

Em sua metodologia, Houten (2007) ocupa-se com o aprendizado do adulto em três caminhos, os quais promovem a aprendizagem a aprender, a aprendizagem com o destino e a aprendizagem da pesquisa espiritual.

Os caminhos abordados por Houten (2007) foram adequados à finalidade do aprendizado profissional, os quais, junto dos outros dois caminhos, estão considerados no projeto pedagógico do curso de FCPPA. Tendo em vista abrangerem a tríplice entidade humana em sua aprendizagem e seu desenvolvimento integral, elemento primordial, diferencial e contributivo da formação, essa metodologia não se aplica somente para o curso de formação de psicólogos, mas serve de base para qualquer atividade na qual se anseie por promover, verdadeiramente, a educação.

Ao projeto pedagógico do curso de Formação Continuada em Psicologia e Psicoterapia, foram agregados e integrados elementos da Psicologia fenomenológica inspirada na Antroposofia, como forma de significar a alma e seu âmbito como elemento constitutivo humano diferenciado quanto à função e à finalidade dos aprendizados observados no corpo e no espírito. Como forma de tornar evidentes tais diferenças, optou-se por partir da realidade objetiva, observada pela pesquisa científica, também metodologicamente orientada pela Fenomenologia, ao caracterizar os três caminhos de aprender como formador, informador e transformador.

3.3.3.1 Caminho da aprendizagem escolar

O caminho da "aprendizagem escolar" ou "aprendizagem profissional", o mais evidente, compreende todo o aprendizado necessário para enfrentar a vida profissional, a qual ocorre em situações organizadas do aprender, como: centros de formação, institutos de educação, universidades, cursos profissionalizantes, seminários, classes escolares e até mesmo em empresas onde, durante o trabalho, são inseridas frequentemente curtas situações de aprendizado.

Trata-se de um processo de aprendizado conscientemente planejado para um determinado período. Independentemente de ser um plano bastante livre ou muito rígido, sempre existe um planejamento para o curso, que ocorre distribuído em etapas, estruturadas em horas-aula, dias, semanas, meses e anos letivos. Esse processo de aprendizado é acompanhado e transmitido por educadores de adultos ou professores considerados aptos para o ensino. Seus objetivos são extremamente variados: ciência, profissionalizante, conhecimentos gerais, artes, cursos curtos que desenvolvem capacidades específicas. Eles têm uma meta de aprendizagem conscientemente dada.

Aprendizagem profissional será a expressão usada nesta obra para denotar o caminho básico nessa direção, o qual fornece a base para os outros dois caminhos de aprendizagem e depende de capacidade de uso do eu independente. Os 12 sentidos foram utilizados como elementos integradores para o fortalecimento e a promoção da consciência e da racionalidade sadias, para orientar e transformar os sete processos vitais orgânicos em sete processos de aprendizagem conscientes e para que a aprendizagem profissional ocorra de maneira adequada.

Visto que a ciência e suas aplicações estão se desenvolvendo de modo constante, e como a configuração psicológica do ser humano também está mudando rapidamente, pode tornar-se consciente ao adulto a semelhança entre seu aprendizado profissional e seu corpo: ambos são edificados para se reconhecer e se diferenciar no mundo externo, quanto às suas competências profissionais ou sua composição corpórea. Essas características são presumíveis, mensuráveis e objetivas e são constituídas por um princípio ordenador de crescimento e reprodução, com finalidade específica reconhecida. Partem de uma ideia conhecida para se estruturar por meio de processos que formatam ou imprimem capacidades ou competências mensuráveis para sua espécie ou seu ofício, evidenciando adequação e aptidão — ou inadequação e inaptidão — para a função programada e esperada.

Torna-se importante alertar o aprendiz sobre os cuidados que a aprendizagem profissional pode proporcionar, por meio dos enganos e mentiras oferecidos pelo mundo material, levando o corpo e a mente ao endurecimento e ao enrijecimento e tornando a alma fria. Isso provoca a perda de sentido interior, deixando o profissional sujeito às leis da fisicalidade, transformando-se em matéria fria. Embora o aprender seja uma necessidade, buscar fazê-lo para o encontro com a profissão do aprendiz liberta a alma e promove calor físico e o sentido de verdade.

3.3.3.2 Caminho da aprendizagem com a vida

O caminho da aprendizagem com a vida (ou aprendizado com o destino) tem como situação de aprendizado a própria vida, aparentemente desorganizada, casual, involuntária, que desvenda um processo de aprender ao longo da vida, quando se estuda a própria biografia. Cada pessoa está constantemente diante de uma discrepância entre suas capacidades interiores, seus potenciais e suas fraquezas. É aquilo que se apresenta como necessidades, perguntas, desafios da vida, que o destino nos põe como provações que, quando dominadas, fazem com que novas capacidades sejam adquiridas, uma maturidade humana respeitável ou novos e profundos conhecimentos. Tais situações de aprendizagem, se dominadas, podem levar a um autoconhecimento profundo pela maneira como o destino desenrola-se, ao aprender para a vida, mas também por meio dela.

Nesse processo de aprendizado, percebe-se a profunda ligação com o próprio desenvolvimento como ser humano. A maneira como se defronta com as questões da vida ou do destino determina o processo atual do aprendizado. Portanto, é um processo de autocondução do aprendizado, cujas circunstâncias, no futuro, vão depender de como acompanhou, no presente, esse caminho.

O fenômeno é o eu manifesto no espaço interior da alma humana, como o próprio destino a ser abordado, de forma criativa e organizadora. Seu objetivo são o autoconhecimento e o desenvolvimento de novas habilidades.

Nesse sentido, ocorre um aprendizado anímico, no qual a consciência do caminhante deve continuar a aumentar, e que depende do desenvolvimento dos sete processos vitais promovidos pela aprendizagem profissional — processos esses que, transformados pelo eu, emergem ou expressam suas sete etapas sob diferentes aspectos de aprendizado.

Houten (2007) esclarece que esse aprendizado não tem a intenção de ser qualquer forma de terapia ou de ajuda em uma crise de vida. É um processo de aprendizagem que ensina os adultos a tornarem-se cada vez melhores em realizar seu próprio aprendizado do destino, para que possam ser comparados aos dois outros caminhos de aprendizagem. Nesse sentido, proporcionar o sentido interior de vivência para o aprendiz promove a compreensão anímica do significado da vivência, aprendida com o destino que leva ao encontro do sentido, no espaço interno anímico.

3.3.3.3 Caminho da pesquisa espiritual

No caminho da pesquisa espiritual ou do aprendizado espiritual, a situação do aprendizado é, geralmente, encontrada em um estado excepcional, totalmente separada de outras influências, dedicada à vida interior que se expressa espiritualmente para o mundo exterior. Nele, é possível o desenvolvimento de faculdades que possibilitam ao aprendiz compreender e entrar no mundo espiritual, ou seja, ir além do limiar da consciência diurna normal para viver em mundos mais elevados e pesquisá-los. O principal, nesse aprendizado, é que o aprendiz é o protagonista; nele, a própria alma torna-se a sala de aula e, ao mesmo tempo, a situação de aprendizagem que acontece por meio do espírito individualizado, como instrumento.

Ao apresentar essa perspectiva de aprendizado, Houten (2007) descreve:

> O terceiro caminho de aprendizagem veio a ser denominado Caminho da Escola Espiritual porque a escolaridade historicamente espiritual, ou a educação dos sentidos para a percepção espiritual, era a forma original e mais antiga de aprendizagem. Todo o aprendizado foi trazido para a história humana pelas antigas Escolas de Mistérios. Em contraste com aqueles tempos antigos, se este caminho deve ser trilhado de uma maneira condizente com nossa época, deve ser um caminho de conhecimento inteiramente independente e individual, no qual o aluno individual permanece o único responsável por cada passo dado. O percurso escolar

> torna-se assim um percurso de conhecimento e compreensão. Quando este caminho de conhecimento se torna real em nosso cotidiano, em nossa vida profissional e mesmo em toda nossa atitude de vida, ou seja, quando é aplicado e praticado, recebe a designação moderna de pesquisa espiritual (HOUTEN, 2007, p. 16).

Entende-se, portanto, que a aprendizagem da pesquisa espiritual também encontra suas raízes nos sete processos vitais, com diferenças na forma e nos objetivos que originam suas etapas do aprendizado. Aqui, requerem maior intensificação dos sete processos de aprendizagem, apresentando-se como força de vida expressa, no interior da alma, decorrente dos processos de aprendizagem dos dois caminhos anteriores.

Os três caminhos do aprender, de Houten (2007), podem ser relacionados aos mundos do corpo, da alma e do espírito. Em cada aprendizado, é possível desenvolver-se triplamente, conforme as necessidades que são apontadas, percebidas e/ou conhecidas pelo aprendiz. O aprendiz deve integrar esses três aspectos de maneira experimental e/ou vivenciada, seja contemplando interiormente, seja admirando exteriormente. Cabe ao educador de adultos promover condições para que o aprendiz coloque-se dentro de si mesmo ou interiorize-se, por meio de atividades de contemplação de imagens e textos ou de músicas, para que expresse exteriormente seu eu. Essa expressão pode ocorrer por meio de atividades de expressão artística, da escrita e modelagem, pois o aprendizado vivenciado ou experimentado promove a percepção de si mesmo. O tópico seguinte aprofunda essa discussão.

3.3.4 Os caminhos do aprendizado, suas conexões e o Si mesmo

Os três caminhos do aprendizado ocorrem em sucessão, servindo um de base (ou estímulo) para o próximo e para o despertar da vontade. Desse modo, o aprendizado profissional poderia, por exemplo, trazer questões do destino para serem integradas ao ensino, tornando, assim, cada vez mais clara a relação entre o que se aprende e o próprio caminho do destino; assim como, eventualmente, poderia fazer perguntas existenciais para as quais é possível encontrar respostas ao caminhar na pesquisa pessoal. Pesquisar as questões pessoais fundamentais sobre nós mesmos, nossas tarefas e responsabilidades em relação à humanidade e à Terra é parte do terceiro caminho de aprendizagem. Os três caminhos do aprendizado são unidos e têm em comum o núcleo do Ser, que participa de todos os processos vitais — que se apresentam continuamente no interior da alma humana para o aprendizado, como existência e essência do eu — e guarda-os.

A vida cotidiana promove hábitos e capacidades ao eu para ser atuante no mundo e para que sua atuação seja adequada à vida interior. Ao fazer isso, o eu torna-se cada vez mais adulto, mais maduro, mais competente e mais independente, assim, acaba melhorando continuamente sua vida profissional. Além disso, conhece-se cada vez mais profundamente, desenvolvendo um sentido de verdade, por meio do julgamento autônomo construído com base na capacidade contínua de recordar e refletir, possibilitada pela memória, no caminho da vida, para, finalmente, juntar-se criativamente a outros na construção do futuro.

Ao promover a faculdade do conhecer, por meio da observação sensorial e espiritual em vivência cognitiva interior, o homem cognoscente educa-se ou conhece a verdadeira vivência cognitiva. Ao exercitar a observação sensorial do espiritual no fenômeno, o homem conhecedor explica o fenômeno pelos seus pensamentos sobre as características do fenômeno; já para o homem cognoscente, o fenômeno explica a si mesmo como pensamento.

O desenvolvimento do homem conhecedor para o cognoscente permite tomar consciência de seus bloqueios cognitivos, que surgem como obstáculos próprios de pensamento criados por meio de seus condicionamentos ou de sua educação, que se trata da verdadeira vivência cognitiva. É pelo exercitar do julgamento autônomo que se desenvolve o homem cognoscente. Tratar-se-á a seguir.

3.3.5 Formação do julgamento autônomo

Emmichoven (1982) e Houten (2011) fundamentaram o tema da formação de julgamento autônomo e sua capacitação. Tais fundamentos foram integrados ao projeto pedagógico do curso de formação continuada em psicologia e Psicoterapia Antroposófica por meio da inserção de práticas para a capacidade do julgamento autônomo, nas atividades criativas integrativas, durante o processo de aprendizagem, foi constante, de forma a favorecer e a estimular intensamente a autonomia no aprendiz. Foram usados exercícios para a formação do julgamento nas faculdades cognitiva, estética e moral.

Formação do julgamento cognitivo: para a expressão do julgamento claro, a alma vivenciadora precisa "apagar-se" o mais possível e renunciar à sua existência, para que a verdade daquilo que se apresenta possa expressar-se.

APRENDIZAGEM E DESENVOLVIMENTO NA PSICOLOGIA E PSICOTERAPIA ANTROPOSÓFICA

O eu e o mundo dos sentidos defrontam-se, então, tranquilamente. O critério do sentido da verdade é o mais elevado. É no processo de aprendizado que o julgamento cognitivo se manifesta como dificuldade da barreira do pensar, podendo ser superado com ajuda dos caminhos do aprendizado.

Formação do julgamento estético: para atingir o julgamento claro, no âmbito estético, é preciso tanto a alma vivenciadora como a alma julgadora, pois é do equilíbrio entre as duas que resulta a formação do julgamento estético. Uma vez que essa formação de julgamento passa-se nas fronteiras entre a alma e o mundo dos sentidos, ela é considerada um processo contínuo. O julgamento estético é, portanto, um entretecimento que intercala o mundo interior e o mundo exterior. Quando a alma vivenciadora não consegue deter-se dentro dessas fronteiras, e a vida dos desejos é muito forte, o julgamento estético fica prejudicado. Quando a fria formação do julgamento cognitivo torna-se forte demais, a vivência da beleza é suprimida.

A formação do julgamento estético é um contínuo processo de encontro entre o homem e o mundo, entre o homem e outro homem. A satisfação estética é o fator determinante. No processo de aprendizado, o maior papel é desempenhado pela barreira do sentimento, que pode ser transformada pelo caminho do aprendizado.

Formação do julgamento moral: a formação do julgamento moral é, do ponto de vista psicológico, o oposto da formação do julgamento cognitivo. A alma julgadora tem de renunciar à busca exterior da verdade a fim de encontrar, por si mesma, a verdade moral interior; torna-se, então, uma alma interiormente participante, e o mundo rende-se à verdade espiritual interior. No processo de aprendizado, o adversário é a barreira da vontade, cuja superação é o caminho do aprendizado para a formação do julgamento moral.

A formação desenvolvida neste estudo buscou a inserção de vivências das três capacidades, estimulando intensamente a autonomia, na formação de julgamento, por entender que a escolha de uma das três capacidades evidenciaria aspectos paralelos pouco saudáveis. Também é possível afirmar que as três amparam-se mutuamente. Pessoas que buscam a verdade descobrem que podem encontrar tudo por meio de atividades artísticas. Os artistas vivenciam o quanto uma postura de perguntas e pesquisas pode aprofundar sua vida artística. Também na formação de adultos, todo o processo de aprendizado tem um componente de compreensão, de vivência e de significado: nenhum dos três pode ser negligenciado. Um procedimento didático em que a capacidade de julgamento autônomo é estimulada de maneira tríplice pode tornar-se um catalisador do processo de aprendizado. Particularmente, no "aprender a aprender", horas do programa do curso ofertado são previstas.

As atividades e os conteúdos que permearam a FCPPA fundamentam-se no agir de forma reflexiva e ajuizadora em relação à corresponsabilidade pela humanização das ciências, por meio do cultivo permanente e do desenvolvimento próprio e, nos participantes, do ajuizamento cognitivo, estético e moral, como base didática do ensino humanizado a favor da Terra e da humanidade.

Por isso, o papel da arte na educação de adultos, como ferramenta de e nas vivências, necessita ser assimilado e entendido pelo educador, a fim de que agregue novas possibilidades de práticas facilitadoras e profundas de aprendizagem.

3.3.6 Arte e cognição

A arte pode contribuir para o desenvolvimento do homem cognoscente, ajudando-o na superação do sensorial pelo espírito, atualmente enrijecido pela visão científica. Para Steiner (2002b), a meta da ciência é a superação do sensorial, dissolvendo-o completamente em espírito, e da arte, com a implantação do espírito na matéria. Onde a ciência olha, por meio do sensorial, para a ideia, a arte enxerga a ideia no sensorial. Goethe (1897 *apud* STEINER, 2004) tece as seguintes considerações sobre a relação entre ciência e arte:

> Penso que se poderia chamar a ciência de conhecimento do genérico, de saber obtido; a arte, ao contrário, seria ciência aplicada à ação; a ciência seria razão e a arte seu mecanismo, e por isso também se poderia denominá-la ciência prática. Por fim, então, a ciência seria o teorema, e a arte, o problema (GOETHE, 1897 *apud* STEINER, 2004, p. 105).

Com isso, cognição e criação artística aproximam-se, pois essa também é uma produção ativa do homem.

> Ciência e arte são, então, os objetos nos quais o homem imprime o que essa visão lhe oferece. Na ciência isto só acontece sob forma de ideia, isto é, no meio espiritual imediato; na arte, num objeto perceptível de modo espiritual ou sensorial. Na ciência a natureza se manifesta como "aquilo que abrange

> tudo o que é individual"; na arte, um objeto do mundo exterior se manifesta representando esse algo abrangente. O infinito, que a ciência procura no finito e se esforça para representar na ideia, a arte cunha num material retirado do mundo da existência. O que na ciência se manifesta como ideia, na arte é imagem. O mesmo infinito é objeto tanto da ciência quanto da arte, só que naquela se manifesta diferentemente do que nesta. O modo de representação é diferente. Por isso Goethe censurava o fato de se falar de uma ideia do belo, como se o belo não fosse simplesmente o resplendor sensorial da ideia (STEINER, 2004, p. 111-112).

Usar a arte como técnica expressiva com adultos, para a tomada de consciência e a expressão criativa, promove a vivificação anímica, integrando corpo, alma e espírito. Além disso, possibilita o encontro consigo mesmo e com o outro.

Houten (2011) observa que o cientista esforça-se por pesquisar a verdade que está por detrás das aparências; já o artista procura expressar artisticamente a verdade aparente. Percebe-se claramente o quanto é indispensável a união entre ciência e arte. Nenhuma pesquisa espiritual autêntica sem um procedimento artístico ou nenhuma arte nova sem pesquisa espiritual deveriam surgir.

O fundamento didático para um ensino da ciência humanizado consiste, entre outras coisas, no desenvolvimento constante e equilibrado da formação de juízos cognitivos, estéticos e morais. Não basta conhecer e compreender o assunto, nem ser capaz de descrever tudo de forma imaginativa. Em todas as situações de aprendizagem, os educadores de adultos devem poder celebrar em si mesmos o casamento da arte e da ciência.

O projeto pedagógico do curso de formação intencionou resgatar o papel da arte como técnica expressiva e transformadora do desenvolvimento e da aprendizagem, para a reconexão das atividades humanas interiores ao mundo espiritual.

3.3.7 O processo do aprendizado profissional do adulto

A contribuição oferecida por Rudolf Steiner à educação, ao criar a Pedagogia Waldorf, uma prática salutogênica de ensino baseada numa visão integral humana, é hoje presente e aplicada mundialmente em escolas e jardins Waldorf (LIEVEGOED, 1996; STEINER, 1992, 2008, 2014, 2016a).

Fica patente que o processo de aprendizado transforma-se de acordo com a idade, de ano para ano, e que dá um passo considerável na puberdade. Só no 21º ano de vida, quando a corporeidade formou sua identidade, por meio do amadurecimento do corpo, as forças vitais ficam disponíveis para o eu usá-las como educador. Por conseguinte, o aprendizado do adulto baseia-se no relacionamento e no equilíbrio pelo eu entre os 12 sentidos e os sete processos vitais, que, a partir de então, passam a compor a personalidade como um todo orgânico.

O fundamento metodológico para a didática, aplicada no curso de Formação Continuada de Psicologia e Psicoterapia Antroposófica, será aqui detalhado quanto aos sete processos vitais da teoria steineriana, tendo em vista ser a base para os três aprendizados do adulto nesse estudo com ênfase no caminho de aprendizagem profissional (HOUTEN, 2011).

Apresenta-se, a seguir, uma descrição concisa dos processos vitais biológicos, sua correlação e sua transição para os sete processos do aprendizado profissional que o educador de adultos pode observar no processo de educação do aprendiz, conforme Houten (2011).

3.3.8 Os sete processos vitais

Caracterizações dos processos vitais e dos sentidos podem ser encontradas no ciclo de palestras intitulado *O enigma do homem*, GA 170, de Rudolf Steiner (1992), de grande relevância para a compreensão dos temas e suas implicações.

Houten (2011) contribui quanto à descrição da transformação dos processos vitais em processos de aprendizado, apresentada na sequência e ilustrada na Figura 9, baseada em Steiner (1997).

Figura 9 – Doze sentidos e sete processos vitais

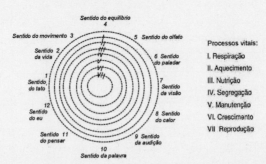

Fonte: elaborado a partir de Steiner (1997)

3.3.9 Os sete processos vitais e sua correlação com as sete etapas de aprendizado

Houten (2011) correlaciona os processos vitais orgânicos aos processos do aprendizado, estabelecendo uma forma de observação para os processos de aprendizado. A seguir, tal correlação será explanada para compreensão do estudo.

3.3.9.1 Respiração: perceber (captar)

Para Steiner (1997), todo aprendizado tem seu início com a observação do mundo por meio dos 12 sentidos. O mundo exterior flui para dentro do homem, sendo que só uma parte dele é levada pelo eu à observação consciente, tornando-se a base do processo de aprendizado. Algo de fora vai para dentro, e, como processo orgânico, trata-se de um inspirar e um expirar rítmico. Como processo de aprendizado, é necessário acrescentar-se a isso pelo menos uma atitude de atenção para a retenção do processo de aprendizado; apenas desse modo é possível ouvir realmente um orador, ler de fato um livro e ter realmente a sensação de som, cor, forma e movimento. Na verdade, a condição prévia para o processo de aprendizado é a vivificação da atividade sensorial.

A percepção é um processo rítmico. Para que algo seja captado conscientemente, há uma limitação: também é preciso saber "expirar". Saber "respirar" corretamente os elementos do aprendizado é uma capacidade fundamental para o aprendizado do adulto. A respiração torna-se, assim, uma forma arquetípica de todo o aprendizado, tal como o ritmo dia-e--noite, que carrega a vida e representa uma inspiração sensorial diurna e uma expiração noturna. Todo o transcurso da vida pode ser visto como um processo de aprendizado de inspiração e expiração.

3.3.9.2 Aquecimento: ligar-se (relacionar)

A segunda etapa do aprendizado intensifica a atividade interior, a qual possibilita ligar-se pessoalmente ao que foi apreendido. É preciso criar uma relação com o tema a ser estudado. Ocorre uma adaptação à vida interior por meio de resfriamento e de aquecimento.

No âmbito orgânico, é o controle térmico que regula continuamente a relação com o mundo exterior para que permaneça condizente com o organismo, ou seja, dentro de certos limites de temperatura. O que é quente demais é esfriado, e o que é frio demais é aquecido. No processo de aprendizado, o próprio eu tem que cuidar desse fenômeno. Entusiasmar-se com o orador impede uma observação exata; faz-se necessário um esfriamento. Em uma apresentação tediosa, necessita-se do interesse caloroso para descobrir os aspectos mais importantes.

Toda percepção é colorida subjetivamente por uma confirmação ou uma rejeição. O adulto tem de aprender a regular conscientemente esses processos das sensações, pois, desse modo, sua capacidade de aprender é consideravelmente intensificada.

3.3.9.3 Alimentação: assimilação

A correlação entre alimentação corpórea e alimentação espiritual é mais difícil de ser pesquisada, porque o processo de alimentação corpórea ocorre, em sua maior parte, inconscientemente. Em geral, pode-se dizer que ele é uma espécie de processo de destruição. Degustar, mastigar, engolir e os demais processos que ocorrem no metabolismo visam a uma transformação total do que foi ingerido. Para que se torne um nutriente para o corpo, tem de haver uma destruição total, uma desmaterialização, para que o alimento fique à disposição da edificação do corpo.

O eu deve realizar algo semelhante para o processo de aprendizado, a fim de que o assimilado de fora possa contribuir realmente para a alimentação espiritual. A assimilação é, portanto, um processo bastante agressivo, em que a atuação do eu deve ser intensificada.

Muitos processos de digestão do aprendizado ainda ocorrem, como na criança, de modo inconsciente. Uma das questões mais importantes para a formação de adultos é o modo como ele aprende a descerrar seu conhecimento calorosamente aprendido, para que sirva realmente de alimento espiritual.

3.3.9.4 Segregação: individualização

No corpo, a segregação decide o que tem de ser expelido e o que, tendo sido transformado por forças interiores, pode ser incluído. O mesmo ocorre no processo de aprendizado: quando há assimilação, o inútil é expelido, e o restante é individualizado por meio de forças interiores. Algo novo nasce no homem — que pode ser relativo a uma nova compreensão, a uma ideia nova, a um conhecimento, uma vivência do "caiu a ficha". Isso pode

APRENDIZAGEM E DESENVOLVIMENTO NA PSICOLOGIA E PSICOTERAPIA ANTROPOSÓFICA

tornar-se um novo sentimento, um valor, uma vivência forte etc., ou um novo impulso da vontade, uma motivação, um propósito etc. O que há de comum entre eles é apenas o fato de terem caráter de germe.

Os três passos anteriores do aprendizado foram necessários para criar as pré-condições para um "novo nascimento", para fazer com que aquilo que foi aprendido torne-se realmente propriedade particular. A individualização, no processo de aprendizado, ocorre no quarto passo. O elemento novo não significa que o pensamento, a sensação ou o impulso volitivo nunca existiram, mas, sim, que ocorreu um novo nascimento na alma do aprendiz.

Para fazer com que ocorra a segregação, isto é, a individualização, faz-se necessária uma atividade intrínseca do eu, uma espécie de criação a partir do nada. A digestão criou o vácuo como precondição para isso. A educação de adultos como despertar da vontade torna-se, então, um processo real, com o processo da individuação como seu núcleo dominante.

Embora haja aprendizado sem segregação ou individualização, tal processo mantém-se periférico. Poder-se-ia dizer que se trata de uma espécie de "condicionamento", que pode ter um valor ordenador para capacidades intelectuais ou práticas, mas também pode ter efeitos colaterais prejudiciais, em que partes do ser tornam-se endurecidas e inflexíveis.

Uma indicação importante de Rudolf Steiner (1992) é que, no processo corpóreo da segregação, não estão atuantes as forças que criam a mentira e a ilusão. Esse espaço livre e de qualidades solares deve ser elevado à consciência, no aprendizado do adulto. Como no primeiro passo, do perceber, também aqui é possível dizer que essa qualidade tem de permear todas as outras.

3.3.9.5 Manutenção: praticar (exercitar-se)

Uma experiência típica do aprender é que, muitas vezes, tem-se um conhecimento, um pressentimento, uma vivência ou um estímulo que se esvaem rapidamente ou são esquecidos. Quando se quer guardá-los, é preciso então recordá-los. Recordar algo significa praticar; por meio de repetições regulares e rítmicas, na atividade do aprendizado, serão incorporadas, lenta mas firmemente, novas sementes no interior do ser.

Cultivar tal germe delicado requer devoção, cuidado, um ambiente de exercício e certo amor pelo próprio processo do exercício; caso contrário, como na planta, o broto não consegue desenvolver-se. Por trás de toda prática existe uma mola propulsora, que é a individualização, e uma meta, que é o desenvolvimento de uma nova capacidade. Se não existir a mola propulsora, o exercício pode tornar-se um adestramento, e podem ser desenvolvidas habilidades meramente intelectuais ou manuais. Dessa forma, seria impedido o crescimento de novas capacidades.

O processo vital de manutenção ocorre no corpo, durante a noite, por meio de uma regeneração misteriosa, pela qual as forças destruidoras da consciência, vigentes durante o dia, são substituídas por forças vitalizantes. No caso do aprendizado, o próprio aprendiz tem de se ocupar desse processo, realizando exercícios revitalizantes, em vez de endurecedores.

3.3.9.6 Crescimento: capacidades em desenvolvimento

Tudo o que vive no corpo morre e renova-se. As três forças que caracterizam esse crescimento vivo da natureza são: polaridade, ampliação e metamorfose (GOETHE, 1997). Como se encontra tudo isso novamente, no processo de aprendizado do adulto? Os exercícios em si mesmos nunca são uma meta, mas um meio para permitir o crescimento de uma capacidade espiritual. Portanto, o exercício exterior tem de morrer, tem de ser esquecido, para permitir o surgimento de algo diferente. Um só exercício raramente leva a uma capacidade. Por esse motivo, faz-se necessária uma combinação precisa de exercícios com polaridades, um desenvolvimento e uma configuração global que tornem possível o desenvolvimento de uma nova capacidade.

Gradativamente, a capacidade vai ampliando-se; ela nunca está pronta, mas se apresenta como uma metamorfose dos exercícios correlacionados. O crescimento é um processo musical, um acorde de exercícios, que mostra uma espécie de síntese. Assim como a assimilação (terceira etapa), o crescimento constitui uma espécie de processo dissociativo, analítico; desse modo, mostra uma espécie de elemento sintetizador, que converte continuamente os exercícios concretos em capacidades superiores. Muitas pesquisas ainda serão necessárias até que se saiba exatamente qual composição de exercícios permite o crescimento de determinadas qualidades.

3.3.9.7 Reprodução: criar coisas novas

A reprodução, como processo vital do corpo, significa a "repetição do mesmo", ou seja, uma espécie de multiplicação. Tendo em vista o processo do aprendizado, a questão é criar algo por intermédio da aplicação dos seis passos precedentes.

APRENDIZAGEM E DESENVOLVIMENTO NA PSICOLOGIA E PSICOTERAPIA ANTROPOSÓFICA

Uma capacidade acentuada ou nova também possibilita uma realização aperfeiçoada; portanto, conduz a uma repetição ou à realização original. Muitos resultados de provas são uma reprodução do que foi apreendido, não sendo, portanto, um processo de formação de adultos. Chega-se, aqui, à questão sobre o que é criatividade no processo do aprendizado. A atuação criativa do eu, em cada uma das fases, já foi constatada, mas, na sétima etapa, o eu tem de estar juntamente das outras seis, para que o resultado seja mais do que a soma das etapas isoladas. Isso pode ser observado, por exemplo, ao final do módulo, quando as participantes fazem uma apresentação teatral como expressão do conteúdo apreendido.

Em cada uma das sete etapas do aprendizado, encontram-se as qualidades das outras seis. A atividade do eu sempre produz o calor. Cada etapa é um processo criativo que sempre faz uso da percepção dos sentidos. As sete etapas do aprendizado ocorrem sucessiva e simultaneamente, tal como acontece no corpo com os processos vitais; apesar disso, nem sempre são conscientes. Se um passo é omitido, o processo do aprendizado é perturbado. Isso pode resultar em danos, ao longo do tempo, tais como fixações mentais e comportamentos compulsivos. Atualmente, o nervosismo é parcialmente causado pelo fato de terem ficado presos, no homem, muitos conteúdos não digeridos do aprendizado.

Em termos da estruturação dos sete passos, perceber (1º passo) e criar coisas novas (7º passo) podem ser considerados uma polaridade que representa a inspiração e a expiração do conteúdo de aprendizagem. A individualização (4º passo) fica no centro e é o momento de transição entre o inspirar e o expirar. Também o aquecimento (2º passo) situa-se no meio, entre os três primeiros passos; e o crescimento (6º passo), no meio dos últimos três. O crescimento de novas faculdades é totalmente gerado por um calor juvenil por entusiasmo.

O aprendizado foi aqui descrito como um processo ordenado por sete passos. O ensino, também, pode ser estruturado nessa direção. Infelizmente, contudo, a realidade da vida humana é diferente. Dentro do aprendiz estão muitos processos de aprendizagem acontecendo em diferentes estágios. Além disso, captar, por meio do perceber-se (1º passo), ligar-se (2º passo) e assimilar (3º passo), pode ocorrer mais rápido do que o praticar (5º passo) e o crescimento das faculdades (6º passo). Isso explica os "saltos" frequentes que ocorrem quando se aprende. Portanto, a tarefa interior do aprendiz adulto é harmonizar os diferentes processos de aprendizagem entre si. Nesse sentido, uma compreensão profunda dos sete passos pode ser útil.

Houten (2011) evidencia que os sete processos do aprendizado podem servir a três propósitos principais: na criação dos programas, por exemplo: na elaboração de todos os programas de educação de adultos, como apoio e acompanhamento do aprendizado pelo educador; como ferramenta de entendimento pelo aprendiz, por exemplo: onde por meio de sua compreensão o aprendiz adulto pode transformar o pior dos cursos em algo positivo para si mesmo, determinando seu próprio processo de aprendizado; e como ferramenta de ensino para o educador de adultos, por exemplo: onde através de procedimentos do método de ensino o educador busca despertar e promover no aprendiz os sete processos.

Essa metodologia agrega e aprofunda a perspectiva do educador de adultos sobre o contexto, o processo, os participantes e a interação consigo mesmo.

3.3.10 Aplicação do método gnosiológico goetheano de Steiner à Formação Continuada em Psicologia e Psicoterapia Antroposófica

Este tópico apresenta os aspectos didáticos da aplicação do método gnosiológico goetheano de Steiner, aplicados ao Curso de Formação Continuada em Psicologia e Psicoterapia Antroposófica.

O método didático de aprendizagem segue o caminho epistêmico fenomenológico da teoria steineriana. É orientado por anos de estudo, vivenciados nas mais diversas práticas fenomenológicas, como leituras, teatro e arte expressiva, dentre outras atividades individuais ou em grupo. Essas, ao longo dos anos, foram adaptadas e, empiricamente, tornaram-se um verdadeiro caminho de aprendizagem e desenvolvimento, aplicado ao fenômeno a ser investigado. A partir do método, durante as atividades propostas na Formação Continuada em Psicoterapia Antroposófica transita-se, de maneira fenomenológica, colocando o participante em atividade consciente como seu próprio espectador a observar ao mesmo tempo o que é o objeto da sua atividade, o fenômeno. Para isso, conta-se com a exploração da cognição, da sensação, da percepção e dos sintomas, por meio dos 12 sentidos. O método foi adaptado pela autora para ser utilizado em diversas situações de investigação, nas quais se integra a outros elementos da Ciência Noológica Antroposofia.

A experiência vivenciada ao longo dos últimos 25 anos levou a autora a entender que o espírito ativo na prática estimula no aprendiz o conhecimento e sua compreensão como aprendizado e desenvolvimento a partir de si mesmo, manifesto pelo despertar de uma autoeducação decorrente da verdade e do amor. Na intenção desse despertar, durante o curso, foram considerados os passos descritos a seguir.

O primeiro passo, ou passo forma, dedica-se à tarefa de observação pura do fenômeno, que pode ser um objeto, um sujeito, uma qualidade mental, um texto, um fenômeno psíquico, um elemento, dentre outros, que deve ser explorado sensorialmente. Isso permite, por meio de suas característi-cas, perceber o fenômeno e expressar um conceito que o represente. Essa é a esfera da observação pura e da caracterização fidedigna do fenômeno percebido, permitindo a tomada consciente do fenômeno como fenômeno experienciado, identificação do fenômeno pelo si mesmo, diferenciação.

Trata-se, portanto, de realizar a observação pura do fenômeno e depois extrair dele as palavras-chave que respondem a questões como "O quê? Qual? Quando? Onde? Com quem?". Tal processo possibilita a tomada de consciência do significado do fenômeno, sua impressão sensorial ou, conforme visto na epistemologia steineriana, permite caracterizar seu ponto de partida. Utilizam-se os sentidos para essa exploração, em que pela atenção do observador ao observado nas suas características, estas são interiorizadas pelo observador, na forma de impressões vividas vindas do mundo exterior ou interior, e em sua vida da alma, são entendidas perceptivamente e representadas, o mais objetivamente possível como características identificadoras. As quais devem ser registradas na forma de palavras ou conceitos, e devem estar em conformidade com o fenô-meno. O passo atinge sua intenção quando o fenômeno é identificado por si mesmo, ou seja, chega-se ao fenômeno puro. A vivência verdadeira é atingida. É preciso reforçar que as palavras, os conceitos e as ideias devem constar da exploração do fenômeno. Não deve ser aceita interpretação, somente caracterização.

O aprendizado, nesse passo, é condição fundamental para os dois aprendizados seguintes: o aprender a aprender, que permite a consciência corporal da realidade objetiva (condição necessária para aprender com a vida, que revela a consciência anímica); e o aprender pela pesquisa espiri-tual. Possibilita conquistar a consciência do espírito, que se revela como imagem aos olhos vivificados, como inspiração aos ouvidos vivificados e como intuição na unidade universal.

O segundo passo, ou passo movimento, refere-se ao elemento que evidencia o fluir, o processo ou funcionamento do fenômeno. Esse passo busca promover a percepção de "como" o fenômeno, agora caracterizado, identificado autoconscientemente, ressoa — repetindo-se, tensionando, conectando encaixando, acomodando, reverberando ou dando o tom à interioridade —, ao estar refletido no pensamento, no sentimento e no desejo, de maneira semiconsciente ou inconsciente. Possibilita, assim, a compreensão dos processos, do fluxo do pensamento e, no caso deste estudo, como fenômeno do estudo.

É necessário adentrar conscientemente no reino da alma, na vida anímica ou no interior da alma, onde essa comunica-se com a corporeidade, e observar, por meio de evidências, "como" se vive, mantém o processo ou o fluxo do fenômeno. Desse modo, passa-se a conhecer como o pensar do fenômeno foi processado para fluir na realidade; trata-se, portanto, da compreensão da força formativa pensada. Ao captar o fenômeno, ele é assimilado interiormente como força formativa, por meio da observação de como o fluxo do pensamento ocorre organicamente, processualmente, sistemicamente; seus tons, gestos, seu ritmo, suas repetições.

O terceiro passo, o passo espaço — estrutura —, apresenta a informação sobre o conteúdo do fenômeno, ou seja, "de que" o fenômeno foi estruturado. Evidencia a estrutura do pensamento: a informação, a relação dos elementos, a esquema, a assinatura, o arquétipo, a energia transformativa ou a imagem por trás do fenômeno. O foco está em compreender a finalidade, a orientação, a estrutura ou o motivo da existência do fenômeno. Ao recompor as condições anteriores, detecta-se objetivamente a perspectiva do fenômeno condensado manifesto, que está integrado objetivamente. Envolve, portanto, a percepção autoconsciente da estrutura arquetípica que inspira o fenômeno. Nesse sentido, propõe-se o pensar sobre a consciência ordinária ou ordenadora do fenômeno enquanto ideal, buscando revelar, por meio de suas relações, sua necessidade ou seu motivo inicial estruturado ou a personalidade, revelando a simetria ou não entre os motivos do fenômeno.

O quarto passo é o passo atmosfera — essência. Aqui, acolhe-se a essência do fenômeno como fio condutor do ato cognitivo. Envolve a busca do sentido de liberdade que a autoconscientização do significado permite, tornando-o individualidade. A substância que estava condicionada, aguardando ser significada como forma fenomenológica ou ideia, por meio de olhos e ouvidos verdadeiramente vivificados, permite a revelação da consciência do espírito em liberdade. Nesse passo, acolhe-se o gesto, o ato, a palavra, a imagem ou outra expressão que reluz ou eclode como essência formatada, diante do encontro com o fenômeno ou com sua ideia. Essa expressão é aceita como sentido de verdade para o todo.

3.3.11 Postura didática nos sete processos do aprendizado

A postura didática, adotada em cada um dos sete processos do aprendizado, busca fomentar determinadas capacidades, conforme a metodologia proposta por Houten (2011). Essa metodologia foi aplicada em conformidade com a população e com as atividades vivenciadas do estudo. Cada processo vital foi considerado; foi acrescentada a vivência consciente, por meio do diálogo, com os sentidos subjetivos e objetivos, visando fomentar a autoconsciência, ao trabalhar com o reino anímico como um todo.

3.3.11.1 Captar (perceber) — observar

Para atuar como primeiro passo, usam-se atividades que exploram os sentidos, correta e objetivamente, e que edifiquem os 12 sentidos, como exercícios de observação que ampliam consideravelmente essa capacidade. Um segundo passo seria vivificar os sentidos por meio de certos exercícios expressivos, ou seja, fazer com que os processos vitais participem cada vez mais das atividades sensoriais. Um terceiro passo seria, então, olhar, por meio dos sentidos, para tomar consciência da realidade espiritual que está por detrás das coisas.

A vivência correta dos passos anteriores acompanha, esclarece e promove a descoberta do autoconhecimento. Nesse processo, é importante a atividade objetiva de observação fenomenológica, pois só assim aumenta-se o autoconhecimento, visto que os sentidos são, muitas vezes, influenciados por inúmeros fatores psicológicos, e há pouca — ou nenhuma — observação pura. Há a necessidade real de se ser capazes de ouvir o outro de uma forma aberta e altruísta; ou olhar para um objeto de arte, uma flor ou uma palavra de tal forma que eles se revelem claramente para o observador; ou realmente ver a natureza da imagem de outro ser humano. As atitudes fundamentais a serem praticadas continuamente são admiração e reverência, para o sentido do fenômeno — tal como fazem as crianças. Estar atento para promover essa atitude, colocando os participantes em contato, também na forma como agem, é papel do educador de adultos. Pode-se descobrir muita coisa ao reparar como reage ou como se apresenta o processo respiratório do estudante, durante a aula, durante sua apresentação ou a de seus colegas.

Houten (2011) frisa que, devido às influências do ambiente atual, tais como o rádio, a televisão, o cinema e o barulho, nossos sentidos estão consideravelmente embotados. Assim, pode-se concluir que atividades orientadas, com base nessa forma de educação para adultos, atuam de maneira salutogênica, visto que a atividade de estimular ou reavivar a tomada de consciência sobre os sentidos acaba promovendo uma terapia cultural.

Em relação à transição de captar (perceber) para relacionar, ressalta-se que as transições devem ser sempre acompanhadas didaticamente, pois cada passo pede uma atitude diferente. Enquanto o primeiro passo é aberto e imparcial, o segundo é pessoal e subjetivo, pois o material recebido está sendo internalizado e busca-se unir a ele a vida do sentimento. O conteúdo ensinado é experimentado diferentemente por cada pessoa. Toda biografia ressoa no processo. Em vez de suprimir isso como um fator perturbador, esse elemento deve ser absorvido e transformado em um limiar de entrada para uma maneira mais profunda de aprendizado. Do mesmo modo, deve-se integrar as emoções dos participantes ao processo do aprendizado como algo valioso. Assim, o primeiro passo, de captação imparcial, é transformado no objetivo de tentar integrar os diferentes aspectos de si mesmo, de maneira pessoal.

3.3.11.2 Relacionar

Didaticamente, relacionar significa que o educador parte das experiências do participante para possibilitar o aquecimento. O eu produz calor quando se interessa realmente por algo; logo, o educador deve fomentar o entusiasmo nos participantes, até percebê-los interessados tanto pelo tema quanto por participar. O entusiasmo é contagiante.

O relacionar tem de ocorrer como uma atividade do eu do participante. Processos de aprendizado prontos, logicamente elaborados, têm um efeito paralisante, antipático; questões em aberto, incompletas, e processos de pesquisa, em contrapartida, convidam à participação. O insuficiente provoca a atividade. Um recurso que ajuda os participantes é tatear interiormente uma aula de estudo em conjunto ou os seguintes questionamentos, após uma palestra: quais foram os momentos em que fui tocado interiormente? O que foi importante, o que não foi importante? O que foi valioso e o que não foi valioso? O que foi simpático e o que foi antipático? Depois de algum tempo, com a ajuda do educador, surge uma estrutura calor-frio, um primeiro indício de onde, em nós mesmos, estão as perguntas essenciais, neste lugar a rejeição pode ser tão importante quanto a aceitação. Pela atividade tateante e calorosa do eu, aquilo que é apreendido de fora é adaptado à organização do eu — à organização do calor. Esse aquecimento humaniza a matéria a ser aprendida.

APRENDIZAGEM E DESENVOLVIMENTO NA PSICOLOGIA E PSICOTERAPIA ANTROPOSÓFICA

Na cultura atual, há muitas formas de ensino que tentam evitar e até mesmo impedir esse segundo passo em particular. O aprendizado deve ser absorvido e repetido com precisão, para que o aprendido possa ser reproduzido novamente com o mínimo de esforço possível. No entanto, a atividade do eu, que deve fazer do aprendizado do adulto um processo fascinante de descobertas, é apenas enfraquecida com isso.

Para tornar-se um entusiasta, a pessoa precisa da força da fantasia. Por detrás de um fenômeno mínimo, aparentemente insignificante, oculta-se todo um mundo. Existem formadores de adultos que, por meio de contos de fadas, mitos e lendas, ou expondo assuntos por meio de imagens, são capazes de despertar novamente nosso intelecto morto para uma vida cheia de fantasia. Heráclito (500 a.C.) formulou isso com acerto: "Que é ensinar? Encher um balde ou acender um fogo?" Esse processo de aquecimento precisa ser estimulado por todos os meios possíveis, pois constitui o impulso para o passo seguinte. Aprender alguma coisa deve transformar-se em um conhecer entusiasmante. Para tornar-se bom conhecedor, é preciso aprender a queimar, com um entusiasmo ardente, tudo o que é cinismo, crítica, deboche ou ódio perante o que é oferecido. Só então será possível ligar-se ao que se recebe, para poder conhecê-lo corretamente.

No passo seguinte, o da digestão ou assimilação, faz-se necessária uma comparação crítica, um confronto, um indagar, mas só depois de ter aberto em si um espaço para o que é oferecido. Assim, o primeiro passo foi uma limpeza dos 12 sentidos, e o segundo, um inflamar da vida interior, para que possa conectar-se verdadeiramente ao conteúdo. Esses sete processos são válidos para todos os tipos de aprendizado: intelectual, manual, artístico e biográfico, dentre outros.

Para fazer a transição que vai do relacionar ao digerir ou assimilar, o impulso do eu pela independência, pela autonomia, precisa ser despertado. Uma boa premissa para isso é: não aceitar o que não compreendi, mas também não negar nada até que o tenha compreendido realmente. Tal premissa leva a uma constante incerteza, pois nunca se compreende alguma coisa por completo, mas sempre apenas parcialmente. O eu tem de aprender a suportar essa insegurança e substituí-la pela atividade da assimilação.

O educador de adultos deve ajudar, por meio do próprio exemplo e de constante incentivo, os participantes a superarem as múltiplas crises da assimilação, porque essa exige frequentemente uma grande coragem. Para quem está aprendendo, seria bem mais fácil aceitar sem discussão toda a matéria de ensino; mesmo quando se é fisicamente bastante ativo, muitas vezes se é espiritualmente preguiçoso.

3.3.11.3 Digestão ou assimilação

Houten (2011) aborda os métodos para digerir ou assimilar o conteúdo de aprendizado incorporado:

- assimilar por meio do pensamento: ler as próprias anotações, pensar sobre elas, confrontar-se com outras opiniões. Cabe perguntar: existe algo que está errado? Se sim, onde? É realmente lógico, de acordo com a verdade? Envolve também o exame do conteúdo do aprendizado fundamentado em exemplos;

- assimilar sentimentalmente: deixar ressoar interiormente e assimilar o resultado do segundo passo, expressando, de forma artística, o que foi apreendido; acompanhar o que foi sentido com isso, deixar o senso de verdade falar. Digerir sentimentalmente ocorre quando a vida do sentimento, como órgão cognitivo, já foi desenvolvida razoavelmente, como sentido para a verdade;

- assimilação pela vontade: esse é o passo mais importante, pois conduz ao passo seguinte, da individualização. Confrontar o que foi apreendido com as convicções fundamentais com que se vive até agora; não perguntar apenas se está certo ou se é humano, mas também se pode ser defendido moralmente: o que significa essa matéria de estudo para sua biografia? Por que tenho de encontrá-la somente agora? Como esse conteúdo relaciona-se ao que realmente estou buscando? Esse terceiro modo de assimilação pode tornar-se muito existencial e até levar a crises interiores. É óbvio que, em uma boa assimilação — que significa uma boa digestão —, deve tomar parte algo de todos os três componentes (HOUTEN, 2011).

Esse passo do aprendizado é realmente uma luta entre a velha e a nova opinião, entre um sentimento caloroso e de frieza, a sensação de calor e frio, assim como um exame das intenções. O terceiro passo demanda coragem; o educador de adultos tem de desenvolver um tipo de didática "encorajadora" para esse propósito. Recursos artísticos podem ajudar muito no processo de encorajamento.

Quanto à transição, que vai da assimilação para a individualização, a luta interior da assimilação deve terminar agora e ser substituída por uma quietude interior e por uma disposição para abrir-se e escutar. Essa pausa de quietude pode ser provocada a partir de fora; o formador de adultos pode, então, pedir para que os participantes fiquem em silêncio e para que reflitam calmamente. Ela também pode ser provocada por um participante, quando ele considera ter assimilado o suficiente. Em ambos os casos, porém, a assimilação digerida desemboca em um vazio, em uma espécie de espaço oco, no qual pode entrar algo novo. Atinge-se, assim, a nulidade.

3.3.11.4 Individualização

O ser humano está realmente consciente de muito mais do que sabe na consciência diurna. Nas regiões subconscientes da alma, uma grande quantidade de sabedoria é armazenada.

No estado de individualização e de calma contemplativa, pode agora vir a irromper algo que se torna, de forma individualizada, uma conquista do aprendizado. Essa irrupção pode manifestar-se como uma nova descoberta, uma nova ideia nova ou uma nova compreensão. Aquilo que a pessoa sabe torna-se compreensão, uma espécie de vivência luminosa. Também pode ser uma nova forma de sentir que está a romper-se, um sentimento do valor, um sentimento de beleza, uma compaixão; na verdade, toda a gama iminente de sentimentos pode vir a expressar-se. Muitas vezes, essa individualização desencadeia um impulso volitivo, e uma compreensão transforma-se em decisão ou em intenção. É decisivo, porém, que essas vivências apresentem-se à alma como algo novo; só assim serão individualizadas. Aquilo que, ao estudar, foi apreendido e assimilado, torna-se agora propriedade particular.

Esses tipos de ruptura ocorrem continuamente, muitas vezes sem serem notados, pois, sob a influência da vida cotidiana, evaporam rapidamente. Tornar possível uma ruptura e manter a sua aparência torna-se parte do processo de ensino, exigindo do educador a máxima atenção quanto à experiência. Isso pode ser feito de muitas maneiras diferentes; por exemplo: no fim do dia, por meio de uma revisão do aprendizado, em que todos preocupam-se com as perguntas: o que aprendi de essencial hoje, e como isso ocorreu? Isso pode levar à ruptura na aprendizagem individual.

Similarmente, existe um processo grupal em que os participantes ajudam-se mutuamente a alcançar suas metas individuais, ou seja, trazer à própria consciência qual é a real pergunta de cada um. Possivelmente, isso levará a um processo de individualização — ao constatar-se que ninguém tem exatamente a mesma pergunta do outro.

Geralmente, a individualização é intensificada durante a aula quando são cultivadas mais perguntas do que respostas. Respostas encerram, concluem um processo de aprendizado; perguntas reais são um começo, têm um futuro. Sob tal ponto de vista, poder-se-ia dizer que os três primeiros passos do aprendizado foram um meio de suscitar em si mesmo a verdadeira pergunta. Viver com uma verdadeira pergunta cria presença de espírito. Compreende-se, portanto, que a formação de adultos como despertar da vontade manifesta-se de maneira mais intensa no processo de individualização, que é amparado didaticamente pelo despertar da vontade de aprender, da vontade de desenvolver-se e da vontade de melhorar.

Os quatro primeiros passos do processo de aprendizado podem ser considerados como um todo e conduzem de fora para dentro; o quarto passo, por sua vez, é o ponto de partida para os três últimos (HOUTEN, 2011).

3.3.11.5 Manutenção pela prática

Quando se intenta desejar, conservar, manter alguma coisa, tem-se que repeti-la, seja mentalmente ou manualmente. Praticar é, portanto, o meio de manter o processo do aprendizado. Corporeamente, a manutenção ocorre durante a noite, como uma espécie de regeneração. O estado de sono possibilita aos seres espirituais regenerarem, em nosso corpo vital, o que foi desgastado durante o dia por nossa consciência. Isso significa que a manutenção corpórea deveria corresponder à manutenção espiritual. No processo de aprendizado, tal processo ocorre por intermédio do praticar. A questão é: o que nossos exercícios estão a fazer? Estão esgotando as forças da vida ou estão construindo, estão gerando forças vitais? Estão trazendo desenvolvimento, ao deixar novas faculdades crescerem por causa dessas forças?

Houten (2011) apresenta algumas indicações para uma prática saudável em que motivo (ou impulso) para o exercitar tem de nascer do processo de individualização. Toda a ideia que não se transforma, para o indivíduo, em um ideal destrói-lhe uma força na alma; porém, toda a ideia que se transforma em ideal cria nele forças vitais edificantes. Tais indicações devem tornar-se a imagem motivacional para toda prática.

APRENDIZAGEM E DESENVOLVIMENTO NA PSICOLOGIA E PSICOTERAPIA ANTROPOSÓFICA

É necessário criar um ambiente adequado, no qual o participante possa prosperar e ser cuidado durante o exercício. Esse preparo do ambiente físico e da disposição interior, para acompanhar o significado espiritual, é tão importante quanto o próprio exercício, pois somente assim a atividade específica pode ter um efeito salutogênico. Tal exigência de fatores é determinante para que a prática torne-se um terreno fértil para novas faculdades — ou, ao contrário, leve ao endurecimento e à fixação externa.

Sob o ponto de vista didático, é importante observar as fases da digestão (terceiro passo), da individualização (quarto passo) e da prática (quinto passo) como um todo trimembrado. Digerir e exercitar formam uma polaridade na qual pode surgir um centro aberto. A atividade da digestão tem um caráter ativo, quase agressivo, masculino; o exercitar-se tem um caráter íntimo, provedor, feminino. Os dois juntos podem gerar algo novo em seu centro.

Em relação à transição que vai da prática ao crescimento das faculdades, acompanhar essa transição é uma tarefa permanente do educador de adultos, pois toda prática pode levar a um endurecimento ou criar um automatismo, ou seja, pode impedir uma nova faculdade de crescimento. É possível observar, por exemplo, em exercícios terapêuticos, que só a contínua variação dos exercícios tem uma atuação curativa. Por esse motivo, quando o exercício é designado, o educador de adultos já deve ter em mente o processo do crescimento.

A diferença entre a capacidade e a habilidade ou faculdade é que a capacidade somente pode ser aplicada em certas situações. Isso ocorre automaticamente e pode ser aprendido de modo relativamente rápido, em diversos contextos. As faculdades, por sua vez, nunca são totalmente automáticas; elas crescem lentamente e continuamente. No processo de aprendizagem, o objetivo da prática é o nascimento do processo de individualização: é o indivíduo, e não a capacidade; por isso, busca-se promover, com a prática, o crescimento de novas faculdades ou habilidades.

3.3.11.6 Crescimento das faculdades ou competência

O crescimento das faculdades ocorre no inconsciente. Pode-se imaginar que, em regiões do inconsciente (durante a noite), um encontro acontece entre os exercícios ou as práticas, levando à sua união e gerando uma nova habilidade. Ao criar as condições para que isso aconteça, o educador deve lembrar que o aprendizado sempre tem a ver com a superação de resistências diante das situações de aprendizado trazidas pelo cotidiano; frente à prontidão para a ação, a vontade fica represada ao lidar com suas resistências. O esforço da vontade transforma-se, então, inconscientemente, em uma nova habilidade: subitamente, é-se capaz de fazer algo mental, emocional ou manualmente que não se podia realizar antes.

Do ponto de vista didático, isso significa que faculdades podem crescer melhor em situações práticas. A aplicação da prática, portanto, traz muitas atividades que foram praticadas anteriormente e aprendidas em uma espécie de síntese. Projetar, aprender na prática e aprender por intermédio de experiências, de vivências, são recursos didáticos para o crescimento das habilidades e de seu conjunto a competência.

Os três últimos passos — prática, crescimento e criatividade — surgem de dentro para fora e são mais orientados pela vontade. Em respeito ao crescimento, a "resistência da realidade" promove a transladação dessas atividades em uma habilidade.

Sob essa acepção, a formação considera a tríade teoria-pesquisa-prática, que emerge na atuação. Nesse passo, o curso é orientado à aprendizagem prática, exigindo métodos de ensino especiais dos educadores, com vistas a estimular o participante a dominar, coordenar e aplicar as variáveis conhecimento, habilidade, julgamento e atitudes, criando um benefício concreto e dotando o participante de nova competência, expressa em sua atuação profissional.

Segue-se a transição, que vai do crescimento das faculdades (competência) à criatividade. Se um dos passos anteriores não foi executado corretamente, o sétimo passo corre o risco de ser mera repetição, um resumo do que foi aprendido, sem envolver um genuíno aprendizado. Isso significa que os adultos independentes, dotados de eu, devem colocar em prática, de maneira original, o que desenvolveram por meio da aprendizagem — e não apenas aplicá-lo como uma rotina. A diferença está na transição para o sétimo passo. O educador de adultos, agora, precisa criar uma atitude criativa no participante. É preciso considerar que a atividade criativa é muito gratificante, mas também pode causar muito medo. Sob o ponto de vista didático, a atividade artística constitui o melhor suporte para os participantes adultos, não para que se tornem artistas, mas para encontrarem uma fonte criativa dentro de si. Assim como alguns exercícios artísticos específicos, certos tipos de trabalho em grupo (ou individual) e elaboração de projetos também podem contribuir para isso (HOUTEN, 2011).

3.3.11.7 Criar

Segundo Houten (2011), a atitude dirigida para o exterior encontra a sua mais forte intensificação, pois os elementos externos têm de ser reconhecidos antes que possam ser respondidos de forma independente. É o processo inverso ao que foi dito no primeiro passo do captar (ou passo da percepção); por exemplo, na preparação educacional para profissões de base social, podem ser adquiridas muitas formas e muitos processos sociais. É possível aprender com processos sociais, mas ainda há a questão de como se deve e pode lidar com uma situação social específica (que é sempre única), em qualquer momento.

Despertar a vontade significa despertar a habilidade e a atividade dos participantes para sentir o que os confronta no mundo exterior. Por isso, fomentar variadas ocasiões de aprendizagem que oportunizem o desenvolvimento de um caminho criativo de ação é um elemento imprescindível em todo processo de aprendizagem.

O criativo não se manifesta da região superior, no plano cognitivo, nem da região inferior, no plano comportamental e nas ações; as manifestações criativas, em ambas as regiões anteriores, originam-se no plano rítmico ou do sentimento, na região mediana móvel, artística, lúdica e mutável do ser humano. Portanto, o educador de adulto deve ter consciência de que existe, em algum lugar, uma fonte criativa, mas que também existe algo que contém a possibilidade criativa nos indivíduos. Por isso, uma metodologia criativo-transformadora atua para que o potencial e a força criativa que jorram no interior da alma e o impulso para a aprendizagem criativa expressem sentido autêntico e vivacidade dentro da alma de cada participante. Nessa intenção é que essa arte de educar adultos busca encontrar a abordagem coerente, a fim de fazer com que essa fonte jorre.

Assim, o educador ter total consciência das sete etapas dos processos vitais como método é condição requerida para a compreensão da realização efetiva ou não de um elemento ou ato de criação. Estando plenamente consciente das etapas dos processos vitais como evidências, se percebe que é, em sua quarta etapa onde ocorre a segregação como processo individualizador, que se manifesta no plano rítmico ou do sentimento, na região mediana da alma, o ponto de expressão individual criativa ou repetitiva no processo de aprendizado. Estar consciente de tais premissas habilita o educador em perceber em qual das etapas a resistência para criar prepondera individualmente.

Percebe-se que a contínua atividade do eu é o pré-requisito para elevar os processos orgânicos da vida, os quais estão ligados ao corpo até os processos de aprendizagem espiritual. Algumas vezes, ainda é possível detectar-se, em alguns elementos criados, a presença de traços que estão ligados ao corpóreo e projetados no exterior. No entanto, o processo de aprendizagem precisa ser transformado completamente em processo da alma. Rudolf Steiner (1992) descreveu como, em relação à atividade artística, os três primeiros processos levam ao desfrutar da arte, enquanto os últimos quatro servem para a criação da arte. Detecta-se que, ao serem transformados em processos da alma, os sete processos vitais unem-se de uma nova maneira. Os três primeiros desenvolvem uma espécie nova de pensamento, como sentido de autonomia; os quatro últimos expressam uma espécie nova de vontade, como aflorar da vontade livre. O ritmo entre o terceiro e o quarto passo, por sua vez, apresenta um tipo novo de sentimento, como despertar de si mesmo. Isso se confirma na experiência com as sete etapas do processo de aprendizagem do adulto.

Como se pôde perceber, o conteúdo exposto no Capítulo 3 identificou as bases epistemológica, ontológica e metodológica do Curso de Formação Continuada em Psicologia e Psicoterapia Antroposófica. Demonstrou-se a proposta de aprendizagem e de desenvolvimento do CFCPPA, contexto de realização do estudo empírico desta obra, que investigou a vivência de participantes do Curso de Formação Continuada em Psicologia e Psicoterapia Antroposófica em relação à proposta de aprendizagem e de desenvolvimento do curso.

4

O PROCESSO SINGULAR DA EVIDÊNCIA: O MÉTODO

4.1 CARACTERIZAÇÃO DO ESTUDO

Considerando o objetivo do estudo (descrever a vivência de aprendizagem e de desenvolvimento de participantes de Curso do Formação Continuada em Psicologia e Psicoterapia Antroposófica), optou-se pela pesquisa qualitativa, por apresentar uma questão processual a ser pesquisada e características investigativas que partem de uma lógica indutiva, focada no significado individual e na importância da interpretação da complexidade de uma situação.

Na pesquisa qualitativa explora-se o tema dentro de seu contexto, partindo de um projeto emergente e moldado pela experiência do pesquisador, que trabalha com detalhes antes das generalizações, descrevendo o contexto do estudo e continuamente revisando questões das experiências em campo (CRESWELL, 2014).

A opção pela estratégia de investigação da fenomenologia justifica-se pelo fato de o estudo voltar-se às vivências dos participantes do curso, por considerar que tais vivências são conscientes e por possibilitar uma descrição composta da essência das vivências do "o quê" os participantes vivenciaram e do "como" isso ocorreu. Assim, justifica-se o estudo qualitativo e fenomenológico, considerando: as vivências dos participantes; a utilização de vários instrumentos de coleta de dados, dentre os quais a entrevista; e a instigação de procedimentos sistemáticos que partem de descrições significativas para unidades de significado, até descrições detalhadas que expressam "o quê" os participantes vivenciaram e "como" vivenciaram, incluindo a descrição e a discussão da essência das vivências incorporadas pelos participantes (MOUSTAKAS, 1994).

Este estudo está fundamentado em Creswell (2014, 2016) e Moustakas (1994) como pesquisa qualitativa metodológica na estratégia investigativa da fenomenologia. Nessa abordagem, o pesquisador busca a essência das experiências descritas pelos participantes com respeito a um fenômeno. O entendimento das experiências vividas distingue a fenomenologia como uma filosofia e também como um método; o procedimento envolve um pequeno número de indivíduos, por meio de um engajamento extensivo e prolongado, para desenvolver padrões e relações significativas (MOUSTAKAS, 1994).

Os aspectos éticos pertinentes ao estudo foram considerados e aprovados pelo Comitê de Ética em Saúde da Universidade Federal do Paraná.

4.2 CONTEXTO E PARTICIPANTES DO ESTUDO

4.2.1 Contexto

O estudo foi realizado em Curitiba, em uma instituição onde ocorre a Formação Continuada de Psicologia e Psicoterapia Antroposófica. O local disponibiliza: infraestrutura física, composta por um salão e três salas amplas, arejadas, com cadeiras confortáveis, mesas removíveis e cortinas; infraestrutura tecnológica, como multimídia, tela de projeção, serviço de acesso à internet disponível gratuitamente; e recursos didáticos, como cavalete e bloco de papel para *flip chart*, quadro verde, conforto acústico e térmico, oportunizando, assim, a privacidade e ambiente apropriado. O local ainda apresenta e disponibiliza instalações sanitárias completas, cantina e refeitório, bem como espaços cobertos e descobertos para descanso e ampla área verde.

4.2.2 Participantes do estudo

Foram considerados como critérios para inclusão dos participantes: estarem matriculados no Curso de Formação Continuada em Psicologia e Psicoterapia Antroposófica; e serem graduados em Psicologia e portarem registro em seu conselho de classe. Como critérios de exclusão foram considerados: o participante não preencher todos os critérios de inclusão, bem como desistir ou desejar interromper sua participação no estudo.

Para o recrutamento dos participantes no estudo, foi enviada uma carta-convite, por meio de correio eletrônico, aos participantes do Curso de Formação Continuada em Psicologia e Psicoterapia Antroposófica. A carta apresentou os objetivos e as contribuições do estudo e fez um convite prévio aos futuros participantes, informando a data e a hora para

APRENDIZAGEM E DESENVOLVIMENTO NA PSICOLOGIA E PSICOTERAPIA ANTROPOSÓFICA

uma reunião inicial, durante o período do curso, para maiores esclarecimentos e possível aceite dos participantes que preenchessem os critérios necessários de inclusão.

Aos que não dispunham de endereço de correio eletrônico, foi providenciada cópia impressa da carta-convite, que foi entregue pessoalmente por um coordenador do curso.

O estudo foi desenvolvido com 14 participantes da primeira turma do Curso de Formação em Psicologia e Psicoterapia Antroposófica, que assinaram o Termo de Consentimento Livre e Esclarecido (TCLE).

4.3 INSTRUMENTOS E PROCEDIMENTOS DE COLETA DE DADOS

Como instrumentos de coleta de dados do estudo empírico, foi utilizada uma produção criativo-artística, bem como questionário, entrevista e um grupo focal. A produção criativa foi fundamentada em Bauer e Gaskell (2015) e foi solicitada como uma atividade expressiva e complementar ao questionário, utilizada para levantamento de dados que permitissem identificar as percepções de desenvolvimento e de aprendizagem dos participantes ao longo do curso.

O questionário foi fundamentado em Creswell (2014). Foi elaborado um roteiro de questões abertas para investigar o "o quê" e "como" o participante vivenciou o desenvolvimento e a aprendizagem, ao longo do curso. O questionário atendeu aos seguintes objetivos específicos: identificar a vivência de desenvolvimento dos participantes, a partir do Curso de Formação Continuada em Psicologia e Psicoterapia Antroposófica; identificar a vivência de aprendizagem dos participantes, a partir do Curso de Formação Continuada em Psicologia e Psicoterapia Antroposófica.

Foi realizada uma entrevista semiestruturada com questões abertas e semiabertas, nos moldes da abordagem fenomenológica, elaborada e fundamentada em Creswell (2014). A entrevista investigou as vivências dos participantes relacionadas aos objetivos específicos, a fim de identificar a vivência de aprendizagem e desenvolvimento dos participantes a partir do Curso de Formação Continuada em Psicologia e Psicoterapia Antroposófica.

O grupo focal foi baseado em Gatti (2005) e teve a finalidade de investigar como os participantes entendem, percebem e experienciam a aprendizagem e o desenvolvimento, a partir do Curso de Formação Continuada em Psicologia e Psicoterapia Antroposófica. Permitiu levantar dados para compreensão dos seguintes objetivos específicos: identificar a vivência de aprendizagem dos participantes, a partir do Curso de Formação Continuada em Psicologia e Psicoterapia Antroposófica; e identificar a vivência de desenvolvimento dos participantes a partir do Curso de Formação Continuada em Psicologia e Psicoterapia Antroposófica.

O Quadro 6, a seguir, apresenta uma síntese dos instrumentos utilizados na coleta de dados.

Quadro 6 – Instrumentos e objetivos

Instrumento	Fundamentação teórica	Objetivos específicos
Revisão bibliográfica	Artigos do estado da arte no tema	• Investigar os desafios contemporâneos da FCPPA
Revisão bibliográfica	Steiner (2004, 2008) Houten (2007, 2011) Lievegoed (1996, 1997)	• Identificar as bases ontológica, epistemológica e metodológica da Psicologia inspirada na Antroposofia
Produção criativa	Bauer e Gaskell (2015)	• Identificar a vivência de aprendizagem dos participantes, a partir de curso de FCPPA • Identificar a vivência de desenvolvimento dos participantes, a partir de curso de FCPPA
Questionário	Creswell (2016)	• Identificar a vivência de aprendizagem dos participantes a partir de curso de FCPPA • Identificar a vivência de desenvolvimento dos participantes a partir de curso de FCPPA
Entrevista semiestruturada com questões abertas e semiabertas	Creswell (2016)	• Identificar a vivência de aprendizagem dos participantes a partir de curso de FCPPA • Identificar a vivência de desenvolvimento dos participantes a partir de curso de FCPPA
Grupo focal	Gatti (2005)	• Identificar a vivência de aprendizagem dos participantes a partir de curso FCPPA • Identificar a vivência de desenvolvimento dos participantes a partir de curso de FCPPA

Fonte: as autoras (2021)

4.3.1 Aplicação

Antes da aplicação dos instrumentos, os participantes assinaram o TCLE. Após a assinatura do termo pelos participantes, a aplicação de cada instrumento ocorreu em diferentes datas e horários, dentro do nono módulo da FCPPA. Conforme acordado anteriormente, foram remarcadas e realizadas cinco entrevistas após esse módulo, entre os dias 7 e 17 de agosto de 2019, devido à impossibilidade dos participantes. O instrumento grupo focal, uma atividade coletiva, contou com 13 dos 14 participantes.

Para a aplicação das produções criativas, foi disponibilizada uma sala preparada com mesas individuais, pranchas com folhas (A3) fixadas por fita adesiva e giz pastel. Em seguida, foi dada a orientação para execução da atividade de expressão criativa artística.

Para a aplicação do questionário, foi comunicado aos participantes sobre as instalações disponíveis para que pudessem se deslocar para responder ao questionário. Na sequência, caneta, prancheta e questionário foram entregues aos participantes. O questionário foi devolvido preenchido antes do final das atividades do dia de curso.

Para a aplicação da entrevista, respeitou-se a disponibilidade de cada entrevistado. Frisou-se que o procedimento seria gravado e solicitou-se o consentimento do participante. As entrevistas duraram aproximadamente 60 minutos. Os materiais necessários à aplicação foram: protocolo de entrevista, caneta e gravador.

O grupo focal ocorreu na atividade expressiva sobre aprendizagem e desenvolvimento. Estavam presentes 13 participantes, e teve a duração de 120 minutos. A questão proposta para desencadear a discussão inicial foi: "Como você entende, percebe e experiencia a aprendizagem e o desenvolvimento, a partir das experiências vividas neste curso?"

Para a aplicação dos instrumentos da coleta de dados, foi oferecido conforto térmico e acústico e local o mais à vontade possível, em um espaço privado de possíveis interrupções. O levantamento dos dados ocorreu entre os dias 22 de julho e 17 de agosto de 2019.

4.4 PROCEDIMENTOS DE ANÁLISE DE DADOS

Os procedimentos de análise e interpretação dos dados foram embasados em Bauer e Gaskell (2015), para o levantamento analítico das produções criativas, e em Creswell (2014) e Moustakas (1994), para a investigação das informações do questionário, da entrevista e do grupo focal.

Quanto à análise da produção criativa, de posse das imagens criativas dos participantes, buscou-se compreender se o tema investigado relacionava-se à verbalização do participante, permitindo, assim, compreender seu significado. Na sequência, buscou-se identificar os elementos na produção criativa. Para tanto, foram feitas perguntas: "o que o elemento conota?" (associações trazidas à mente) e "como os elementos relacionam-se uns com os outros?" (correspondências). Após a análise, foi elaborado um mapa sobre cada expressão criativa e um relatório descritivo relacionado ao problema do estudo. (BAUER; GASKELL, 2015).

Para a análise de dados dos questionários, das entrevistas e do grupo focal, buscou-se orientação nos seguintes passos, propostos por Moustakas (1994) e Creswell (2014):

- horizontalização dos dados: os dados coletados foram examinados separadamente, por instrumento, buscando destacar as "declarações significativas", frases ou citações que ofereçam compreensão de como os participantes vivenciaram o fenômeno em estudo e como se relacionam com ele. Ao final dessa fase, foi evidenciada uma lista de declarações significativas, que foram analisadas e agrupadas em unidades de significado ou temas;

- descrição textual: descrição de como os participantes do estudo vivenciaram o tema proposto no instrumento de coleta de dados, ou seja, o que aconteceu durante a vivência, incluindo os exemplos literais;

- descrição estrutural ou variação imaginativa: descrição de como a vivência aconteceu e reflexão sobre o ambiente ou contexto em que o fenômeno foi vivenciado;

- descrição da "essência" (ou estrutura essencial invariante) da vivência, que representa o ponto culminante da pesquisa fenomenológica.

O Quadro 7 apresenta uma síntese das fases do estudo, sua metodologia e seus autores de referência.

Quadro 7 – Fases, metodologia do estudo e orientador

Fases do estudo	Metodologia	Referencial orientador
Caracterização do estudo	Pesquisa qualitativa metodológica na estratégia investigativa fenomenológica	Creswell (2014, 2016) Moustakas (1994)
Seleção de instrumentos (SI)	Produção criativa	Bauer e Gaskell (2015)
	Questionário e entrevista semiestruturada com questões abertas e semiabertas	Creswell (2014)
	Grupo focal	Gatti (2005)
Análise dos dados levantados	Produção criativa	Bauer e Gaskell (2015)
	Questionário, entrevista e grupo focal	Creswell (2014)
Discussão, redação e pesquisa fenomenológica	Pesquisa qualitativa metodológica na estratégia investigativa fenomenológica	Creswell (2014) Moustakas (1994)
Conclusão e redação final	Pesquisa fenomenológica e normalização de documento	Amadeu *et al.* (2017) Creswell (2014)

Fonte: as autoras (2021)

5

APRENDIZAGEM E DESENVOLVIMENTO TRANSFORMADOS EM EDUCAÇÃO

5.1 EVIDÊNCIAS RESULTANTES NO USO DE UMA METODOLOGIA TRANSFORMADORA CRIATIVA

No estudo todas as participantes eram do sexo feminino. A faixa etária média foi de 53 anos, variando entre 34 e 69 anos. Em relação ao estado civil: sete eram casadas, quatro divorciadas e três solteiras. Em relação à graduação, três das 14 participantes realizaram duas graduações. O tempo médio decorrente da graduação em Psicologia foi de 23 anos. Quanto ao desenvolvimento profissional contínuo, 12 participantes fizeram entre uma e sete pós-graduações. Todas as 14 participantes atuavam profissionalmente, e três declararam atuar em duas áreas da profissão. As áreas profissionais de atuação das psicólogas participantes do estudo são: clínica, hospitalar, da saúde pública, do desenvolvimento social e docência. O Quadro 8 apresenta a caracterização das participantes.

Quadro 8 – Caracterização das participantes

Código	Sexo	Idade	Estado civil	Graduação		Pós	Área de atuação
				Curso	Ano		
P1	F	38	Casada	Psicologia e Jornalismo	2013	1	Clínica
P2	F	63	Divorciada	Psicologia	1990	2	Clínica
P3	F	69	Solteira	Psicologia	1982	1	Clínica
P4	F	40	Casada	Psicologia	2002	1	Saúde pública
P5	F	45	Casada	Psicologia	2012	-	Clínica
P6	F	44	Casada	Medicina	1999	7	Hospitalar e clínica
P7	F	56	Casada	Psicologia	1988	5	Clínica e docente

Código	Sexo	Idade	Estado civil	Graduação		Pós	Área de atuação
				Curso	Ano		
P8	F	65	Divorciada	Psicologia	1985	3	Hospitalar e clínica
P9	F	34	Solteira	Psicologia e Pedagoga	2009	1	Hospitalar
P10	F	42	Casada	Psicologia	2002	-	Clínica
P11	F	52	Divorciada	Psicologia e Administração	2004	4	Saúde pública e desenvolvimento social
P12	F	63	Casada	Psicologia	1981	1	Clínica
P13	F	67	Solteira	Psicologia	1992	2	Clínica
P14	F	59	Divorciada	Psicologia	1986	5	Clínica

Fonte: as autoras (2021)

Os instrumentos de coleta de dados de entrevista, grupo focal e questionário, foram transcritos literalmente. A expressão artística, após investigada, foi integrada ao questionário. Na sequência, com os dados transcritos dos instrumentos, foi aplicado o procedimento de horizontalização dos dados por meio de sua organização e exame criterioso (CRESWELL, 2014; MOUSTAKAS 1994). Para responder aos objetivos: identificar a vivência de aprendizagem e de desenvolvimento dos participantes a partir do curso de FCPPA, foram levantadas 112 declarações significativas, sendo 36 nos questionários, 52 nas entrevistas e 24 no grupo focal. Após a exclusão das declarações sobrepostas e repetidas, obteve-se 88 unidades de significado, apresentadas no Quadro 9.

Quadro 9 – Declarações significativas de vivências de participantes do curso de FCPPA em relação à proposta de aprendizagem e desenvolvimento do curso e suas unidades de significado

Declarações significativas	Unidade de significado
Durante e depois das atividades percebi muito claramente, que eu tive meio que desassimilar esse modo inicial de aprendizado e assimilar de forma diferente.	*Vivenciando percebi muito claramente, que tive meio que desassimilar esse modo inicial de aprendizado e assimilar de forma diferente.*

APRENDIZAGEM E DESENVOLVIMENTO NA PSICOLOGIA E PSICOTERAPIA ANTROPOSÓFICA

Declarações significativas	Unidade de significado
Percebo o aprendizado como acontece, na minha vida, aconteceu assim, eu aprendi como pessoas que passaram na minha vida com exemplos percebi aprendi com informações que chegaram através da escola e dos vários relacionamentos, eu acho que a gente aprende na convivência com as pessoas em geral têm o aprendizado formal, que sim é todo organizado pra que a gente vá absorvendo conhecimento.	*A aprendizagem vivenciada com as pessoas que passaram na minha vida, pelos exemplos.*
Ao vivenciar as atividades percebo como o despertar forças adormecidas e me possibilita ferramentas para desenvolver o nascer de novas forças. (ressignificando e trazendo a possibilidade dessa educação, fazendo com que desenvolvamos para uma autoconsciência) / Vivencio aprendizagem é um processo externo e traz em si um despertar ou não de habilidades e capacidades para a vida podendo potencializar ou não seu desenvolvimento. / Despertar e reconhecer meu ser interior.	*Ao vivenciar as atividades percebo um despertar forças adormecidas, que me possibilita ferramentas para desenvolver o nascer de novas forças.*
Pra mim, começa como um aspecto de tensão e de uma rendição, uma tensão me perguntando "e aí?". É uma rendição no seguinte sentido, ah vou começar qualquer coisa, aqui vamos ver o que que vira, o que que vai ser... então é uma coisa que acontece sempre assim e eu me sinto bem quando há a rendição diminui esse ar entre a tensão e eu me entrego logo... E aí as coisas foram mudando, eu fui começando pensando nas aulas tudo mais, mas depois eu estava pensando, no final em mim... fui fazendo pelas cores o fundo e eu senti a necessidade de inserir algum elemento que não só as cores, tivesse mais a ver com a figura, só que aí pra inserir esses elementos eu precisaria misturar pra surgir o novo, então pra mim ficou contundente essa coisa que ali o que tens são substâncias parecidas, mas a composição dessas substâncias, quando elas aglutinam na composição do percentual de cada uma é que faz a diferença e que vai fazer o surgir essa coisa nova e essa coisa nova pra mim é a vida, então a vida surgiu. É uma coisa que surgiu a partir da combinação dos elementos existentes.	*Como um aspecto de tensão e de uma rendição, uma tensão me perguntando "e aí?". É uma rendição no seguinte sentido, ah vou começar qualquer coisa, aqui vamos ver o que que vira, o que que vai ser... então é uma coisa que acontece sempre assim e eu me sinto bem quando há a rendição diminui esse ar entre a tensão e eu me entrego logo...*

Declarações significativas	Unidade de significado
Quando eu comecei a atividade meio insegura e aí a única coisa que vinha pra mim era eu queria trazer as cores em uma forma de um espiral e que queria trabalhar só com uma cor, eu queria que elas se misturassem como se fosse esse aprendizado de todas as percepções que eu tenho, como se eu tivesse andando em volta de uma árvore olhando por todos os lados, vendo todos os lados... no centro seria depois de muito esforço, muito trabalho, que eu chego à conclusão de todas as percepções, que eu vivencio, que eu estudo, que eu busco, aquilo que eu vou me aprofundando pra aprender... seria esse caminho e o significado que tem na minha vida é essa autoeducação, que eu tenho que começar lá de cima todas as percepções que vão vindo, tudo que eu vou aprendendo, com tudo que eu vou vivenciando e de misturar tudo isso e de ver qual é o significado pra mim pra eu conseguir até me colocar muito mais próximo do outro... Veio a imagem de uma rosa, que é o amor que é o que eu tô vivenciando na minha profissão...	*Como um espiral, que queria trabalhar só com uma cor e que elas se misturassem como se fosse esse aprendizado de todas as percepções que tenho, como se eu tivesse andando em volta de uma árvore olhando por todos os lados, vendo todos os lados...*
Logo que você falou vivência de aprendizagem e de desenvolvimento eu senti, assim nos meus olhos essa visão dessa luz, como se ele estivesse lá longe, mas eu estou enxergando. E o elemento que surgiu primeiro foi um fundo azul, que me traz esse frio... pra mim eu me senti bem tranquila, no começo do desenho estava mais parada, mas foi surgindo mais vontade, mais força à medida que eu ia trabalhando mais... o significado é bem esse, eu não conhecia acho que pra mim essa luz do amarelo tem bastante essa coisa de trazer da cabeça pra vivência do sentimento, de experienciar as coisas não só com o pensar mas com as outras qualidades da alma também e à medida que eu vou me aproximando disso eu vou aprendendo mais até que eu chego nessa coisa da vontade da atuação e isso quer irradiar para todos os lados... eu ainda estou conhecendo essa vontade e descobrindo, ainda estou nesse processo de chegar lá, caminhando.	*Senti nos meus olhos essa visão dessa luz, como se ele estivesse lá longe, mas eu estou enxergando. E o elemento que surgiu primeiro foi um fundo azul, que me traz esse frio...*

Declarações significativas	Unidade de significado
Eu pensei em trazer as cores degrade de forma degrade eu pensei no início eu trouxe um amarelo pra ir chegando aos poucos, pra ir me aproximando aos poucos dessa aprendizagem, desse desenvolvimento e eu pensei em fazer um círculo, que isso ia se dar em forma de círculo... no decorrer foi surgindo assim mais trazendo essa parte inferior, aí esse meio e a luz lá em cima e me senti muito tranquila assim fazendo porque eu sempre me incomodo... (giz pastel) e hoje eu não senti esse incômodo e eu gostei muito ali do meio que foi a mistura a relação das cores essa necessidade de não saber o que que vem... desenvolvimento pra mim é passar por essa etapa que tá mais escura, mais concentrada, aquele ali é o que vai permitir o desenvolvimento, vai permitir chegar nesse amarelo lá em cima... aprendizagem é o amarelo... significado observar pra depois agir...	*Eu pensei em trazer as cores de forma degrade pensei no início trouxe um amarelo pra ir chegando aos poucos, pra ir me aproximando aos poucos dessa aprendizagem e desse desenvolvimento e pensei em fazer um círculo, que isso ia se dar em forma de círculo...*
Pra mim... é uma técnica que eu uso muito... iniciais, a questão do desenvolvimento e do aprendizado... orientações das perguntas e isso acabou me influenciando também um pouco. Como eu quis trazer mais claramente esse significado pra mim e eu comecei com as extremidades da folha que são certezas que eu tinha, dois eixos que procurei assemelhar com uma coluna que me guiaram muito durante minha trajetória até aqui, um esquerdo e um direito exatamente por essa convenção que se usa mais leigamente falando da razão e da emoção e de como elas também se dissolvem porque elas podem nascer com muita estrutura e depois à medida que isso vai se acendendo... desenvolvimento e da aprendizagem pra mim eu precisava sair desses dois eixos que são dois extremos e me adentrar no que eu quis expressar como meu Eu que é esse centro luminoso que eu também procurei trazer o formato circular que representam pra mim os ciclos da vida e que a força dele é muito maior do que nas extremidades... a relação disso com o que eu vivo hoje é justamente a descoberta do ancoramento do meu Eu e um aquecimento do centro da minha alma.	*Comecei a vivência pelas extremidades da folha, que são certezas que eu tinha, dois eixos que procurei assemelhar com uma coluna que me guiaram muito durante minha trajetória até aqui, um esquerdo e um direito exatamente por essa convenção que se usa mais leigamente falando da razão e da emoção e de como elas também se dissolvem porque elas podem nascer com muita estrutura e depois na medida que isso vai se acendendo...*

Declarações significativas	Unidade de significado
Eu iniciei pelo amarelo que eu quis trazer a luz aí eu fui pros elementos no sentido de trazer elementos que atuam independente da minha pessoa de dentro pra fora, de fora pra dentro de baixo pra cima... então eu fui nessa busca inicial de trazer movimentos que atuam entre si, que fazem uma conexão aí acabou surgindo um centro ali que me traz a aprendizagem primeiro me surgiu a questão forte do amarelo, da luz, do sol mas aí eu sentia que isso precisava ampliar... ampliação e expansão... no final quando eu pus na parede me veio a questão de uma tensão que ainda existe, que precisa ser dissolvida essa tensão...	*Eu iniciei pelo amarelo que quis trazer a luz fui pros elementos no sentido de trazer elementos que atuam independente da minha pessoa de dentro pra fora, de fora pra dentro de baixo pra cima...*
No começo era pó... como se fosse uma nuvem, uma poeira, mas sem atrito, sem nada, uma certa tranquilidade e esse pó de repente foi criando uma forma como se fossem nuvens carregadas, mais pesadas, uma nuvem próxima de chuva, de tempestade que tem mais forma, tem mais peso, mais cor... e isso criou como se fosse um redemoinho... mas isso não eclodiu, ficou nisso e depois de repente veio à luz... então é o processo que tá aí, eu estou vendo luz mas nada definido... atritos e encontros... mostra o processo de aprendizado, primeiro confusão depois vem atrito... mas depois vem a clareza... relação é isso, uma certa poeira depois se forma uma nuvem, um elemento, uma forma com alguma intensão aí depois esses atritos, essas confusões quando abaixa clareia... significado... depois principalmente aceitar que quando a gente tá na confusão... estamos vivendo esse momento e que daqui um pouco vem a clareza... o teu processo, vai acontecer não precisa entrar em desespero.	*No começo era pó... como se fosse uma nuvem, uma poeira, mas sem atrito, sem nada, uma certa tranquilidade e esse pó de repente foi criando uma forma como se fossem nuvens carregadas, mais pesadas, uma nuvem próxima de chuva, de tempestade que tem mais forma, tem mais peso, mais cor...*

APRENDIZAGEM E DESENVOLVIMENTO NA PSICOLOGIA E PSICOTERAPIA ANTROPOSÓFICA

Declarações significativas	Unidade de significado
Primeiramente veio uma tensão que é a tensão de medo, é uma tensão que senti no meu cardíaco e depois veio a questão da entrega mesmo pra cor e eu coloquei primeiro a cor azul que representa a condição de minha interiorização depois eu coloquei o amarelo que representa essa força e depois surgiu o verde que é o encontro com o outro... Depois senti uma vontade muito grande de fazer o vermelho... a cor alaranjada representa as transformações que vão acontecendo de minhas metamorfoses no caminho... a relação entre eles é de profunda reverência de poder tá tendo essa chance de metamorfosear meu interno e ter esse direito de sentir o que é o amor... o significado é essa busca da minha essência no encontro com o outro e a busca do que acontece nesse encontro...	*Primeiramente, veio uma tensão que é a tensão de medo, que senti no meu cardíaco e depois veio a questão da entrega mesmo pra cor e coloquei primeiro a cor azul que representa a condição de minha interiorização depois coloquei o amarelo, que representa essa força e depois surgiu o verde, que é o encontro com o outro...*
Então, eu pus na tela uma única vivência... e eu fiquei só nessa vivência e a princípio eu queria por tão mais leve... aí eu me dei conta de que realmente em uma só pequena vivência a gente está no todo e isso me deu uma alegria muito grande a hora que eu percebi ao concluí-la... tem o multicolorido... expressei minha alegria de poder estar viva, participando, vivenciando de tudo isso e trocando experiências... despedindo... relação... que eu estou em tudo, que eu estou no todo e que eu pude observar todo o meu aprendizado que são os traços marcantes... o significado é que acredito que ficou harmonioso, leve, profundo ao mesmo tempo...	*Me dei conta de que realmente em uma só pequena vivência a gente está no todo e isso me deu uma alegria muito grande a hora que eu percebi ao concluí-la.*
A relação é da contínua transformação, fato que se bem observado, releva a essência e a potência da vida. Todos os ciclos trazem lições poderosas para o comprimento da lição do Eu. Tudo isso se relaciona ao meu momento pessoal de entrega à busca e a realização do meu propósito maior".	*A relação é da contínua transformação, fato que se bem observado, releva a essência e a potência da vida. Todos os ciclos trazem lições poderosas para o comprimento da lição do Eu. Tudo isso se relaciona ao meu momento pessoal de entrega à busca e a realização do meu propósito maior".*
Esse amarelo sempre me vem muito forte e simboliza a espiritualidade... então eu comecei pelo amarelo porque eu acho que é o fundo dessa expressão que veio... vieram sentimentos que eu simbolizei pelo vermelho... o calor que é o azul... verde é o que me dá toda força pra estar aqui... a relação entre esses aspectos é que eles se completam e fazem a vida ter sentido pra mim...	*Esse amarelo sempre me vem muito forte e simboliza a espiritualidade...*

Declarações significativas	Unidade de significado
Aprendizagem com as mudanças de fases da vida, eu penso que trazem muito isso, por exemplo, quando você casa, quando os filhos nascem. Aonde eu sinto eu acho que uma coisa no meu aspecto e sinto que é uma coisa mais acontecem com outras pessoas, eu acho que doenças podem ser pra mim foram caminhos de iniciação, em especial o câncer eu acho me ensinou, eu o tenho como um mestre.	*Aprendizagem com as mudanças de fases da vida, eu penso que trazem muito isso, por exemplo, quando você casa, quando os filhos nascem.*
Vivenciei aprendizagem e no acolhimento, de encontros verdadeiros e profundos, sem julgamento e com a liberdade de cada um trilhar o seu caminho a seu modo, na convivência com esse grupo, aprendo a confiar.	*Vivenciei aprendizagem no acolhimento, de encontros verdadeiros e profundos, sem julgamento e com a liberdade de cada um trilhar seu caminho a seu modo, na convivência com esse grupo, aprendo a confiar.*
Me percebo aprendendo nas atividades artísticas que sempre me ajudaram muito a olhar para dentro e expressar o que havia ali, como numa grande expiração.	*Me percebo aprendendo nas atividades artísticas que sempre me ajudaram muito a olhar para dentro e expressar o que havia ali, como numa grande expiração.*
Entendo por desenvolvimento essa autoeducação, essa autotransformação sabe a gente, ter um crescimento mesmo é um desenvolvimento.	*Entendo por desenvolvimento essa autoeducação, essa autotransformação sabe a gente, ter um crescimento mesmo é um desenvolvimento.*
A vivência fortalece e possibilita o desenvolvimento para a mudança de hábito, trazendo novas perspectivas às vivências que podem levar a um processo de ressignificação. É um estar em processo.	*A Vivência fortalece e possibilita o desenvolvimento para a mudança de hábito, trazendo novas perspectivas às vivências que podem levar a um processo de ressignificação. É um estar em processo.*
A vivência da aprendizagem como interiorização de alguns momentos e ligações do conhecimento que nos chegam e nas vivências podem ser diferenciados e compreendidos, me permitindo assim apropriar-se da própria experiência.	*A vivência da aprendizagem como interiorização de alguns momentos e ligações do conhecimento que nos chegam e nas vivências podem ser diferenciados e compreendidos, me permitindo assim apropriar-se da própria experiência.*
Como um processo de transformação vivenciado interiormente, decorrente de atitude reflexiva a partir de mim e sobre meu atuar no mundo, ou seja, do aprendizado.	*Como um processo de transformação vivenciado interiormente, decorrente de atitude reflexiva a partir de mim e sobre meu atuar no mundo, ou seja, do aprendizado.*
Algo natural como uma semente que com o tempo e o ambiente pode desabrochar e ser barrado ao ser estimulado "caminho do desabrochar da essência humana.	*Algo natural como uma semente que com o tempo e o ambiente pode desabrochar e ser barrado ao ser estimulado "caminho do desabrochar da essência humana.*

Declarações significativas	Unidade de significado
É algo interior que acontece ao longo do tempo e exige um certo aprofundamento a partir da internalização de um aprendizado que gera uma transformação interna de comportamento, de paradigma.	*É algo interior que acontece ao longo do tempo e exige um certo aprofundamento a partir da internalização de um aprendizado que gera uma transformação interna de comportamento, de paradigma.*
Vivência de desenvolvimento entendo toda a capacidade que o ser humano tem em absorver, perceber e protagonizar seu autodesenvolvimento pelas vivências e experiências de sua vida pessoal, social e coletiva, enquanto processo interno e singular.	*Vivência de desenvolvimento entendo toda a capacidade que o ser humano tem em absorver, perceber e protagonizar seu autodesenvolvimento pelas vivências e experiências de sua vida pessoal, social e coletiva, enquanto processo interno e singular.*
Faz parte do movimentar-se interiormente como um contraponto que o mundo externo promove interiormente, como nova percepção e tomada de consciência.	*Faz parte do movimentar-se interiormente como um contraponto que o mundo externo promove interiormente, como nova percepção e tomada de consciência.*
Percebo o processo da vivência de aprendizagem como transformador em relação a conceitos e formas e revelador sobre mim.	*Percebo o processo da vivência de aprendizagem como transformador em relação a conceitos e formas e revelador sobre mim.*
Minha percepção das vivências de desenvolvimento no curso, ficam a refletir e reverberar também fora do curso.	*Minha percepção das vivências de desenvolvimento no curso, ficam a refletir e reverberar também fora do curso.*
O curso traz um contínuo processo de desenvolvimento em sua programação, preciso "respirar" e processar interiormente. / As vivências, o trabalho integrativo, a arte, o caminho de desenvolvimento eles possibilitam integrar esse aprendizado e realmente promovem meu desenvolvimento pessoal e profissional, põe para refletir sobre meu ser.	*As vivências, o trabalho integrativo, a arte, o caminho de desenvolvimento eles possibilitam integrar esse aprendizado e realmente promovem meu desenvolvimento pessoal e profissional, põe para refletir sobre meu ser.*
Sei que o que vivenciei vai para além do consultório, pois sinto que as vivencias me trouxeram abertura interna e empatia.	*Sei que o que vivenciei vai para além do consultório, pois sinto que as vivencias me trouxeram abertura interna e empatia.*
Consigo perceber o quanto minha imagem de aprendizagem hoje, faz sentido com essa forma que foi trabalhada no curso, pois consigo fazer imagens e assim aprender melhor o que foi transmitido.	*Consigo perceber o quanto minha imagem de aprendizagem hoje, faz sentido com essa forma que foi trabalhada no curso, pois consigo fazer imagens e assim aprender melhor o que foi transmitido.*
O resultado das vivências já está refletindo no meu relacionamento comigo e com o outro.	*O resultado das vivências já está refletindo no meu relacionamento comigo e com o outro.*

Declarações significativas	Unidade de significado
Participar nas atividades do aspecto vivencial, integrativo e expressivo, as palestras mexem comigo de maneira transformadora e inquietante durante e fora do curso, questionamentos emergem.	*Participar nas atividades do aspecto vivencial, integrativo e expressivo, as palestras mexem comigo de maneira transformadora e inquietante durante e fora do curso, questionamentos emergem.*
As vivências integrativas com a arte são fundamentais para o processo do aprender e desenvolver-se, pois, aprendi não só sobre conteúdo da psicoterapia antroposófica, mas também sobre o meu aprendido. Eu entendia aprendizagem como um resumo, eu pegava cinco, seis livros pra fazer um resumo pra a partir dali eu conseguir assentar aquele conteúdo em mim. / Tem um determinado conteúdo eu vou fazer um processo de aprendizado daquele conteúdo. É algo mais na direção de uma de reflexão de algo de fora, que é mais imediato, que está num contexto um pouco mais de adquirir algo.	*As vivências integrativas com a arte são fundamentais para o processo do aprender e desenvolver-se, pois, aprendi não só sobre conteúdo da psicoterapia antroposófica, mas também sobre o meu aprendido.*
muito importante porque é como se eu me apropriasse da minha própria experiência e a partir disso eu tenho o exercício do aprendizado, isso parte de mim... individua...	*muito importante porque é como se eu me apropriasse da minha própria experiência e a partir disso eu tenho o exercício do aprendizado, isso parte de mim... individua...*
As vivências com o grupo, me proporcionou a tomada de consciência, e eu percebi que sempre tive isso, sempre quis essas relações com as pessoas, né? Percebi que eu me colocava muito mais na frieza, no isolamento. Então, isso foi algo que ao longo do curso eu fui aprendendo a participar do grupo, a entrar mais no grupo, ser eu mesma, ali.	*As vivências com o grupo, me proporcionou a tomada de consciência, e eu percebi que sempre tive isso, sempre quis essas relações com as pessoas, né? Percebi que eu me colocava muito mais na frieza, no isolamento. Então, isso foi algo que ao longo do curso eu fui aprendendo a participar do grupo, a entrar mais no grupo, ser eu mesma, ali.*
As atividades de aprender que vivenciei, mexeu comigo me pondo a refletir sobre papel e criação dos filhos.	*As atividades de aprender que vivenciei, mexeu comigo me pondo a refletir sobre papel e criação dos filhos.*
Aprender vivenciando é desafiador é construir, é traduzir para o meu dia a dia como isso pode ser edificado e não querer um modelo pronto, preciso aprofundar meus conhecimentos que recebo, encaixá-los dentro de mim e as vivências naturalmente fazem isso e é algo que faz sentido pra minha vida, mesmo como profissional, criando possibilidades de abertura, de crescimento e respeito ao tempo de cada um.	*As vivências aprendidas como ambiente para encontrar a minha missão na vida e acessar que realmente eu estou fazendo algo que me ajuda a ajudar os outros.*

Declarações significativas	Unidade de significado
Como uma possibilidade contínua perceber o que necessito para aprender a "apreender" em meu interior para poder trazer e facilitar a autocura de meus pacientes em seus processos biográficos	*Como uma possibilidade contínua de perceber o que necessito para aprender – para "apreender" em meu interior para poder trazer e facilitar a autocura de meus pacientes em seus processos biográficos*
Como compreensão da relação com a espiritualidade traz a liberdade da possibilidade e ao desenvolvimento da própria autonomia, do vir a ser.	*Como compreensão da relação com a espiritualidade traz a liberdade da possibilidade e ao desenvolvimento da própria autonomia, do vir a ser.*
Entendo que vivenciar aprendizagem como uma maneira de fazer links que me dão insights sobre a visão do outro e acaba dando também da gente, tive um link como se você conseguisse penetrar mais no que o outro tá sentindo.	*Entendo que vivenciar aprendizagem como uma maneira de fazer links que me dão insights sobre a visão do outro e acaba dando também da gente, tive um link como se você conseguisse penetrar mais no que o outro tá sentindo.*
É a direção do Educar-se que através de mim se revela e que vem influenciando todas as áreas do meu viver sempre com a Luz, da Força e do Amor. Como consequência natural da percepção do autoconhecimento. É minha oferta para o mundo.	*É a direção do Educar-se que através de mim se revela influenciando todas as áreas do meu viver sempre com a Luz, da Força e do Amor.*
O fato de ter representado em arte o que estava permeando minha alma foi muito revelador (nem sempre agradável) e contribuiu muito para o meu processo de desenvolvimento.	*O fato de ter representado em arte o que estava permeando minha alma foi muito revelador (nem sempre agradável) contribuindo para o processo de desenvolvimento*
Vivência de aprendizagem como um meio para aprender sobre minha pessoa, do meu desenvolvimento de ser humano onde isto levou a uma aprendizagem como psicoterapeuta antroposófica.	*Vivência de aprendizagem como um meio para aprender sobre minha pessoa, do meu desenvolvimento de ser humano onde isto levou a uma aprendizagem como psicoterapeuta antroposófica.*
Ao longo da vida, como um processo de estar em si para aprender. Veja, aqui mesmo dentro do nosso próprio curso, nas vivências, que me percebendo pude mudar um jeito meu. Sempre tive um lado muito cartesiano, que aprende, faz prova e aí, às vezes, nem estava tão preparada pra prova, mas decora aquilo ali, responde, mas não tá interiorizado, então fica só como se fosse um ctrl+C ctrl+V, você copia e cola, mas não tá em você.	*Ao longo da vida, como um processo de estar em si para aprender.*

Declarações significativas	Unidade de significado
Então assim, hoje percebo assim o quanto estou conseguindo falar mais me expor mais, então penso, que isso veio dessas vivências, de eu ir vivenciando, dentro do próprio curso, de ir me percebendo, de poder falar e de me colocar nesse papel desse aprendizado vivencial que hoje eu consigo falar. Já fechei com a escola para eu fazer palestra. Agora né, então assim eu penso que é isso sabe, é conforme eu vivendo essa situação toda tendo a possibilidade de vivenciar, isso tá se transformando em mim pra eu mostrar isso pro mundo também. Para ajudar também, de alguma forma espelhar isso pro mundo. Para o mundo poder receber e dar essa continuidade né? Não parar em mim.	*Foi por causa das vivências que hoje, percebo o quanto estou conseguindo falar mais me expor mais.*
Um profundo convite "portal" a olhar, atravessar, reconhecer, vivenciar e ser a vida que jorra do Espírito através do autodesenvolvimento consciente que exige esforço constante em sintonia com a Graça Divina sempre presente.	*Um profundo convite "portal" a olhar, atravessar, reconhecer, vivenciar e ser a vida que jorra do Espírito através do autodesenvolvimento consciente que exige esforço constante em sintonia com a Graça Divina sempre presente.*
Com relação à responsabilidade com outro, aprender com o outro junto. E isso também me reporta para a questão ética e moral também, esse respeito para com o outro, construir junto. Isso que pra mim é o fundamental... isso para mim é e faz muita diferença. Não separo o encontro, não é separado.	*Com relação à responsabilidade com outro, aprender com o outro junto. E isso também me reporta para a questão ética e moral também, esse respeito para com o outro, construir junto. Isso que pra mim é o fundamental... isso para mim é e faz muita diferença. Não separo o encontro, não é separado.*
Vivência de desenvolvimento como um processo de revelação de mim mesma e também do meu propósito, enquanto psicoterapeuta que é a transformação, a metamorfose para nascimento das minhas cores, ou melhor cores da minha alma com calor.	*Vivência de desenvolvimento como um processo de revelação de mim mesma e também do meu propósito, enquanto psicoterapeuta que é a transformação, a metamorfose para nascimento das minhas cores, ou melhor cores da minha alma com calor.*

Declarações significativas	Unidade de significado
Eu acho que a vivência de aprendizagem é aquilo que te toca que te chama do mundo lá fora né é aquilo que se revela, você vê e que de alguma forma chama sua atenção e você recebe aquilo né. A minha compreensão é que assim eu venho de uma educação onde né aquele modelo muito básico né de ter que aprender cartesianamente e que eu percebo que hoje o meu desenvolvimento e aprendizado de uma outra forma, pela vivência conforme eu vou fazendo aquilo que eu vou aprendendo então eu acho que hoje esse campo do desenvolvimento e aprendizagem eu acho que ele tá mais voltado pra vivência, daquilo que eu vou vivendo, daquilo que eu vou vivenciando e transformando e aprendendo.	*Eu acho que a vivência de aprendizagem é aquilo que te toca que te chama do mundo lá fora é aquilo que se revela, você vê e que de alguma forma chama sua atenção e você recebe aquilo.*
Como um desvendar gradativo que passei a incorporar os conhecimentos teóricos, não somente cognitivamente, mas de forma anímica, graças as vivências de atividades artísticas (giz pastel, feltragem, aquarela, exercícios entre alunos). Isso tudo possibilitou hoje eu encontrar respostas a questões que me incomodavam há anos e também me fizeram vislumbrar como missão de vida, o uso da Antroposofia em minha vida profissional e social.	*Como um desvendar gradativo que passei a incorporar os conhecimentos teóricos, não somente cognitivamente, mas de forma anímica, graças as vivências.*
Vivência como sendo construída a partir do domínio, que fui obtendo sobre meus instintos e atos inconscientes, indo cada vez mais ao encontro da compreensão de mim mesma.	*Vivência como sendo construída a partir do domínio, que fui obtendo sobre meus instintos e atos inconscientes, indo cada vez mais ao encontro da compreensão de mim mesma.*
Eu percebo que o aprendizado aqui ele primeiramente eu aprendo em mim sobre mim e depois eu vou transformar isso em algo para outra pessoa né, antes daqui era uma informação que a gente saía reproduzindo	*Eu percebo que no aprendizado vivenciado primeiramente eu aprendo em mim sobre mim e depois, vou transformar isso, em algo para outra pessoa.*
Quando compreendendo cada vez mais um pouco, uma forma de estar no mundo e estar com o outro.	*Quando compreendendo cada vez mais um pouco, uma forma de estar no mundo e estar com o outro.*
A cada módulo, os conteúdos aprendidos e vivenciados são como véus que parecem ser tirados dos olhos e do coração, fazendo a vida e as relações terem cada vez mais um sentido.	*A cada módulo, os conteúdos aprendidos e vivenciados são como véus que parecem ser tirados dos olhos e do coração, fazendo a vida e as relações terem cada vez mais um sentido.*

Declarações significativas	Unidade de significado
Aprendizagem é alguma coisa que vem de fora, ou em termos cognitivos ou situações que a própria vida nos apresenta, aí aprendo com as situações. / Como partes da minha experiência no curso veio através de vivências de minha percepção dos fatos vividos e suas característi-cas expressivas interiores e conteúdos ligados a essas experiências interna e externa. / Como uma ampliação de conteúdos aprendidos em outros espaços de aprendizagem, gerando mais consistência e significado.	*Aprendizagem vivencio e entendo que é algo dinâmico, se dá nas relações externas com um conteúdo pontual, em termos cognitivos ou situa-cionais, que a vida apresenta.*
Aprender a pensar com o coração, ao vivenciar os fenômenos e a me pautar pelo individualismo ético em minhas ações. Tudo isso foi grande-mente libertador e me ajudou a estar no mundo com mais presença e força de vontade.	*Aprender a pensar com o coração, ao vivenciar os fenômenos e a me pautar pelo individualismo ético em minhas ações.*
Posso dizer que ao vivenciar o aprendido no curso me libertou das antigas regras. E agora tem sido mais fácil identificar meus próprios caminhos e posicionamentos, sem mais me preo-cupar com as expectativas dos outros.	*Ao vivenciar o aprendido no curso me libertou das antigas regras.*
A vivência fornece possibilidades abrem pos-sibilidades da gente aprender, tanto na parte de informação como da autopercepção. Que as vezes, a gente nem sabe que tem então acho que são várias situações de aprendizado que ajudou.	*Vivência como fornecendo possibilidades de aprender, tanto na parte de informação como da autopercepção.*
Aprendizagem vivenciada trouxe esse olhar mais ampliado mesmo, que a gente não tem. Esse aspecto mais da espiritualidade e tudo mais e isso traz uma postura, um olhar, um atendimento completamente diferentes no encontro com o paciente... Por um outro lado, também tem a dificuldade que surge, porque muitas vezes você tem esse olhar, mas eu ainda não me sinto capaz de colocar no mundo essas vivências.	*Aprendizagem vivenciada trouxe esse olhar mais ampliado mesmo, para aspectos como da espiritualidade e tudo mais e isso traz uma pos-tura, um olhar, um atendimento completamente diferentes no encontro com o paciente...*

Declarações significativas	Unidade de significado
Se dá através da entrega à investigação das experiências vividas, com temas e situações críticas, de desafios e eventos pontuais no tempo em minha biografia. Ou momentos de vida importante de forma a observar as minhas sensações, no corpo, na experiência dos meus sentidos com o interno, trazendo clareza na forma como se davam e eu reagia, isso gerou em mim em meus significados do que me afetava, tocava, tudo ficou mais claro, minha percepção ficou mais interna/ Eu aprendi como eu funciono nessas situações e como eu oriento as pessoas assim, que na hora eu fico com uma clareza fenomenal. Porque já passei por situações de situações de violência e eu já passei por umas três com relação a assalto e tudo mais e tendo pessoas sobre a minha responsabilidade.	*Se dá através da entrega à investigação das experiências vividas, com temas e situações críticas, de desafios e eventos pontuais no tempo em minha biografia.*
Traz um resultado gigantesco ao longo da nossa vida porque eu acho que a gente entra muito mais, antes eu aprendia, né? As coisas me tocavam, mas eu não trazia isso necessariamente pro meu desenvolvimento meu, tanto que eu acho que eu me sentia perdida com muita coisa que eu aprendia e que vinha, chegava pra mim mas eu não tinha muitos, não sabia muitas vezes o que fazer com isso, o que que isso me trazia né e no curso eu vejo que a gente coloca isso num processo de desenvolvimento, né então eu consigo fazer realmente a digestão das coisas que eu tô aprendendo né, eu não tô só em contato! Tô, aprendendo pela vivência uma técnica algo, que eu vou usar, mas sem que isso tenha passado por mim, não faz sentido né.	*Traz um resultado gigantesco ao longo da nossa vida porque a gente entra muito mais, antes eu aprendia as coisas me tocavam, mas eu não trazia isso necessariamente pro meu desenvolvimento.*
Eu tive um momento de ressignificar aprendizagem e me entregar sem controle na vivência. Mas é claro, que daí cheguei ao meu desenvolvimento interior, também. muito especial e salutar no curso, que foi quando eu realmente entendi, aí eu comecei a perceber o que que eu tava fazendo aqui e a partir daquele momento acabaram todas as resistências assim eu vejo que eu tenho caminhado conseguindo caminhar, né? Dentro daquilo que algo me chama mais que eu já não estou mais nesse controle, né? Eu já me deixei levar isso tem sido muito bom para mim.	*Vivenciei um momento de ressignificar a aprendizagem abandonando o controle, me entregando inteira e claro cheguei também no meu desenvolvimento interior muito especial e salutar no curso.*

Declarações significativas	Unidade de significado
A vivência de desenvolvimento traz um sentido interior através de um processo que revela todos os significados externos na direção de uma autoconsciência.	*A vivência de desenvolvimento traz um sentido interior através de um processo que revela todos os significados externos na direção de uma autoconsciência.*
As vivências de aprendizagem no curso mexeram muito comigo de qualquer jeito, no aspecto pessoal, não só no profissional. É um curso que a gente se entrega e reflete, reflete e entrega até fora daqui.	*As vivências de aprendizagem no curso mexeram comigo de todos os jeitos, no aspecto pessoal, não só no profissional, me deixou refletindo sobre mim ali e fora dali é te entrega e reflete, reflete e entrega.*
A vivência como um processo de aprendizagem transformador que a gente vive parece que vira do avesso vai fundo em si, tiveram 3 módulos com vivências marcantes que ocasionaram dor corporal (costas, torcicolo), febre, ansiedade.	*Vivência de aprendizagem como um processo transformador que virei do avesso fui fundo em mim.*
Vivenciei aprender como profissional é uma experiência única, pois é um mergulho, amplo e intenso sobre eu mesma, percepção maior de meu ser como profissional, como... e como essência.	*Vivenciei aprender como profissional é uma experiência única, pois é um mergulho, amplo e intenso sobre eu mesma, percepção maior de meu ser como profissional, como... e como essência.*
De uma forma geral eu acredito no desenvolvimento como algo que é ao longo do tempo, exige um certo aprofundamento e também um certo tempo.	*De uma forma geral eu acredito no desenvolvimento como algo que é ao longo do tempo, exige um certo aprofundamento e também um certo tempo.*
Vivencio desenvolvimento de maneira ampliada do meu corpo, uma percepção ampliada da forma como eu me penso e me observo, é interior, pra mim.	*Vivencio desenvolvimento de maneira ampliada do meu corpo, uma percepção ampliada da forma como me penso e me observo, é interior, pra mim.*
Vivencio o desenvolvimento quando reflito sobre se estou conseguindo ter a capacidade que tenho em absorver, perceber e protagonizar meu autodesenvolvimento pelas vivências e experiências da minha vida pessoal, social e coletiva.	*Vivencio o desenvolvimento quando reflito sobre a capacidade que tenho em absorver, perceber e protagonizar o autodesenvolvimento pelas vivências e experiências da minha vida pessoal, social e coletiva.*
Vivência de desenvolvimento como uma questão interna que tem uma parte que é natural de acontecer e tem uma que é potencial e que a gente precisa ser provocado pra que o desenvolvimento aconteça.	*Vivência de desenvolvimento como uma questão interna que tem uma parte que é natural de acontecer e tem uma que é potencial e que a gente precisa ser provocado pra que o desenvolvimento aconteça.*

Declarações significativas	Unidade de significado
O meu desenvolvimento interior pude perceber na vivência que surgiu como um caminho que abriu, quando eu vi que o que eu tinha aprendido... e aqui de uma forma diferente que eu acho que era mais completo, então deixa ele... caminho se faz em termos disso, lógico que questões pessoais nem se fala.	*O meu desenvolvimento interior pude perceber na vivência que surgiu como um caminho que abriu, quando eu vi que o que eu tinha aprendido... e aqui de uma forma diferente que eu acho que era mais completo, então deixa ele... caminho se faz em termos disso, lógico que questões pessoais nem se fala.*
Percebo no resultado de meu desenvolvimento, na minha clareza de propósito na vida pessoal e profissional meu desenvolvimento.	*Percebo no resultado de meu desenvolvimento, na minha clareza de propósito na vida pessoal e profissional meu desenvolvimento.*
Eu percebo com muito mais clareza a partir dos conhecimentos no curso, fazendo assim todo o sentido e este é o propósito pra que eu vim fazer aqui.	*Eu percebo com muito mais clareza a partir dos conhecimentos no curso, fazendo assim todo o sentido e este é o propósito pra que eu vim fazer aqui.*
Ver que tinha um espaço para o aprendizado que precisava ser trabalhado, compreendido e vivenciado, quando chega no caminho interior em que você vivência essa ampliação para o conhecimento atividades integrativas ali existe um impacto na minha alma, no meu interior.	*Vivencia para aprender como espaço que precisava ser trabalhado, compreendido e vivenciado.*
Quando olho dentro de mim mesmo tem um trabalho a ser feito e a descoberta se revelando né, então ali é o maior desafio. Aprender a partir das vivências se autoperceber. "A partir da minha autopercepção eu passei a perceber melhor o outro e com isso eu consigo ajudar o outro quando ele também não tá percebendo..."	*Como um momento de olhar dentro de mim mesmo, tem um trabalho a ser feito e a descoberta se revelando.*
Nas vivências do aprender lido com o surgimento e descoberta de minha alma humana no curso e ainda estou tendo efeito em toda minha vida.	*Nas vivências do aprender lido com o surgimento e descoberta de minha alma humana no curso e ainda estou tendo efeito em toda minha vida.*
Foi desafiador olhar para si mesmo, mas também pro todo. É estar fazendo esse movimento pra ter essa percepção. "Foi quando eu fui vivenciar o caminho interior do terapeuta, porque eu tive que realmente olhar para minha condição, minha experiência e eu ver, que a visão desse conhecimento me trouxe, a mim como compreensão maior, responsabilidade de verdade.	*De forma desafiadora ao olhar para si mesmo, mas também pro todo, a responsabilidade com a verdade.*

Declarações significativas	Unidade de significado
As vivencias de aprendizagem me ajudaram a olhar para mim e sentir em mim o que eu sou e poder falar, o tempo todo falar pra mim, que um dia já terei aprendido tal conduta de exercício. Então, para que ele fez né aqui não... eu vi o que fala eu li o que Steiner escreveu, eu vivenciei a arte ou nessa vivência dos exercícios, mas na hora de eu replicar para o meu paciente é uma coisa viva né é aquilo que se diz que é ao vivo)... eu sinto uma coisa que vem de mim, ficou muito claro pra mim, por isso que é muito verdadeiro.	*As vivencias de aprendizagem me ajudaram a olhar para mim e sentir em mim o que sou.*
A vivência um desafio que em cada módulo e vivências que eu fiz na arte e nesses exercícios mesmo vivenciais, que a gente fazia em cada módulo. E no desenvolvimento do meu pensar imaginativo me fez perceber as minhas sombras, que eu não tinha noção do que que era isso, até eu começar a ter a percepção e aceitá-las, fazer as pazes com elas, né?... então eu percebo que tinha uma audição ruim e com esse meu desenvolvimento eu passei a ouvir mais o outro, eu passei a ter mais presença em mim mesma e a partir daí eu pude controlar muitas sombras, a autopercepção	*A vivência de desenvolvimento um desafio, que em cada atuar vivenciado, que participei na arte e em outros exercícios.*
A vivência está fazendo uma diferença principalmente no caminho da vida pessoal também porque assim até desse autodesenvolvimento.	*A vivência está fazendo uma diferença principalmente no caminho da vida pessoal também porque assim até desse autodesenvolvimento.*
Percebo desenvolvimento como um processo temporal, como a maternidade onde se tinha todo aquele acúmulo de conhecimento, mas que não gerava uma transformação imediata, necessita de um processo que é vivencial, que é um treino que é um esforço do dia a dia pra que se torne realmente um desenvolvimento, pra que promova um desenvolvimento pessoal nesse caso falando da autoeducação.	*Percebo desenvolvimento como um processo temporal e vivencial, que é um treino, esforço no dia a dia pra que se torne realmente um desenvolvimento, como autoeducação.*
Como trazendo sentido às experiencias de aprendizagem do porquê que eu estava vivendo essa insegurança. / A vivência traz capacitação de me entender enquanto ser humano. / A vivência como uma possibilidade de trazer compreensão às experiências que eu estava vivendo.	*A vivência de aprendizagem trazendo sentido às experiencias do porquê que eu estava vivendo essa insegurança.*

Declarações significativas	Unidade de significado
No fazer sentido, como acredito, integra e faz conexões existenciais.	*No fazer sentido, como acredito, integra e faz conexões existenciais.*
Os contextos metodológicos, vivenciais, relacionais, individual comigo mesmo, influenciaram e continuam reforçando meu desenvolvimento, como algo que está presente e move meu ser à um "vir a ser".	*Os contextos metodológicos, vivenciais, relacionais, individual comigo mesmo, influenciaram e continuam reforçando meu desenvolvimento, como algo que está presente e move meu ser à um "vir a ser".*
As vivências de desenvolvimento como num encontro genuíno com aquilo que sou, que não pude ser ao longo de toda a minha existência antes do curso.	*As vivências de desenvolvimento como num encontro genuíno com aquilo que sou, que não pude ser ao longo de toda a minha existência antes do curso.*
Sensacionar verdadeiramente aspectos vivenciados na minha vida, que antes eu reagia, a partir deles, de forma inconsciente e assim, trazer minhas percepções conscientemente para cognição e emoção, pude me apropriar de mim mesma	*Sensacionar verdadeiramente aspectos vivenciados na minha vida, que antes eu reagia, a partir deles, de forma inconsciente e assim, trazer minhas percepções conscientemente para cognição e emoção, pude me apropriar de mim mesma*
A vivência de aprendizagem me abriu um caminho interior para a vida pessoal, trazendo a questão da escolha, o motivo que acabou me puxando.	*A vivência de aprendizagem me abriu um caminho interior para a vida pessoal, trazendo a questão da escolha, o motivo que acabou me puxando.*
Que bom, tô tendo um cutucão, que me abre muitas possibilidades, de ver que antes era muito formatada numa forma cartesiana né, e agora tá muito mais leve, transformador mesmo	*Como um cutucão, que me abre muitas possibilidades de ver que antes era muito formatada numa forma cartesiana né, e agora tá muito mais leve, transformador mesmo*
Cada vez que vivencio sei que a ressignificação e a individuação acontecem, porque faço um trabalho de transformação pessoal em mim./.	*Ato vivenciado como ressignificador e individualizador, porque é feito um trabalho, de transformação pessoal*

Fonte: as autoras (2021)

As 88 unidades de significado foram agrupadas em temas; algumas foram associadas a mais de um tema. Os temas relacionados à aprendizagem são apresentados no Quadro 10, enquanto os temas relacionados ao desenvolvimento são sumariados no Quadro 11.

Quadro 10 – Temas resultantes do agrupamento das unidades de significado formuladas sobre a aprendizagem (continua)

Temas	Unidades de significado de aprendizagem
Revelando o vivenciador	*Percebo o processo da vivência de aprendizagem como transformador em relação a conceitos e formas e revelador sobre mim. / Como um momento de olhar dentro de mim mesmo, tem um trabalho a ser feito e a descoberta se revelando. / A vivência de aprendizagem me abriu um caminho interior para a vida pessoal, trazendo a questão da escolha, o motivo que acabou me puxando. / A vivência de aprendizagem trazendo sentido às experiências do porquê que eu estava vivendo essa insegurança. / As vivências de aprendizagem me ajudaram a olhar para mim e sentir em mim o que sou. / Vivenciei aprender como profissional é uma experiência única, pois é um mergulho, amplo e intenso sobre eu mesma, percepção maior de meu ser como profissional, como... e como essência. / Vivência para aprender como espaço que precisava ser trabalhado e compreendido, vivenciado / Entendo que a vivência de aprendizagem como uma maneira de fazer links que me dão insights sobre a visão da gente e acaba dando também do outro, tive um link como se você conseguisse penetrar mais no que o outro tá sentindo. / Eu acho que a vivência de aprendizado é aquilo que te toca que te chama do mundo lá fora é aquilo que você vê e que de alguma forma chama sua atenção e você recebe aquilo. / Vivência de aprendizagem como um meio para aprender sobre minha pessoa, do meu desenvolvimento de ser humano onde isto levou a uma aprendizagem como psicoterapeuta antroposófica. / Aprendizagem vivenciada trouxe esse olhar mais ampliado mesmo, para aspectos como da espiritualidade e tudo mais e isso traz uma postura, um olhar, um atendimento completamente diferentes no encontro com o paciente.../ muito importante porque é como se eu me apropriasse da minha própria experiência e a partir disso eu tenho o exercício do aprendizado, isso parte de mim... individua... / Como um desvendar gradativo que passei a incorporar os conhecimentos teóricos, não somente cognitivamente, mas de forma anímica, graças às vivências. / Vivência como fornecendo possibilidades de aprender, tanto na parte de informação como da autopercepção. / Aprender a partir das vivências se autoperceber. "A partir da minha autopercepção eu passei a perceber melhor o outro e com isso eu consigo ajudar o outro quando ele também não tá percebendo..."/ Quando compreendendo cada vez mais um pouco, uma forma de estar no mundo e estar com o outro./ Como compreensão da relação com a espiritualidade, traz a possibilidade da liberdade, do desenvolvimento da própria autonomia, do vir a ser./ Nas vivências do aprender lido com o surgimento e descoberta de minha alma humana no curso e ainda estou tendo efeito em toda minha vida. / Vivenciando percebi muito claramente, que tive meio que desassimilar esse modo inicial de aprendizado e assimilar de forma diferente. / Consigo perceber o quanto minha imagem de aprendizagem hoje, faz sentido com essa forma que foi trabalhada no curso, pois consigo fazer imagens e assim aprender melhor o que foi transmitido. / Foi por causa das vivências que hoje, percebo o quanto estou conseguindo falar mais me expor mais./ [continua]*

APRENDIZAGEM E DESENVOLVIMENTO NA PSICOLOGIA E PSICOTERAPIA ANTROPOSÓFICA

Temas	Unidades de significado de aprendizagem
	[continuação]O resultado das vivências já está refletindo no meu relacionamento comigo e com o outro./ Sei que o que vivenciei vai para além do consultório, pois sinto que as vivencias me trouxeram abertura interna e empatia./ Eu percebo que no aprendizado vivenciado primeiramente eu aprendo em mim sobre mim e depois, vou transformar isso, em algo para outra pessoa/ Vivenciei um momento de ressignificar a aprendizagem abandonando o controle, me entregando inteira e claro cheguei também no meu desenvolvimento interior muito especial e salutar no curso./ A vivência da aprendizagem como interiorização de alguns momentos e ligações do conhecimento que nos chegam e nas vivências podem ser diferenciados e compreendidos, me permitindo assim apropriar-se da própria experiência. / Faz parte do movimentar-se interiormente como um contraponto que o mundo externo promove, como nova percepção e tomada de consciência
As marcas no caminho vivido	*Ao longo da vida, como um processo de estar em si para aprender / Aprendizagem com as mudanças de fases da vida, eu penso que trazem muito isso, por exemplo, quando você casa, quando os filhos nascem./ Traz um resultado gigantesco ao longo da nossa vida porque a gente entra muito mais, antes eu aprendia as coisas me tocavam, mas eu não trazia isso necessariamente pro meu desenvolvimento./ No vivenciar de um câncer, como uma coisa no meu aspecto e sinto que é uma coisa, mas também acontece com outras pessoas. Eu percebo que as doenças podem ser, pra mim foram caminhos de iniciação, em especial o câncer. Eu acho me ensinou, eu o tenho como um mestre./ Como um aspecto de tensão e de uma rendição, uma tensão me perguntando "e aí?". É uma rendição no seguinte sentido, ah vou começar qualquer coisa, aqui vamos ver o que que vira, o que que vai ser... então é uma coisa que acontece sempre assim e eu me sinto bem quando há a rendição, diminui esse ar entre a tensão e eu me entrego logo*
O significado do encontro	*As vivências de aprendizagem no curso mexeram comigo de todos os jeitos, no aspecto pessoal, não só no profissional, me deixou refletindo sobre mim ali e fora dali, é te entrega e reflete, reflete e entrega./ Como uma possibilidade contínua de perceber o que necessito para aprender a "apreender" em meu interior para poder trazer e facilitar a autocura de meus pacientes em seus processos biográficos./ As vivências, o trabalho integrativo, a arte, o caminho de desenvolvimento, eles possibilitam integrar esse aprendizado e realmente promovem meu desenvolvimento pessoal e profissional, põe para refletir sobre meu ser./ Vivência de aprendizagem como um meio para aprender sobre minha pessoa, do meu desenvolvimento de ser humano onde isto levou a uma aprendizagem como psicoterapeuta antroposófica. / Vivenciei aprendizagem no acolhimento, de encontros verdadeiros e profundos, sem julgamento e com a liberdade de cada um trilhar seu caminho a seu modo, na convivência com esse grupo, aprendo a confiar. / As vivências com o grupo, me proporcionou a tomada de consciência, e eu percebi que sempre tive isso, sempre quis essas relações com as pessoas, né? Percebi que eu me colocava muito mais na frieza, no isolamento. Então, isso foi algo que ao longo do curso eu fui aprendendo a participar do grupo, a entrar mais no grupo, ser eu mesma, ali. / As atividades de aprender que vivenciei, mexeu comigo me pondo a refletir sobre papel e criação dos filhos*

Temas	Unidades de significado de aprendizagem
Aprendizagem transformadora	*Participar nas atividades do aspecto vivencial, integrativo e expressivo, as palestras mexem comigo de maneira transformadora e inquietante durante e fora do curso, questionamentos emergem. / Percebo o processo da vivência de aprendizagem como transformador em relação a conceitos e formas e revelador sobre mim. / Um processo transformador, que virei do avesso fui fundo em mim, tiveram 3 módulos com vivências marcantes que ocasionaram dor corporal (costas, torcicolo), febre, ansiedade. / Como um processo de transformação vivenciado interiormente, decorrente de atitude reflexiva a partir de mim e sobre meu atuar no mundo, ou seja, do aprendizado. / Ao vivenciar o aprendido no curso me libertou das antigas regras. / Como um cutucão, que me abre muitas possibilidades de ver que antes era muito formatada numa forma cartesiana né, e agora tá muito mais leve, transformador mesmo. / É algo interior que acontece ao longo do tempo e exige um certo aprofundamento a partir da internalização de um aprendizado que gera uma transformação interna de comportamento, de paradigma. / Ato vivenciado como ressignificador e individualizador, porque é feito um trabalho, de transformação pessoal*
O espaço do realizar consciente	*As vivências integrativas com a arte são fundamentais para o processo do aprender e desenvolver-se, pois, aprendi não só sobre conteúdo da psicoterapia antroposófica, mas também sobre o meu aprendido./ Me percebo aprendendo nas atividades artísticas que sempre me ajudaram muito a olhar para dentro e expressar o que havia ali, como numa grande expiração./ As vivências aprendidas como ambiente para encontrar a minha missão na vida e acessar que realmente eu estou fazendo algo que me ajuda a ajudar os outros./ Sensacionar verdadeiramente aspectos vivenciados na minha vida, que antes eu reagia, a partir deles, de forma inconsciente e assim, trazer minhas percepções conscientemente para cognição e emoção, pude me apropriar de mim mesma/ Sensacionar verdadeiramente aspectos vivenciados na minha vida, que antes eu reagia, a partir deles, de forma inconsciente e assim, trazer minhas percepções conscientemente para cognição e emoção, pude me apropriar de mim mesma/ Aprender a pensar com o coração, ao vivenciar os fenômenos e a me pautar pelo individualismo ético em minhas ações. / Vivenciando percebi muito claramente, que tive meio que desassimilar esse modo inicial de aprendizado e assimilar de forma diferente. / Vivência para aprender como espaço que precisava ser trabalhado, compreendido e vivenciado*
Encontrando propósito e valores	*Um profundo convite "portal" a olhar, atravessar, reconhecer, vivenciar e ser a vida que jorra do Espírito através do autodesenvolvimento consciente que exige esforço constante em sintonia com a Graça Divina sempre presente. / Com relação à responsabilidade com outro, aprender com o outro junto. E isso também me reporta para a questão ética e moral também, esse respeito para com o outro, construir junto. [continua]*

Temas	Unidades de significado de aprendizagem
	[continuação]Isso que pra mim é o fundamental... isso para mim é e faz muita diferença. Não separo o encontro, não é separado. / As vivências aprendidas como ambiente para encontrar a minha missão na vida e acessar que realmente eu estou fazendo algo que me ajuda a ajudar os outros. / Aprender a pensar com o coração, ao vivenciar os fenômenos e a me pautar pelo individualismo ético em minhas ações. / A relação é de contínua transformação, fato que, se bem observado, releva a essência e a potência da vida. Todos os ciclos trazem lições poderosas para o cumprimento da lição do Eu. Tudo isso se relaciona ao meu momento pessoal de entrega à busca e a realização do "meu propósito maior"

Fonte: as autoras (2021)

Quadro 11 – Temas resultantes do agrupamento das unidades de significado formuladas sobre o desenvolvimento (continua)

Temas	Unidades de significado de desenvolvimento
Processo de revelação de si mesmo	*Os contextos metodológicos, vivenciais, relacionais, individual comigo mesmo, influenciaram e continuam reforçando meu desenvolvimento, como algo que está presente e move meu ser à um "vir a ser" / No fazer sentido, como acredito, integra e faz conexões existenciais./ Percebo no resultado de meu desenvolvimento, na minha clareza de propósito na vida pessoal e profissional meu desenvolvimento./ As vivências de desenvolvimento como num encontro genuíno com aquilo que sou, que não pude ser ao longo de toda a minha existência antes do curso../ Me dei conta de que realmente em uma só pequena vivência a gente está no todo e isso me deu uma alegria muito grande a hora que eu percebi ao concluí-la./ Vivência de desenvolvimento como um processo de revelação de mim mesma e também do meu propósito, enquanto psicoterapeuta que é a transformação, a metamorfose para nascimento das minhas cores, ou melhor cores da minha alma com calor. / Senti nos meus olhos essa visão dessa luz, como se ele estivesse lá longe, mas eu estou enxergando. E o elemento que surgiu primeiro foi um fundo azul que me traz esse frio... /Vivência de desenvolvimento entendo toda a capacidade que o ser humano tem em absorver, perceber e protagonizar seu autodesenvolvimento pelas vivências e experiências de sua vida pessoal, social e coletiva, enquanto processo interno e singular. / A vivência de desenvolvimento um desafio, que em cada atuar vivenciado, que participei na arte e em outros exercícios. / Desenvolvimento humano para mim é vivenciado como uma questão interna que tem uma parte que é natural de acontecer e tem uma que é potencial e que a gente precisa ser provocado pra que o desenvolvimento aconteça. / Algo natural como uma semente que com o tempo e o ambiente pode desabrochar e ser barrado ao ser estimulado "caminho do desabrochar da essência humana. / A vivência de desenvolvimento como um sentido interior através de um processo que revela todos os significados externos na direção de uma autoconsciência*

Temas	Unidades de significado de desenvolvimento
Movimento a partir de opostos complementares	*No curso ficam a refletir e reverberar também fora do curso. / Nos módulos, os conteúdos aprendidos e vivenciados são como véus que parecem ser tirados dos olhos e do coração, fazendo a vida e as relações terem cada vez mais um sentido. / Comecei a vivência pelas extremidades da folha, que são certezas que eu tinha, dois eixos que procurei assemelhar com uma coluna que me guiaram muito durante minha trajetória até aqui, um esquerdo e um direito exatamente por essa convenção que se usa mais leigamente falando da razão e da emoção e de como elas também se dissolvem porque elas podem nascer com muita estrutura e depois a medida que isso vai se acendendo.../ De maneira ampliada do meu corpo, uma percepção ampliada da forma como me penso e me observo, é interior, pra mim./ Na compreensão da relação com a espiritualidade traz a liberdade da possibilidade e o desenvolvimento da própria autonomia, do vir a ser./ Na relação da contínua transformação, fato que se bem observado, releva a essência e a potência da vida. / Eu iniciei pelo amarelo que quis trazer a luz fui pros elementos no sentido de trazer elementos que atuam independente da minha pessoa de dentro pra fora, de fora pra dentro de baixo pra cima. / Percebo na integração de todas as atividades proporcionadas como elos ampliadores desta percepção de mim mesma, do outro e do meio, ou seja, contexto micro e macro, com aquilo que sou*
Autoconhecimento	*Vivência como sendo construída a partir do domínio, que fui obtendo sobre meus instintos e atos inconscientes, indo cada vez mais ao encontro da compreensão de mim mesma./. Surgiu como um caminho que abriu, quando eu vi que o que eu tinha aprendido... e aqui de uma forma diferente que eu acho que era mais completo, então deixa ele... caminho se faz em termos disso, lógico que questões pessoais nem se fala./ Como um processo temporal e vivencial, que é um treino, esforço no dia a dia pra que se torne realmente um desenvolvimento, como auto educação/ Com coragem de experimentar o novo sem me preocupar muito com o resultado (feltragem). / Eu percebo na maior clareza a partir dos conhecimentos no curso, fazendo assim todo o sentido e este é o propósito pra que eu vim fazer aqui. / Ao vivenciar as atividades percebo com um despertar forças adormecidas que me possibilita ferramentas para desenvolver o nascer de novas forças. /Através da entrega à investigação das experiencias vividas. / Veio uma tensão que é a tensão de medo, que senti no meu cardíaco e depois veio a questão da entrega mesmo pra cor e coloquei primeiro a cor azul que representa a condição de minha interiorização depois coloquei o amarelo, que representa essa força e depois surgiu o verde, que é o encontro com o outro... / No começo era pó... como se fosse uma nuvem, uma poeira, mas sem atrito, sem nada, uma certa tranquilidade*
Autotransformação	*É o processo que ocorre na vida da alma ou no interior da corporeidade, influenciaram e continuam reforçando meu desenvolvimento, como algo que está presente e move "meu ser" um "vir a ser". / [continua]*

Temas	Unidades de significado de desenvolvimento
	[continuação] Com leveza e beleza predicativos que ficaram mais claros para mim que quero incorporar a minha "assinatura", à minha obra na vida.../ Algo que é ao longo do tempo, exige um certo aprofundamento e também um certo tempo. /Complementam e trazem o conhecimento para meu autodesenvolvimento, proporcionando a abertura para a aprendizagem necessária para o "Ser Terapeuta". / Fortalece e possibilita uma mudança de hábito, trazendo novas perspectivas às vivências que podem levar a um processo de ressignificação. / Esse amarelo sempre me vem muito forte e simboliza a espiritualidade.../ É a direção do Educar-se que através de mim se revela influenciando todas as áreas do meu viver sempre com a Luz, da Força e do Amor

Fonte: as autoras (2021)

Nas transcrições das respostas, nos resultados, foram criados nomes fictícios aos participantes.

5.1.1 Resultados das produções criativas

Como já citado, os resultados da análise das produções criativas foram integrados ao questionário. As imagens das participantes apresentam os seguintes elementos: sol; calor; direção; diferenciação; criação; concentração; radiações; cor azul; cor amarela; cor verde; cor vermelha; cor laranja; cores frias e quentes; riscos; núcleo; escuridão; luz; multicolorido; dicromático; policromático; curva; reta; forma; redondo; traço; riscos; círculo; raios; pilares; tremores; espiral; vórtices; redemoinho; movimento; peso; nuvem; poeira; antipatia; intensidade; e imago.

Os elementos se relacionam por meio de: expansão externa; contração expressa pela cor quente e luminosa interna; círculo no centro; dinamismo; radiações; medianas; uniformidade lateral; cores dissolvidas e intensas; forma amorfa; tensão; núcleo de calor; encontro de cores; fluidez; intensidade; núcleo orientador; preponderância de dissolução; conexão central; concentração de cores; e cores em degradê.

Percebe-se a correspondência entre os elementos nos seguintes aspectos: encontro de espirais com eixos de orientação; nuvem de poeira; nuvem carregada; embrião; chama; anjo; vegetais; paisagem; luz no fim do túnel; luz divina; movimento fluído; irradiação transformadora; e círculo de sol interior. São revelações de "autonomia" e de "calor humano" para vivências de aprendizagem e de desenvolvimento. Percebe-se, ainda, a relação entre os conteúdos do questionário e da produção criativa.

Por meio da reflexão fenomenológica, foram constituídos seis temas para a aprendizagem (Quadro 10) e quatro temas para o desenvolvimento (Quadro 11), representantes do agrupamento das unidades de significado que espelham processos distintos e fornecem descrições vivas ou destaques que são inerentes à vivência de aprendizagem e desenvolvimento de participantes do curso de FCPPA.

5.1.1.1 Vivências de aprendizagem

Os temas das vivências de aprendizagem encontrados foram: revelando o vivenciador; as marcas no caminho vivido; o significado do encontro; aprendizagem transformadora; o espaço do realizar consciente; e encontrando propósito e valores.

5.1.1.1.1 Tema 1: revelando o vivenciador

Neste tema o foco residiu nas percepções pessoais da vivência de aprendizagem. Isso ficou evidente nas seguintes respostas:

> Como um meio para aprender sobre minha pessoa. (Clarissa).
>
> [...] trouxe esse olhar mais ampliado mesmo. (Alice).
>
> [...] se me apropriasse a partir do aprendido. (Olga).
>
> Como fornecendo possibilidades de aprender. (Aline).
>
> [...] ajudaram a olhar para mim e sentir em mim o que eu sou. (Ísis).
>
> Como um desvendar gradativo. (Antônia).
>
> [...] quando compreendendo cada vez mais um pouco. (Clara).
>
> Como compreensão da relação com a espiritualidade. (Marina).
>
> Como uma maneira de fazer links. (Marina).
>
> [...] que tive meio que desassimilar. (Antônia).

As vivências de aprendizagem foram consideradas um meio para aprender sobre a própria pessoa e seu desenvolvimento como ser humano, levando a uma aprendizagem como psicoterapeuta antroposófica. As descrições consistiam preponderantemente como:

> [...] um desvendar gradativo que passei a incorporar os conhecimentos teóricos, não somente cognitivamente, mas de forma anímica, graças às vivências. (Antônia).

APRENDIZAGEM E DESENVOLVIMENTO NA PSICOLOGIA E PSICOTERAPIA ANTROPOSÓFICA

Para outra participante, esse processo estava:

> [...] *fornecendo possibilidades de aprender, tanto na parte de informação como da autopercepção.* (Aline).

Uma participante descreveu a percepção do alcance que as vivências de aprendizagem alcançaram em sua vida da seguinte forma:

> *Como compreensão da relação com a espiritualidade traz a liberdade da possibilidade e ao desenvolvimento da própria autonomia, do vir a ser.* (Marina).

Outra participante destacou a aprendizagem sobre si mesma, para depois poder transformar esse aprendizado vivenciado interiormente em algo para ajudar outra pessoa:

> *Eu percebo que no aprendizado vivenciado, primeiramente eu aprendo em mim sobre mim e depois vou transformar isso em algo para outra pessoa.* (Isis).

Os sentimentos, sensações e sintomas manifestados no decorrer das vivências foram de inquietação, desafio, frio, apreensão, insegurança, dor de cabeça e náuseas. Como sentimentos para o enfrentamento dos desafios que a autopercepção deixou emergir nas participantes, identificou-se calor humano, gratidão, abertura, empatia, revelação, amor, coração, coragem, confiança e poder.

A inquietação que emergia como questionamentos dentro e fora do ambiente da vivência se refletiu na descrição da participante Marina como:

> *O que vivenciei vai para além do consultório, pois sinto que as vivências me trouxeram abertura interna e empatia.* (Marina).

A empatia é um sentimento que aparece nas expressões das participantes:

> *Compreendendo cada vez mais um pouco, uma forma de estar no mundo e estar com o outro.* (Marina).

Outras participantes relataram vivências semelhantes:

> *Consigo perceber o quanto minha imagem de aprendizagem hoje, faz sentido com essa forma que foi vivenciada a aprendizagem, pois consigo fazer imagens e assim aprender melhor o que foi transmitido.* (Aline).

> *Quando olho dentro de mim mesmo, tem um trabalho a ser feito e a descoberta se revelando né, então ali é o maior desafio.* (Olga).

> *Aprender a partir das vivências, se autoperceber e a partir da minha autopercepção eu passei a perceber melhor o outro e com isso eu consigo ajudar o outro, quando ele também não está percebendo... (Antônia).*

> *Nas vivências do aprender lido com o surgimento e descoberta de minha alma humana no curso e ainda estou tendo efeito em toda minha vida. (Alice).*

A vivência de aprendizagem proporcionou o enfrentamento por uma das participantes que permitiu superar sua insegurança em falar em público, possibilitando, com isso, revelar-se socialmente:

> *As vivências de aprendizagem me ajudaram a olhar para mim e sentir em mim o que eu sou e poder falar, o tempo todo falar pra mim, que um dia já terei aprendido tal conduta de exercício. Então, para que ele fez né aqui não... eu vi o que fala eu li o que Steiner escreveu, eu vivenciei a arte ou nessa vivência dos exercícios, mas na hora de eu replicar para o meu paciente é uma coisa viva né, é aquilo que se diz que é ao vivo)... eu sinto uma coisa que vem de mim, ficou muito claro pra mim, por isso que é muito verdadeiro. Percebo o processo da vivência de aprendizagem como transformador em relação a conceitos e formas e revelador sobre mim. Então assim, hoje percebo assim o quanto estou conseguindo falar mais, me expor mais, então penso que isso veio dessas vivências, de eu ir vivenciando, dentro do próprio curso, de ir me percebendo, de poder falar e de me colocar nesse papel desse aprendizado vivencial que hoje eu consigo falar. Já fechei com a escola para eu fazer palestra. Agora né, então assim eu penso que é isso sabe, é conforme eu vivendo essa situação toda, tendo a possibilidade de vivenciar, isso tá se transformando em mim pra eu mostrar isso pro mundo também. Para ajudar também, de alguma forma espelhar isso pro mundo. Para o mundo poder receber e dar essa continuidade né? Não parar em mim. Foi por causa das vivências que hoje percebo o quanto estou conseguindo falar mais, me expor mais. (Marina).*

Outra participante relatou seu encontro com a vivência de aprendizagem:

> *Como um desvendar gradativo que passei a incorporar os conhecimentos teóricos, não somente cognitivamente, mas de forma anímica, graças às vivências de atividades artísticas (giz pastel, feltragem, aquarela, exercícios entre alunos). Isso tudo possibilitou hoje eu encontrar respostas a questões que me incomodavam há anos e também me fizeram vislumbrar, como missão de vida, o uso da Antroposofia em minha vida profissional e social. (Antônia).*

APRENDIZAGEM E DESENVOLVIMENTO NA PSICOLOGIA E PSICOTERAPIA ANTROPOSÓFICA

Como imagem sintetizadora, emerge o tema "o revelado pelo desvendar dos véus".

5.1.1.1.2 Tema 2: as marcas no caminho vivido

O foco neste tema residiu sobre o tempo e o espaço associados às vivências de aprendizagem das participantes, como:

> *Um processo de estar em si para aprender.* (Fábia).
>
> *Interiorização de alguns momentos e de ligações do conhecimento.* (Clara).
>
> *O lugar que pessoas passaram na minha vida ocupam.* (Patrícia).
>
> *Nas mudanças de fases da vida.* (Alice).
>
> *Temas e situações críticas.* (Olga).
>
> *[...] traz um resultado gigantesco ao longo da minha vida.* (Beatriz).

O tempo transcorreu ao longo dos anos vividos com seus eventos e situações do existir; o espaço foi vivido de maneira estruturante e confinante, como revelam os relatos das participantes relacionados a suas histórias, com locais, eventos, situações e papéis delimitados e algumas vezes rígidos, tendendo à contenção do comunicar. Tais aspectos emergiram durante o estudo e foram enfrentados, promovendo a sensação de relaxamento e liberdade nas participantes.

Uma participante falou do tempo como:

> *[...] relacionado aos significados pessoais derivados do cultivo da vivência na vida.* (Sueli).

Outra participante descreveu as vivências aprendidas:

> *Pela entrega à investigação das experiências vividas, com temas e situações críticas, de desafios e eventos pontuais no tempo em minha biografia.* (Olga).

O autocuidado promovido pela vivência do aprendizado com a vida vivida é relatado por uma participante:

> *No vivenciar de um câncer, como uma coisa no meu aspecto e sinto, que é uma coisa, mas também acontece com outras pessoas. Eu percebo que as doenças podem ser, para mim foram caminhos de iniciação, em especial, o câncer. Eu acho me ensinou, eu o tenho como um mestre.* (Alice).

A mesma participante relatou a fase da maternidade como um momento máximo de vivências de aprendizagem, uma vez que de nada lhe adiantaram as leituras sobre o assunto e teve mesmo que se entregar à vivência:

> As mudanças de fases da vida, eu penso que trazem muito isso, por exemplo, quando eu casei, quando tive filhos, depois que nasceram. (Alice).

Os sentimentos e sintomas corporais relatados expressam os seguintes aspectos: dificuldades; sofrimentos; tensão; desamparo; crises; desafios; saudades; doenças; acontecimentos; tensão; câncer; ligações; e processo gigantesco. No entanto, como forças para o enfrentamento dessas e de outras adversidades, as participantes revelam: interiorização; rendição; relaxamento; alegrias; surpresas; iniciação; aceitação; e coragem.

A participante Sofia relata a importância da existência das cores e de elementos variados em sua composição (Figura 10). Destaca que sua distribuição de forma harmônica apresenta o ar, as plantas, a fluidez, as formas, o calor e junto o gosto pelo vivenciar. Nessa relação, cria o que é vida autônoma.

Figura 10 – Produção participante Sofia

Fonte: as autoras (2021)

A participante sumaria sua vivência de aprendizagem:

> *Pra mim, começa como um aspecto de tensão e de uma rendição, uma tensão me perguntando e aí? É uma rendição, no seguinte sentido. Ah! Vou começar qualquer coisa, aqui vamos ver o que que virá, o que que vai ser... Então, é uma coisa que acontece sempre assim, e eu me sinto bem quando há a rendição, diminui esse ar entre a tensão e eu me entrego logo... E aí as coisas foram mudando, eu fui começando pensando nas aulas tudo mais, mas depois eu estava pensando, no final em mim... fui fazendo pelas cores o fundo e eu senti a necessidade de inserir algum elemento que não só as cores, tivesse mais a ver com a figura, só que aí pra inserir esses elementos eu precisaria misturar pra surgir o novo, então pra mim ficou contundente essa coisa que ali o que tem são substâncias parecidas, mas a composição dessas substâncias, quando elas aglutinam na composição do percentual de cada uma é que faz a diferença e que vai fazer o surgir essa coisa nova e essa coisa nova pra mim é a vida, então a vida surgiu. É uma coisa que surgiu a partir da combinação dos elementos existentes. (Sofia).*

Essa categoria pode ser expressa pelo tema: "no existir estão as marcas impressas pelas vivências como significados".

5.1.1.1.3 Tema 3: o significado do encontro

O foco foi o efeito da vivência de aprendizagem nas relações das participantes com outras pessoas, nas quais os efeitos são descritos como:

> *Está refletindo.* (Clarissa).

> *Me proporcionou a tomada de consciência.* (Ísis).

> *Aprendo a confiar.* (Joana).

> *Mexeu comigo como uma possibilidade contínua de perceber.* (Marina).

> *Meio de encontro.* (Olga).

A vivência de aprendizagem influenciou o relacionamento das participantes com as outras pessoas com quem convive:

> *Mexeu comigo me pondo a refletir sobre papel e criação dos filhos.* (Sueli).

> *Me proporcionou a tomada de consciência e eu percebi que sempre tive isso, sempre quis essas relações com as pessoas.* (Ísis).

Percebe-se que inquietações, frieza, isolamento, preocupações, questionamentos e tomada de consciência surgem como sentimentos, sensações e sintomas decorrentes do olhar para os encontros com o outro, os quais influenciaram as participantes de maneira significativa e impulsionaram mudanças profundas despertando sentimentos para o enfrentamento. Desse modo, surgiram o acolhimento, a confiança, a reflexão, a convivência, a tomada de consciência e autocura como forma de quebrar barreiras internas e identificar novos sentimentos e significados como vivência de aprendizagem.

A participante Isis relata como a vivência de aprendizagem em grupo proporcionou um efeito salutogênico:

> As vivências com o grupo, me proporcionou a tomada de consciência, e eu percebi que sempre tive isso, sempre quis essas relações com as pessoas, né? Percebi que eu me colocava muito mais na frieza, no isolamento. Então, isso foi algo que ao longo do curso eu fui aprendendo a participar do grupo, a entrar mais no grupo, ser eu mesma, ali. A vivência da aprendizagem como interiorização de alguns momentos e ligações do conhecimento que nos chegam e nas vivências podem ser diferenciados e compreendidos, me permitindo assim apropriar-se da própria experiência. (Isis).

Isis ainda ressalta o encontro como uma vivência de limiar:

> Vivenciei aprendizagem no acolhimento, de encontros verdadeiros e profundos, sem julgamento e com a liberdade de cada um trilhar seu caminho a seu modo, na convivência com esse grupo. (Isis).

Nesse mesmo sentido, outra participante relata a vivência de aprendizagem como:

> Uma possibilidade contínua de perceber o que necessito para aprender a "apreender" em meu interior, para poder trazer e facilitar a autocura de meus pacientes em seus processos biográficos. (Beatriz).

Como síntese fenomenológica desse tema, emerge: "quando a cicatriz justifica o encontro" ou "o significado encontra o sentido".

5.1.1.1.4 Tema 4: aprendizagem transformadora

Neste tema o foco esteve no efeito transformador da vivência de aprendizagem nas participantes. Ao responderem espontaneamente, a vivência de aprendizagem foi descrita como:

APRENDIZAGEM E DESENVOLVIMENTO NA PSICOLOGIA E PSICOTERAPIA ANTROPOSÓFICA

> *Transformadora e inquietante.* (Clarissa).

> *Transformadora em relação a meus conceitos e formas.* (Aline).

> *Um processo transformador.* (Sueli).

> *Um cutucão transformador.* (Antônia).

> *Um processo de transformação vivenciado interiormente.* (Clara).

> *Transformação interna de comportamento.* (Marina).

A vivência transformadora ficou evidente nas seguintes descrições:

> *Mexem comigo de maneira transformadora e inquietante durante e fora do curso, questionamentos emergem.* (Clarissa).

> *Processo de transformação vivenciado interiormente, decorrente de atitude reflexiva a partir de mim e sobre meu atuar no mundo.* (Clara).

> *Como um cutucão, que me abre muitas possibilidades de ver que antes era muito formatada, numa forma cartesiana. E agora está muito mais leve, transformador mesmo.* (Antônia).

> *Ao vivenciar o aprendido no curso me libertou das antigas regras.* (Isis).

Foram citadas manifestações conscientes sentimentais e corporais expressas como: abertura; leveza; inquietação; dor; febre e torcicolo; leve; e libertadora, evidenciando o efeito da vivência nas participantes.

O sentido transformador que aparece no físico e no tempo fora da vivência foi evidenciado na explicação de uma participante de que, ao vivenciar, você "vira do avesso". Nas palavras da participante:

> *Um processo transformador, que virei do avesso, fui fundo em mim, tiveram três módulos com vivências marcantes, que ocasionaram dor corporal (nas costas, torcicolo), febre, ansiedade.* (Sueli).

Outra participante ressaltou o sentido transformador da vivência relacionado ao tempo e ao aprofundamento interior para sua transformação interna:

> *É algo interior que acontece ao longo do tempo e exige um certo aprofundamento a partir da internalização de um aprendizado que gera uma transformação interna de comportamento, de paradigma.* (Clara).

O caráter transformador da vivência é evidenciado por uma participante como expressão ressignificadora e individualizadora no mundo:

Ato vivenciado como ressignificador e individualizador, porque é feito um trabalho, de transformação pessoal. (Clara).

Como exemplo cita-se a participante Fábia, que expressa o efeito transformador percebido pelas participantes predominantemente no processo de vivência da aprendizagem em forma de imagem (Figura 11).

No começo era pó... como se fosse uma nuvem, uma poeira, mas sem atrito, sem nada, uma certa tranquilidade e esse pó de repente foi criando uma forma, como se fossem nuvens carregadas, mais pesadas, uma nuvem próxima de chuva, de tempestade. Que tem mais forma, tem mais peso, mais cor... e isso criou como se fosse um redemoinho... Mas isso não eclodiu, ficou nisso. Depois, de repente, veio a luz... então, é o processo que está aí, eu estou vendo luz, mas nada definido... atritos e encontros... mostra o processo de aprendizado, primeiro a confusão, depois vem atrito... mas depois vem a clareza... relação é isso, uma certa poeira, depois se forma uma nuvem, um elemento, uma forma com alguma intenção, aí depois esses atritos, essas confusões, quando abaixa clareia... significado... depois, principalmente aceitar que quando a gente está na confusão... estamos vivendo esse momento de transformação e que daqui um pouco vem a clareza... o teu processo vai acontecer, não precisa entrar em desespero. (Fábia).

Figura 11 – Produção participante Fábia

Fonte: as autoras (2021)

A expressão que emerge nesse tema, como sua síntese, pode ser representada por: "o vivenciar do aprendizado por si só transforma".

5.1.1.1.5 Tema 5: o espaço do realizar consciente

Neste tema as vivências ficaram concentradas na incorporação do aprender na e pela vivência. Aprender a aprender no vivenciar foi considerado uma habilidade profissional imprescindível a ser incorporada à atuação profissional. As vivências foram descritas como:

> *Fundamentais para o processo do aprender e desenvolver-se.* (Sueli).
>
> *Ajudaram muito a olhar para dentro e expressar o que havia ali.* (Isis).
>
> *Como um meio para aprender sobre minha pessoa, do meu desenvolvimento de ser humano.* (Aline).
>
> *O ambiente para encontrar a minha missão na vida.* (Beatriz).
>
> *Aprender a pensar com o coração.* (Isis).

As participantes descreveram prontamente o praticado para as conquistas do aprendizado nas vivências e suas consequências para o enfrentamento do atuar profissional.

É possível observar a tomada de consciência corporal percebida na fala da participante Antônia:

> *Sensacionar verdadeiramente aspectos vivenciados na minha vida, que antes eu reagia, a partir deles, de forma inconsciente e assim, trazer minhas percepções conscientemente para cognição e emoção, pude me apropriar de mim mesma.* (Antônia).

Tal aspecto é necessário para o enfrentamento do exercício profissional, pois promover a percepção sensacionada corporal evidencia-se como habilidade para o diagnóstico e o tratamento profissional.

Dentre as expressões conscientes, sentimentais e corpóreas que estiveram presentes nas vivências, cita-se: missão; ajuda; expiração; ambiente; vida; sensacionar; forma; inconsciente; cognição; emoção; coração; individualismo ético; ações; processos; transformação; atitude reflexiva; desassimilar; e espaço.

A expressão integrativa incorporada à vivência de aprendizagem é expressa pelas participantes nos seguintes termos:

> *São fundamentais para o processo do aprender e desenvolver-se, pois, aprendi não só sobre conteúdo da psicoterapia antroposófica, mas também sobre o meu aprendido nas atividades vivenciadas.* (Sueli).

> *Percebi muito claramente que tive meio que desassimilar esse modo inicial de aprendizado e assimilar pelo vivenciar integrativo, ou seja, de forma diferente.* (Antônia).

As participantes se esforçaram para aceitar a vivência de aprendizagem como necessária, descrita como:

> *[...] um espaço para o aprendizado que precisava ser trabalhado, compreendido e vivenciado. Quando chega no caminho interior em que vivencio essa ampliação para o conhecimento das atividades integrativas. Ali existe um impacto na minha alma, no meu interior.* (Olga).

A síntese do tema pode ser expressa como "espaço para o viver aprendendo".

5.1.1.1.6 Tema 6: encontrando propósito e valores

Neste tema as vivências de aprendizagem estavam associadas a aspectos como:

> *Um profundo convite portal a olhar, atravessar.* (Patrícia).
>
> *Com relação à responsabilidade com o outro, aprender junto com o outro.* (Patrícia).
>
> *Como ambiente para encontrar a minha missão na vida.* (Beatriz).
>
> *Grandemente libertador.* (Isis).
>
> *Contínua transformação.* (Joana).
>
> *Aprender a pensar com o coração.* (Isis).

As participantes viram na vivência de aprendizagem um *link* para o propósito e os valores humanos:

> *Aprender vivenciando é desafiador, é construir, é traduzir para o meu dia a dia como isso pode ser edificado e não querer um modelo pronto. Meio para aprofundar meus conhecimentos que recebo, encaixá-los dentro de mim, criando possibilidades de abertura, de crescimento e respeito ao tempo de cada um.* (Clara).

Os sentimentos e reações fisiológicas que foram evidenciados quando a vivência de aprendizagem focalizou essa temática foram: abertura; presença; respeito; amor; liberdade; ética; moral; crescimento; força de vontade; potência; missão na vida; responsabilidade; e essência. Tais sentimentos denotam certa força de intenção e entrega ao cuidado com o outro e ao espiritual.

Observa-se que, à medida que os anos de vida passam, os sentimentos e comportamentos voltados ao espiritual e social ficam mais evidentes:

> *Aprender a pensar com o coração, ao vivenciar os fenômenos e a me pautar pelo individualismo ético em minhas ações. Tudo isso foi grandemente libertador e me ajudou a estar no mundo com mais presença e força de vontade.* (Isis).

> *Com relação à responsabilidade com o outro, aprender com o outro junto. E isso também me reporta para a questão ética e moral também, esse respeito para com o outro, construir junto. Isso que para mim é o fundamental... isso para mim é e faz muita diferença. Não separo o encontro, não é separado.* (Olga).

A conotação relacionada ao aspecto espiritual evocada na vivência de aprendizagem pelas participantes pode ser identificada no relato:

> *A relação é de contínua transformação, fato que se bem observado, releva a essência e a potência da vida. Todos os ciclos trazem lições poderosas para o cumprimento da lição do Eu. Tudo isso se relaciona ao meu momento pessoal de entrega à busca e à realização do meu propósito maior.* (Clara).

Na expressão criativa, a vivência de aprendizagem da participante Patrícia (Figura 12) é descrita como:

> *Um profundo convite "portal" a olhar, atravessar, reconhecer, vivenciar e ser a vida que jorra do Espírito através do autodesenvolvimento consciente que exige esforço constante em sintonia com a Graça Divina sempre presente.* (Patrícia).

Figura 12 – Produção participante Patrícia

Fonte: as autoras (2021)

A síntese identificada se expressa "na essência que se revela ao ambiente e ao outro".

5.1.1.2 Vivências de desenvolvimento

Os temas identificados na vivência de desenvolvimento foram: processo de revelação de si mesmo; movimento a partir de opostos complementares; autoconhecimento; e autotransformação.

5.1.1.2.1 Tema 1: processo de revelação de si mesmo

Neste tema o foco foi a ideia ou intenção da essência da vivência de desenvolvimento, descrita pelas participantes:

> *No resultado de meu desenvolvimento.* (Antônia).
>
> *Num encontro genuíno com aquilo que sou.* (Isis).
>
> *Um processo de revelação de mim mesma e também do meu propósito.* (Sofia).
>
> *Uma só pequena vivência.* (Joana).
>
> *Toda a capacidade que o ser humano tem em absorver, perceber e protagonizar seu autodesenvolvimento.* (Olga).
>
> *Um desafio.* (Clarissa).
>
> *Algo que está presente.* (Clara).
>
> *Algo natural.* (Alice).
>
> *Nos meus olhos essa visão dessa luz.* (Isis).
>
> *Uma questão interna.* (Sofia).
>
> *No fazer sentido.* (Beatriz).
>
> *Um sentido interior.* (Sueli).

Os argumentos conscientes, sentimentais e corporais foram: alegria; existência; encontro genuíno; sentido; clareza de propósito; esforço constante; propósito; pequena; todo; revelação; metamorfose; nascimento; alma; calor; cores; transformação; semente; tempo; ambiente; estimulado; desabrochar; essência humana; natural; e barrado. As participantes descreveram o processo como:

> *No fazer sentido, como acredito, integra e faz conexões existenciais.* (Beatriz).

> *[Como] se ele estivesse lá longe, mas eu estou enxergando.* (Isis).

> *Através de um processo que revela todos os significados externos na direção de uma consciência.* (Sueli).

> *[...] pelas vivências e experiências de sua vida pessoal, social e coletiva, enquanto processo interno e singular.* (Olga).

> *Em cada atuar vivenciado, que participei na arte e em outros exercícios.* (Clarissa).

> *E move meu ser à um "vir a ser".* (Clara).

> *As vivências de desenvolvimento como num encontro genuíno com aquilo que sou e que não pude ser ao longo de toda a minha existência antes do curso.* (Isis).

> *Vivência de desenvolvimento como um processo de revelação de mim mesma e também do meu propósito.* (Alice).

> *A gente está no todo e isso me deu uma alegria muito grande, a hora que eu percebi ao concluí-la.* (Joana).

> *Enquanto psicoterapeuta que é a transformação, a metamorfose para nascimento das minhas cores, ou melhor, cores, da minha alma com calor.* (Sofia).

> *Na minha clareza de propósito na vida pessoal e profissional meu desenvolvimento.* (Antônia).

Logo, as participantes descrevem a vivência de desenvolvimento como:

> *Uma só pequena vivência a gente está no todo e isso me deu uma alegria muito grande, a hora que eu percebi ao concluí--la.* (Joana).

> *Toda a capacidade que o ser humano tem em absorver, perceber e protagonizar seu autodesenvolvimento pelas vivências e experiências de sua vida pessoal, social e coletiva enquanto processo interno e singular.* (Olga).

> *Algo natural como uma semente que com o tempo e o ambiente pode desabrochar e ser barrado ao ser estimulado.* (Beatriz).

> *Caminho do desabrochar da essência humana.* (Alice).

> *Um desafio, que em cada atuar vivenciado, que participei na arte e em outros exercícios.* (Clarissa).

> *Uma questão interna que tem uma parte que é natural de acontecer e tem uma que é potencial e que a gente precisa ser provocado pra que o desenvolvimento aconteça.* (Sofia).

A participante Isis, ao expressar como percebe sua vivência desenvolvimento, o faz também em imagem (Figura 13):

> *Logo que você falou sobre aprendizagem e desenvolvimento eu, senti assim nos meus olhos essa visão dessa luz, de algo que como se ele estivesse lá longe, mas eu estou enxergando e. E o elemento que surgiu primeiro foi um fundo azul que me traz esse frio... para mim eu me senti bem tranquila, no começo do desenho estava mais parado mas foi surgindo mais vontade, mais força à medida que eu ia trabalhando mais... o significado é bem esse, eu não conhecia acho que pra mim essa luz do amarelo tem bastante essa coisa de trazer da cabeça pra vivência do sentimento, de experienciar as coisas não só com o pensar mas com as outras qualidades da alma também e à medida que eu vou me aproximando disso eu vou aprendendo mais até que eu chego nessa coisa da vontade da atuação e isso quer irradiar para todos os lados... eu ainda estou conhecendo essa vontade e descobrindo, ainda estou nesse processo de chegar lá, caminhando. (Isis).*

Figura 13 – Produção participante Ísis

Fonte: as autoras (2021)

"A ideia por trás do significado" é a expressão que sintetiza este tema.

5.1.1.2.2 Tema 2: movimento a partir de opostos complementares

As vivências de desenvolvimento foram associadas neste tema ao aspecto relacional do movimento nos encontros. Quando questionadas sobre como descreveriam a vivência, as participantes expressaram:

> *Nos módulos.* (Marina).
>
> *No curso.* (Clarissa).
>
> *Pelas extremidades da folha.* (Clara).
>
> *Na integração de todas as atividades.* (Patrícia).
>
> *De maneira ampliada do meu corpo.* (Olga).
>
> *Pelo amarelo.* (Beatriz).
>
> *Na compreensão da relação com a espiritualidade.* (Antônia).
>
> *Na relação da contínua transformação.* (Joana).

Os argumentos conscientes, sentimentais e corpóreos foram expressos como: reverberar; refletir; véus; olhos; coração; vida; relações; sentido; folha; eixos; coluna; trajetória; esquerdo; direito; convenção; razão; emoção; estrutura; ascendendo; corpo; forma; interior; relação; espiritualidade; liberdade; autonomia; essência; potência; transformação; luz; elementos; sentido; dentro fora; cima; baixo; integração; atividade; elos; ampliadores; outro; meio; contexto; micro; e macro.

Algumas participantes descreveram sua imagem da vivência de desenvolvimento nos seguintes termos:

> *Ficam a refletir e reverberar também fora do curso.* (Clarissa).
>
> *Os conteúdos aprendidos e vivenciados são como véus que parecem ser tirados dos olhos e do coração.* (Marina).
>
> *Que são certezas que eu tinha, dois eixos que procurei assemelhar com a coluna...* (Clara).
>
> *Traz a liberdade da possibilidade e o desenvolvimento da própria autonomia, do vir a ser.* (Antônia).
>
> *De maneira ampliada do meu corpo, uma percepção ampliada da forma como me penso e me observo, é interior para mim.* (Olga).

> Seu impacto com o quer que seja, na psicoterapia (profissional/social/espiritual) com o ambiente familiar (social e espiritual) e como oferta ao mundo espiritual. (Patrícia).
>
> Fato que, se bem observado, revela essência e a potência da vida. (Joana).
>
> Percebo na integração de todas as atividades proporcionadas como elos ampliadores desta percepção de mim mesma, do outro e do meio, ou seja, contexto micro e macro, com aquilo que sou. (Patrícia).

A participante Beatriz elaborou uma imagem (Figura 14) e descreveu sua vivência de desenvolvimento:

> Eu iniciei pelo amarelo que eu quis trazer a luz aí eu fui pros elementos no sentido de trazer elementos que atuam independente da minha pessoa de dentro pra fora, de fora pra dentro de baixo pra cima... então eu fui nessa busca inicial de trazer movimentos que atuam entre si, que fazem uma conexão, aí acabou surgindo um centro ali que me traz primeiro me surgiu a questão forte do amarelo, da luz, do sol mas aí eu sentia que isso precisava ampliar... ampliação e expansão... no final quando eu pus na parede me veio a questão de uma tensão que ainda existe, que precisa ser dissolvida essa tensão... (Beatriz).

Figura 14 – Produção participante Beatriz

Fonte: as autoras (2021)

"O movimento como estrutura integrativa de conexão" expressa a síntese deste tema.

5.1.1.2.3 Tema 3: autoconhecimento

O foco deste tema residiu na atmosfera, no modo como as vivências de desenvolvimento foram descritas pelas participantes:

Com coragem de experimentar o novo. (Sueli).

Neste contexto passo por passo. (Beatriz).

Veio uma tensão. (Olga).

Na maior clareza a partir dos conhecimentos no curso. (Clarissa).

Surgiu como um caminho que abriu. (Antônia).

Através da entrega. (Marina).

No começo era pó... como se fosse uma nuvem, sem atrito, sem nada. (Fábia).

Com um despertar forças adormecidas. (Clara).

Sentida. (Alice).

Sendo construída a partir do domínio. (Aline).

Um processo temporal e vivencial. (Patrícia).

As participantes descreveram argumentos conscientes, sentimentais e corporais como: domínio; instintos; atos inconscientes; encontro; caminho; completo; lógico; fala; processo; temporal; treino; esforço; desenvolvimento; autoeducação; coragem; maior clareza; sentido; propósito; despertar; forças; investigação; cardíaco; entrega; cor; interiorização; força. A serem enfrentados descrevem tensão; medo; atrito; nuvem; pó; atrito; peso; poeira; nuvens carregadas; chuva; tempestade; e nuvens pesadas.

As participantes falaram do ambiente que as envolvia no momento das vivências:

Quando eu vi que o que eu tinha aprendido... (Antônia).

Uma certa tranquilidade. (Fábia).

Como algo que é ao longo do tempo, exige um certo aprofundamento e também um certo tempo. (Alice).

Que me possibilita ferramentas para desenvolver o nascer de novas forças. (Clara).

> *Fazendo assim todo o sentido e este é o propósito para que eu vim fazer aqui.* (Clarissa).
>
> *Sendo construída a partir do domínio, que fui obtendo sobre meus instintos e atos inconscientes...* (Aline).
>
> *Neste contexto passo por passo, como um chamado, fui atravessando um portal para aprofundar e desenvolver este olhar antroposófico.* (Beatriz).
>
> *Como um processo temporal e vivencial, que é um treino, esforço no dia a dia para que se torne realmente um desenvolvimento, como autoeducação.* (Patrícia).
>
> *Como coragem de experimentar o novo sem me preocupar muito com o resultado (feltragem).* (Sueli).
>
> *Através da entrega à investigação das experiências vividas.* (Marina).

A participante Olga (Figura 15) expressou como vivenciou seu desenvolvimento:

> *Primeiramente, veio uma tensão que é a tensão de medo, que senti no meu cardíaco e depois veio a questão da entrega mesmo pra cor e coloquei primeiro a cor azul que representa a condição de minha interiorização, depois coloquei o amarelo, que representa essa força e depois surgiu o verde, que é o encontro com o outro...* (Olga).

Figura 15 – Produção participante Olga

Fonte: as autoras (2021)

"O revelado enquanto processo de entrega" evidencia a síntese do tema.

5.1.1.2.4 Tema 4: autotransformação

Neste tema as participantes mantiveram o foco no significado das vivências. Ao responderem rápida e espontaneamente, as vivências foram descritas pelas participantes como:

> *Fortalece e possibilita uma mudança de hábito.* (Olga).
>
> *Com leveza e beleza.* (Sofia).
>
> *É a direção do educar-se.* (Patrícia).
>
> *Complementam e trazem o conhecimento para meu autodesenvolvimento.* (Joana).
>
> *Algo que é ao longo do tempo.* (Isis).
>
> *Esse amarelo.* (Antônia).
>
> *É essa autoeducação.* (Marina).

Quando as participantes descreveram argumentos conscientes, sentimentais e corporais com prontidão nas respostas expressas, atribuíram significados como: forte; espiritualidade; hábito; ressignificação; aprofundamento; tempo; vida da alma; interior da corporeidade; desenvolvimento; meu ser; vir a ser; direção; educar-se; revela; luz; força; amor; autodesenvolvimento; abertura; leveza; beleza; claros; assinatura; obra; e autoeducação.

As participantes expressaram a vivência de desenvolvimento como:

> *Esse amarelo sempre me vem muito forte e me simboliza a espiritualidade...* (Antônia).
>
> *Fortalece e possibilita uma mudança de hábito, trazendo novas perspectivas às vivências que podem levar a um processo de ressignificação.* (Olga).
>
> *Exige um certo aprofundamento e também um certo tempo.* (Isis).
>
> *É o processo que ocorre na vida da alma ou no interior da corporeidade, influenciaram e continuam reforçando meu desenvolvimento, como algo que está presente e move "meu ser" um "vir a ser".* (Beatriz).
>
> *É a direção do educar-se que através de mim se revela influenciando todas as áreas do meu viver sempre com a luz da força e do amor.* (Patrícia).
>
> *Complementam e trazem o conhecimento para meu autodesenvolvimento, proporcionando a abertura para a aprendizagem necessária para o ser terapeuta.* (Joana).

> *Com leveza e beleza predicativos que ficaram mais claros para mim que quero incorporar a minha "assinatura", à minha obra na vida.* (Sofia).
>
> *É essa autoeducação que eu tenho que começar lá de cima todas as percepções que vão vindo...* (Marina).

A participante Marina (Figura 16) traz a integração do todo na autotransformação, enquanto processo vivo em metamorfose:

> *Quando eu comecei a atividade meio insegura e aí a única coisa que vinha para mim era eu queria trazer as cores de uma forma numa espiral e eu não queria trabalhar só com uma cor, eu queria que elas se misturassem como se fosse esse aprendizado de todas as percepções que eu tenho, como se eu tivesse andando em volta de uma árvore olhando por todos os lados, vendo todos os lados... no centro seria depois de muito esforço, muito trabalho que eu chego à conclusão de todas as percepções que eu vivencio, que eu estudo, que eu busco, aquilo que eu vou me aprofundando pra aprender... seria esse caminho e o significado que tem na minha vida é essa autoeducação que eu tenho que começar lá de cima todas as percepções que vão vindo, tudo que eu vou aprendendo, com tudo que eu vou vivenciando e de misturar tudo isso e de ver qual é o significado pra mim pra eu conseguir até me colocar muito mais próximo do outro... veio a imagem de uma rosa que é o amor, que é o que eu estou vivenciando na minha profissão...* (Marina).

Figura 16 – Produção participante Marina

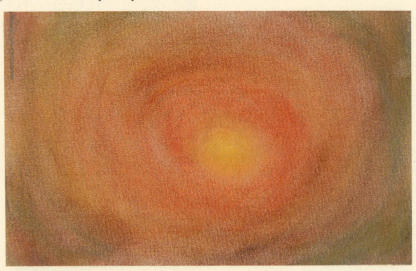

Fonte: as autoras (2021)

APRENDIZAGEM E DESENVOLVIMENTO NA PSICOLOGIA E PSICOTERAPIA ANTROPOSÓFICA

"Integração do todo na autotransformação, autoeducação" é a síntese deste tema.

Os resultados foram integrados em um esquema essencial das vivências de aprendizagem e de desenvolvimento em um curso de FCPPA. As vivências de aprendizagem foram identificadas como um processo de conhecimento construído pela mobilização de diferentes percepções acerca dos conteúdos, na relação com o mundo externo, integrando-os para o entendimento de seus significados, enquanto realidade que vai se ampliando. As vivências de desenvolvimento, por sua vez, foram identificadas como um processo de interiorização para autoconhecimento, na medida que adentram ao condicionado para libertar-se dos papéis sociais e condições interiores, que não necessariamente são essenciais, mas passam a fazer sentido.

Os retratos temáticos encontrados para vivências de aprendizagem foram "revelando o vivenciador"; "o significado do encontro" e "as marcas no caminho vivido". Os métodos de enfrentamento das vivências de aprendizagem incluíram os retratos "aprendizagem transformadora"; "o espaço do realizar consciente" e "encontrando propósito e valores". Nas vivências de aprendizagem surgiram argumentos conscientes, sentimentais e corporais como: ansiedade; tensão; medo; insegurança; atrito; doenças; dores; tristezas. Surgem também coragem; alegrias; gratidão; relaxamento; certezas; e confiança.

Para as vivências de desenvolvimento, os retratos temáticos encontrados foram "processo de revelação de si mesmo" e "movimento a partir de opostos complementares". Os retratos dos métodos de enfrentamento das vivências de desenvolvimento foram "autoconhecimento" e "autotransformação". Nessas vivências de desenvolvimento, foram citadas manifestações conscientes, sentimentais e corporais expressas como: medo; frio; tensão; ansiedade. Também foi citado: julgamento; liberdade; propósito; sentido; caminho; chamado; amor; entrega; esforço; fé; confiança; e abertura.

5.2 DIÁLOGO ENTRE AUTOEVIDÊNCIAS E O ESTADO DA ARTE NO EDUCAR-SE POR SI MESMO COMO METODOLOGIA.

Neste estudo, por meio de reflexão fenomenológica, foram construídos retratos temáticos das vivências de aprendizagem e de desenvolvimento de participantes de FCPPA. Os retratos temáticos de aprendizagem foram: "revelando o vivenciador"; "as marcas no caminho vivido"; "o significado do encontro"; "aprendizagem transformadora"; "o espaço do realizar consciente" e "encontrando propósito e valores". Os retratos temáticos de desenvolvimento, por sua vez, foram: "processo de revelação de si mesmo", "movimento a partir de opostos complementares", "autoconhecimento" e "autotransformação" e expressam a essência das vivências das participantes. Para se chegar à essência, buscou-se seguir a descrição das participantes a partir delas mesmas.

Os temas para a discussão da vivência de aprendizagem das participantes são retomados.

5.2.1 Vivências de aprendizagem

5.2.1.1 Tema 1: revelando o vivenciador

O emergir do contato consigo na aprendizagem gerou a conscientização sobre aspectos obscurecidos e potencialmente adormecidos. Pôde-se constatar que as participantes, ao vivenciar aprendizagem, autoperceberam-se e iniciaram um encontro consigo mesmas, como nos relatos:

> *Ajudaram a olhar para mim e sentir em mim o que eu sou.* (Marina).
>
> *Quando compreendendo cada vez mais um pouco.* (Alice).

É possível perceber nas falas das participantes o encontro com o aprendizado a partir de si mesmas pela vivência que têm origem, como explicam Stoltz e Weger (2015, p. 69), "na necessidade de desenvolvimento de um novo olhar à educação que tenha como meta a integração entre o querer, o sentir e o pensar na construção de um individualismo ético".

Uma participante descreveu a percepção do alcance que as vivências de aprendizagem alcançam na sua vida da seguinte forma:

> *Como compreensão da relação com a espiritualidade, traz a liberdade da possibilidade e ao desenvolvimento da própria autonomia, do vir a ser.* (Marina).

Outra participante fala sobre o aprender sobre si mesma, para depois poder transformar esse aprendizado vivenciado interiormente em algo para ajudar outros:

> *Eu percebo que no aprendizado vivenciado, primeiramente eu aprendo em mim sobre mim e depois vou transformar isso em algo para outra pessoa.* (Isis).

O revelar-se vivenciando culminou com a manifestação consciente de conteúdos, sentimentos, sensações e sintomas de inquietação, desafio, frio, insegurança e dor. Como sentimentos para o enfrentamento dos desafios que a autopercepção deixou emergir nas participantes, identificou-se: questionamentos; autonomia; liberdade; espiritualidade; vir a ser; gratidão; abertura; empatia; revelação; coração; coragem; e confiança.

Os resultados evidenciaram que as atividades foram vivenciadas e trouxeram motivação e interesse, o que manteve as participantes ligadas ao processo, incorporando novas oportunidades de aprendizagem educacionais ou de experiência de vida.

5.2.1.2 Tema 2: as marcas do caminho vivido

As participantes expressaram os efeitos de seus eventos biográficos como vivências de aprendizado profissional e da vida. Percebe-se que o fator diversidade geográfica promoveu encontros diversificados entre o grupo de participantes. Houve muitas trocas e acolhimentos, tanto das diferentes realidades como de momentos de dificuldade, perdas, crises, doenças, tristezas e questões a serem aprendidas, como também muitos momentos de enfrentamento, que resultaram em vivências alegres, prazerosas, profundas, rendição, relaxamento e coragem.

O autocuidado promovido pela vivência de aprendizado com a vida foi relatado pela participante Alice:

> No vivenciar de um câncer, como uma coisa no meu aspecto e sinto, que é uma coisa, mas também acontece com outras pessoas. Eu percebo que as doenças podem ser, pra mim foram caminhos de iniciação, em especial, o câncer. Eu acho me ensinou, eu o tenho como um mestre. (Alice).

Observa-se que na educação, não só de adultos, é necessário recorrer à capacidade do eu de ativar todos os sentidos na observação do evento, situação ou sintoma a ser descrito, pois assim se permite lidar com possíveis barreiras à aprendizagem. Nesse sentido, ao enfocar a descrição de uma situação específica em termos de "o quê" e "como", o método fenomenológico permite uma ampliação da consciência das participantes, sobretudo em situações da vida em que as percepções corporais, inconscientes ou não, permanecem carregadas de conteúdos instintivos. Muitas vezes, tenta-se esquecer para não sofrer e acaba-se impedindo o processo de superação. Por isso, Houten (2011, p. 141) declara que "o cultivo da postura fundamental de franqueza, enlevo, admiração e veneração atua de maneira salutar sobre o processo de percepção, assim como todos os exercícios que contribuem para a vivificação das atividades sensoriais".

A vivência de aprendizagem como marcas no caminho vivido apresentou o comprometimento das participantes consigo mesmas, ao olharem suas histórias enquanto regentes de si mesmas, diante das grandes questões e provocações à ampliação da consciência que a vida nos convida a vivenciar. Quanto ao aprendizado vivenciado, Olga observa:

> *Pela entrega à investigação das experiências vividas, com temas e situações críticas, de desafios e eventos pontuais no tempo, em minha biografia.* (Olga).

Tal afirmação pode ser corroborada em Lievegoed:

> Alcançar a maturidade é um processo do qual ninguém é preservado, nem mesmo aqueles que sabem a respeito. Apesar de tudo, saber a respeito da crise dos quarenta tem uma grande vantagem: você sabe que você, e apenas você, está envolvido – assim você não comete o erro de procurar bodes expiatórios ou forças adversas nos arredores ou nas circunstâncias. (LIEVEGOED, 1997, p. 69).

Similarmente, a fala da participante Sueli remete ao tempo como agente na vivência de aprendizagem como:

> *Relacionada aos significados pessoais derivados do cultivo da vivência na vida.* (Sueli).

Percebe-se, assim, que os resultados identificaram, no exposto pelas participantes, o quanto foi significativo olhar ao longo de sua jornada e caminho vivido, pesquisando sobre si mesmas.

5.2.1.3 Tema 3: o significado do encontro

A essência relaciona-se às repercussões da vivência de aprendizagem nos relacionamentos entre as participantes e outras pessoas e nas reflexões oriundas das vivências de aprendizagem. As participantes passaram a olhar mais profundamente para suas vidas à medida que os questionamentos interiores aconteciam, o que lhes revelava o significado obtido com a vivência.

Algumas relataram que, nos relacionamentos familiares, a busca por diálogo com o parceiro e filhos foi estreitada. Do mesmo modo, os laços evidenciaram maior confiança, transparência e autenticidade; juntas, foram capazes de superar barreiras do aprendizado relacionadas ao pensar, sentir e querer e lidar com momentos de tensão e ruídos que surgiram no período do estudo. Unidas encontraram o compromisso social e ético em sua profissão, vincularam-se fraterna e educacionalmente e procuraram manter-se em si mesmas durante as atividades coletivas.

Ao abordar a experiência e a observação pensante, Steiner (2004) afirma:

> Todo juízo, enquanto baseado em conceitos, é a reunificação dos membros que o intelecto separou. A conexão se mostra tão logo se considere o conteúdo dos conceitos formados pelo intelecto. Como a ideia ou a unificação das partes, encontradas pela experiência. (STEINER, 2004, p. 68-69).

A descrição de Steiner (2004) embasa a compreensão interiorizada pela participante Isis sobre o significado do encontro com o grupo e seu efeito salutogênico:

> *As vivências com o grupo, me proporcionaram a tomada de consciência, e eu percebi que sempre tive isso, sempre quis essas relações com as pessoas, sabe. Percebi que eu me colocava muito mais na frieza, no isolamento. Então, isso foi algo que ao longo do curso eu fui aprendendo a participar do grupo, a entrar mais no grupo, ser eu mesma, ali. A vivência da aprendizagem como interiorização de alguns momentos e ligações do conhecimento que nos chegam e nas vivências podem ser diferenciados e compreendidos, me permitindo, assim apropriar-se da própria experiência. (Isis).*

A experiência desencadeia a resolução e reflexão de problemas e expõe dilemas (DEWEY, 2010). Da mesma forma, neste estudo, a experiência pode ter conscientizado a participante Isis sobre o significado de suas barreiras de aprendizagem, permitindo, assim, que buscasse maneiras de superar ou resolver as necessidades interiores e que se apropriasse de si mesma.

Knowles, Holton e Swanson (2011) argumentam que, dentro do princípio da aprendizagem de adultos, estes aprenderão quando houver uma necessidade e quando a aprendizagem estiver relacionada a desafios autênticos. Pode-se verificar a resolução do conflito interior relacionada à exposição evidenciada pela participante Isis:

> *Vivenciei aprendizagem no acolhimento, de encontros verdadeiros e profundos, sem julgamento e com a liberdade de cada um trilhar seu caminho a seu modo, na convivência com esse grupo. (Isis).*

Knowles, Holton e Swanson (2011) corroboram a afirmação de Dewey (2010), colocando a experiência, a vivência ou a pesquisa como parte inerente do processo de reflexão, o que está alinhado com os seus princípios de aprendizagem de adultos. Observa-se o efeito da atitude reflexiva e contemplativa que as vivências promovem no encontro do eu com o significado impresso na vida anímica, como expressa a participante Beatriz:

> *Uma possibilidade contínua de perceber o que necessito para aprender a "apreender" em meu interior, para poder trazer e facilitar a autocura de meus pacientes em seus processos biográficos.* (Beatriz).

As representações mentais e as percepções corpóreas conscientes manifestas apontaram desde preocupações, questionamentos até tomadas de consciência. Tais movimentos puderam promover a mudança de impulsos profundos, os quais encontraram acolhimento e confiança para serem autocurados como forma de quebrar barreiras internas e identificar novos sentimentos e significados como vivência de aprendizagem.

5.2.1.4 Tema 4: aprendizagem transformadora

Essa foi a essência da vivência evidenciada nas participantes, as quais incorporam novas oportunidades de aprendizagem. O caráter transformador como expressão das vivências foi espontaneamente revelado como:

> *Um cutucão transformador.* (Antônia).
>
> *Virei do avesso e fui fundo em mim.* (Sueli).
>
> *Mexem comigo de maneira transformadora e inquietante durante e fora do curso, questionamentos emergem.* (Clarissa).

Destaca-se as falas relacionadas ao tempo, ao ambiente e ao corpo, que evidenciam seu caráter transformador criativo.

O caráter transformador da vivência foi expresso pela participante Clara:

> *Ato vivenciado como ressignificador e individualizador, porque é feito um trabalho de transformação pessoal.* (Clara).

O uso da metodologia criativo-transformadora permitiu às participantes agir com verdade, confiança e sentimento de pertencimento ao ambiente (HOUTEN, 2011; LE BOTERF, 1997; MEZIROW, 2020;

APRENDIZAGEM E DESENVOLVIMENTO NA PSICOLOGIA E PSICOTERAPIA ANTROPOSÓFICA

STOLTZ; WEGER, 2015), tal como relatado no efeito vivenciado pela participante Clara. Como resultados, observou-se o caráter transformador da vivência artística, conforme visto na imagem[9] e na descrição da participante Fábia:

> *No começo era pó... como se fosse uma nuvem, uma poeira, mas sem atrito, sem nada, uma certa tranquilidade e esse pó de repente foi criando uma forma, como se fossem nuvens carregadas, mais pesadas, uma nuvem próxima de chuva, de tempestade. Que tem mais forma, tem mais peso, mais cor... e isso criou como se fosse um redemoinho... Mas isso não eclodiu, ficou nisso. Depois, de repente, veio a luz... então, é o processo que está aí, eu estou vendo luz, mas nada definido... atritos e encontros... mostra o processo de aprendizado, primeira confusão, depois vem atrito... mas depois vem a clareza... relação é isso. (Fábia).*

Nesse sentido, Houten (2007) prioriza, na educação de adultos, o uso de atividades artísticas para a formação do julgamento, ressaltando seu efeito enquanto nova fonte independente como criatividade e promotora do julgamento independente.

> Sempre que há atividade artística e social, o que significa que sempre que um julgamento é aplicado, surge uma nova situação. A partir disto surge um processo contínuo que é criativo - um processo criativo de julgamento. Esta criatividade é a fonte da independência. Como o educador de adulto pode vir a perceber, é aqui que se encontra a origem do julgamento independente, o que pode dar flutuabilidade aos outros dois tipos de julgamento. Nosso sentimento, que foi educado e enobrecido através da atividade estética, pode subir no reino da cognição para tornar-se o sentimento de verdade no pensamento lógico; e pode descer para o julgamento moral, sentindo seu caminho para dentro, onde pode se tornar uma escuta da voz da consciência. Assim, todo nosso julgamento surge no meio de nossa alma, em nossa vida de sentimento, e continua a se desenvolver na cognição, no encontro e na ação. (HOUTEN, 2007, p. 29).

Durante o processo de aprendizagem transformadora ocorreram expressões conscientes, sentimentais e corporais como febre, dor e mesmo leveza e liberdade, dentre outras, enquanto efeitos das vivências nas participantes.

---

[9] Vide Figura 11.

5.2.1.5 Tema 5: espaço do realizar consciente

Neste tema o foco esteve sobre o aprender na e pela vivência, integrando um novo papel profissional; muitas redirecionaram suas carreiras buscando ouvir-se interiormente em relação às suas necessidades. Todas as participantes entendem e buscam um aprendizado transformacional como ferramenta profissional. Houten (2007) enfatiza que a vontade de aprender se relaciona à aprendizagem profissional, baseada principalmente no despertar de três impulsos adormecidos no indivíduo: o impulso do conhecimento, o impulso do desenvolvimento e o impulso da melhoria ou perfeição.

Le Boterf (1997) preconiza a importância da consideração das ações de e para o aprendizado voluntário. Nesse sentido, a participante Antônia relatou:

> *Sensacionar verdadeiramente aspectos vivenciados na minha vida, que antes eu reagia, a partir deles, de forma inconsciente e assim, trazer minhas percepções conscientemente para cognição e emoção, pude me apropriar de mim mesma.* (Antônia).

Dentre as expressões conscientes, sentimentais e corpóreas presentes nas vivências, identificou-se: missão; ajuda; expiração; ambiente; sensacionar; forma; individualismo ético; transformação; atitude reflexiva; ser enfrentado; e desassimilar.

Para a participante Sueli, as atividades:

> [...] *são fundamentais para o processo do aprender e desenvolver-se, pois, aprendi não só sobre conteúdo da psicoterapia antroposófica, mas também sobre o meu aprendido nas atividades vivenciadas.* (Sueli).

Nesse relato observou-se a presença da atitude reflexiva da participante, apontada por pesquisadores ao abordarem as funções e consequências dos treinamentos, que priorizam a compreensão sobre si mesmos como profissionais para depois aplicar o aprendido (ALARCÃO; TAVARES, 2003; ASIKAINEN; HAILIKARI; MATTSSON, 2018; DEWEY, 2010; MEZIROW, 2020; PETRIDOU; NICOLAIDOU; KARAGIORGI, 2016).

5.2.1.6 Tema 6: encontrando propósito e valores

A essência permaneceu no reverberar das vivências, enquanto seguir e fazer o que precisava ser feito na vida. Foram numerosas as referências em relação à descoberta de um chamado ou do desejo de continuar o aprendizado

APRENDIZAGEM E DESENVOLVIMENTO NA PSICOLOGIA E PSICOTERAPIA ANTROPOSÓFICA

enquanto pessoa, de modo paralelo à profissão. Valores, como ética, atenção social, propósito, família e respeito, foram emergindo. Espontaneamente surgiu nos diálogos das participantes, de maneira uníssona, o valor dado ao aspecto da espiritualidade para si mesmas, aplicado e expandido a todos os círculos de relacionamento. Tal fase da vida reserva surpresas e processos de *religare*[10] a princípios elevados, que envolvem o confiar, como relata Bos (2010):

> Mesmo assim, nesse limiar surgem questões de natureza moral, espiritual, visando a uma mais profunda atribuição de sentido. Se de todo precedente ele conseguir obter força para prosseguir positivamente em seu caminho, transporá esse limiar com a indagação pelo verdadeiro, pelo belo e pelo bom no mundo. (BOS, 2010, p. 46).

A participante Beatriz conota tais efeitos como:

> *As vivências como ambiente para encontrar a minha missão na vida e acessar o que realmente eu estou fazendo é algo que me ajuda a ajudar os outros.* (Beatriz).

Nesse sentido, D. Burkhard explica:

> A alma da consciência procura individualizar o processo de aprendizado de cada aluno, de acordo com o potencial dele. O foco do processo de aprendizado não está no conteúdo, mas no aluno, e a interação do professor com seus alunos é horizontal. Atualmente, toda a informação está disponível na internet, a que o aluno tem acesso "...assim como o professor. Então o professor se torna parceiro do aluno e, por meio da troca de informações, eles aprendem juntos. Dessa forma, o papel do professor atualmente, foi radicalmente alterado e exige dele uma enorme mudança interior, a mudança do TER para o SER. O foco deixa de estar no conteúdo e desloca-se para o processo de aprendizado, para o diálogo com os alunos, diálogo sobre: como ordenar o conteúdo; como entender o significado mais profundo do conteúdo; a busca compartilhada pelo sentido (valores morais); como aplicar o conhecimento na vida concreta etc. (BURKHARD, D., 2015, p. 31).

A partir desse tema, o que antes era relevante passa por um ajuizamento de valores; a reivindicação de espaço e tempo muda para buscas de crescimento espiritual marcadas pela fase de autonomia.

---

[10] Significa *ligar outra vez*, no sentido de retornar às origens, ou seja, ao criador. (RELIGAR, [2021?]).

As reações fisiológicas e sentimentais relatam amor, respeito e missão. Tais sentimentos denotam certa força de intenção e entrega ao cuidado com o outro e ao espiritual. Observa-se que, à medida que os anos de vida passam, os sentimentos e comportamentos voltados aos contextos espiritual e social ficam mais evidentes.

5.2.2 Vivências de desenvolvimento

Quanto às vivências de desenvolvimento, as participantes focaram em quatro temas, descritos a seguir.

5.2.2.1 Tema 1: processo de revelação de si mesmo

A essência volta-se ao encontro consigo mesmo, expressa pelas participantes como:

> *As vivências de desenvolvimento como um encontro genuíno.* (Isis).
>
> *Uma só pequena vivência.* (Joana).
>
> *No fazer sentido.* (Beatriz).

Os sentimentos e percepções interiores que emergiram foram de insegurança, sintonia, pequenez, sentido e clareza de propósito, dentre outros.

As participantes descreveram suas vivências de desenvolvimento como:

> *Entendo toda a capacidade do ser humano em absorver, perceber e protagonizar seu autodesenvolvimento pelas vivências e experiências de sua vida pessoal, social e coletiva, enquanto processo interno e singular.* (Olga).
>
> *Algo natural, como uma semente que com o tempo e o ambiente pode desabrochar e ser barrado, ao ser estimulado caminho do desabrochar da essência humana.* (Alice).
>
> *Uma só pequena vivência, a gente está no todo e isso me deu uma alegria muito grande, a hora que eu percebi ao concluí-la.* (Joana).
>
> *Vivência de desenvolvimento como um processo de revelação de mim mesma e também do meu propósito.* (Aline).
>
> *No fazer sentido, como acredito, integra e faz conexões existenciais.* (Beatriz).

Percebe-se, nos relatos das participantes, os efeitos das vivências de desenvolvimento indo ao encontro da busca do sentido de verdade. Desse modo, para além do aprender, inicia o desenvolver-se consciente, o que é corroborado na afirmação de Houten (2011) sobre a aprendizagem enquanto um despertar para a vontade de aprender e o desenvolvimento de um sentimento pela verdade.

A descoberta desse sentido profundo de si mesmo e do propósito de seu papel no mundo pode ser observada na expressão de Patrícia:

> *É a direção do educar-se que através de mim se revela influenciando todas as áreas do meu viver sempre com a luz, da força e do amor.* (Patrícia).

Promover condições para que as participantes possam fazer uma análise consciente e cuidadosa de suas experiências de maneira significativa e transformacional são características compartilhadas também por outros estudos (ALARCÃO; TAVARES, 2003; BILAL; GURAYA; CHEN, 2019; MELLO *et al.*, 2018; MEZIROW, 2020; NYSTRÖM *et al.*, 2017; STOLTZ; WEGER; VEIGA, 2017).

5.2.2.2 Tema 2: movimento a partir de opostos complementares

Neste tema as vivências de desenvolvimento foram associadas ao aspecto relacional do movimento nos encontros. Quando perguntadas sobre como vivenciam desenvolvimento, emergiram expressões como:

> *Na integração de todas as atividades proporcionadas como elos ampliadores desta percepção de mim mesma, do outro e do meio, contexto micro e macro, com aquilo que sou.* (Patrícia).

> *Na relação da contínua transformação fato que se bem observado, revela essência e potência.* (Joana).

Os sentimentos, sensações, percepções manifestas foram: julgamento, liberdade, caminho, encontros verdadeiros, sentidos e profundidade.

O aspecto relacionado à vivência do desenvolvimento pelas participantes expressa a busca de sentido no relacionamento com os outros e da descoberta de um novo caminho de atividades e modos de vida, ou a compreensão com um sentido maior (HOUTEN, 2007), como expressam os relatos:

> *No curso, ficam a refletir e reverberar também fora do curso.* (Clarissa).

> *Nos módulos, os conteúdos aprendidos e vivenciados são como véus que parecem ser tirados dos olhos e do coração.* (Marina).

A evidência desse efeito relacional e polar, que ocorre espacialmente, é perceptível também na fala de Patrícia:

> *Percebo na integração de todas as atividades proporcionadas como elos ampliadores desta percepção de mim mesma, do outro e do meio, ou seja, contexto micro e macro, com aquilo que sou.* (Patrícia).

A observação, enquanto atividade do refletir vivenciado que envolve o exercício de contenção do eu durante o período de observação é de suma importância. Se não o faz, a pessoa simplesmente se vê refletida pelo mundo externo, o que é de fato uma ocorrência frequente. Por isso, é necessário que se escolarize uma atividade sensorial, que seja tão altruísta quanto possível. Esse exercitar reflexivo vivenciado de desenvolvimento é importante para o adulto (ALARCÃO; TAVARES, 2003; BILAL; GURAYA; CHEN, 2019; DEWEY, 2010; MELLO *et al.*, 2018; MEZIROW, 2020; NYSTRÖM, *et al.*, 2017; STOLTZ; WEGER; VEIGA, 2017).

5.2.2.3 Tema 3: autoconhecimento

O foco deste tema residiu na atmosfera, no modo como as vivências de desenvolvimento foram expressas pelos participantes, como:

> *Com coragem de experimentar o novo.* (Sofia).
>
> *Um processo temporal e vivencial.* (Patrícia).
>
> *No começo era pó... como se fosse uma nuvem.* (Fábia).
>
> *Um despertar forças adormecidas.* (Marina).

Os sentimentos, sensações e percepções descritas pelas participantes foram: desafios; eventos pontuais; atrito; peso; poeira; nuvens carregadas; chuva; forças adormecidas; tempestade; situações críticas; coragem; e beleza.

Estratégias de e para ações de desenvolvimento para grupos são encontradas em Le Boterf (1997), que concebe a aprendizagem como um ato voluntário, e em Houten (2011), considerando a aprendizagem enquanto o despertar para a vontade de aprender e o desenvolvimento de um sentimento pela verdade.

No autoconhecimento, além da vontade de se desenvolver intencionalmente, também é essencial entender como a experiência de outros pode ser utilizada; isto é, não apenas adquirindo conhecimento, mas deli-

APRENDIZAGEM E DESENVOLVIMENTO NA PSICOLOGIA E PSICOTERAPIA ANTROPOSÓFICA

beradamente iniciando atividades conjuntas e colaborativas (MELLO *et al.*, 2018; MEZIROW, 2020; SEITAMAA-HAKKARAINEN; HÄRKKI; LAHTI; HAKKARAINEN, 2016).

As participantes relataram sobre o ambiente que as envolvia no momento das vivências:

> *Como algo que é ao longo do tempo, exige um certo aprofundamento e também um certo tempo.* (Clara).

> *Como coragem de experimentar o novo sem me preocupar muito com o resultado* [na atividade de feltragem]. *Leveza e beleza são predicativos que ficaram mais claros para mim, que quero incorporar a minha "assinatura" à minha obra na vida.* (Sofia).

> *Como um processo temporal e vivencial, que é um treino, esforço no dia a dia para que se torne realmente um desenvolvimento, como autoeducação.* (Patrícia).

Houten (2007) relaciona o aprendizado do destino ao autoconhecimento; semelhantemente, o autoconhecimento está relacionado ao desenvolvimento temporal ou das fases da vida. Esse âmbito é o reino em que o indivíduo se preocupa com os processos em um sentido particular, pois se esforça para desenvolver uma compreensão clara de seu próprio ser.

5.2.2.4 Tema 4: autotransformação

Neste tema as participantes mantiveram o foco no significado das vivências. Ao responderem rápida e espontaneamente sobre suas vivências, descreveram-nas como:

> *Um "vir a ser".* (Joana).

> *Um desafio.* (Clarissa).

> *Através de um processo* [...]. *Esse amarelo.* (Antônia).

Quando as participantes relataram o significado de suas vivências de desenvolvimento, percebeu-se prontidão nas respostas e uso de significados como: instintos; atos inconscientes; potencial; luz; frio; vontade; forma; natural; e força. Neste tema o elemento é a força e está relacionada ao calor, que tudo envolve.

As participantes expressaram suas vivências de desenvolvimento como:

> *Fortalece e possibilita uma mudança de hábito, trazendo novas perspectivas às vivências que podem levar a um processo de ressignificação.* (Olga).

> *Um sentido interior através de um processo que revela todos os significados externos na direção de uma autoconsciência.* (Sueli).

Nesse sentido, Blakesley e Baron (2002) referem-se a aspectos da formação, os quais os participantes podem continuar a trabalhar e interagir após o término de uma atividade de desenvolvimento profissional em si.

Na mesma direção de que a vivência de desenvolvimento é um processo que ocorre na vida da alma ou no interior da corporeidade, as participantes declaram:

> *Influenciaram e continuam reforçando meu desenvolvimento, como algo que está presente e move meu ser, um "vir a ser".* (Beatriz).
>
> *Esse amarelo sempre me vem muito forte e simboliza a espiritualidade...* (Antônia).

Houten (2007) ressalta que esse nível corresponde ao aprendizado da pesquisa espiritual, no qual o sentido de verdade é muito mais profundamente abordado e invocado. Quando isso não acontece, é fácil perder-se, pois é muito menos provável que seja corrigido pela realidade terrena. Além da vontade de se desenvolver intencionalmente, também é essencial entender como a experiência de outros pode ser utilizada; ou seja, não apenas adquirindo conhecimento, mas deliberadamente iniciando atividades conjuntas e colaborativas (MELLO *et al.*, 2018; MEZIROW, 2020; SEITAMAA-HAKKARAINEN; HÄRKKI; LAHTI; HAKKARAINEN, 2016).

Por fim, observou-se a importância da centralidade nas vivências de aprendizagem e de desenvolvimento para a real dimensão do aproveitamento de um curso de formação pelas participantes.

6

NECESSIDADES OBSERVADAS COMO COMPROMISSO SOCIAL CIENTÍFICO

A investigação sobre a vivência de participantes do Curso de Formação Continuada em Psicologia e Psicoterapia Antroposófica considerando sua proposta de aprendizagem e de desenvolvimento evidencia um fenômeno processual significativo nas participantes, com indicativos de reflexos no contexto profissional, nos colaboradores locais, nos gestores institucionais e na sociedade.

Alguns desafios encontrados na literatura sobre formação continuada foram considerados pelos participantes, que revelaram, nos resultados de suas vivências de aprendizagem e de desenvolvimento profissional, a promoção de habilidades que podem se tornar potencialidades profissionais usadas para atendimentos mais humanizados.

Para identificar as bases ontológica, epistemológica e metodológica do Curso de Formação Continuada em Psicologia e Psicoterapia Antroposófica, foi realizada uma revisão bibliográfica de identificação dos fundamentos da teoria antroposófica de Rudolf Steiner (2002b, 2004, 2005, 2008, 2010) enquanto epistemologia, ontologia, antropologia, aspectos psicodinâmicos e sua teoria de desenvolvimento, que para este estudo considerou também os estudos de Lievegoed (1996, 1997) e Houten (2007, 2011). Uma vez contextualizada a realidade do Curso de Formação Continuada em Psicologia e Psicoterapia Antroposófica, o estudo voltou-se à vivência de aprendizagem e de desenvolvimento das participantes a partir do Curso.

As vivências de aprendizagem das participantes, a partir do Curso, apresentaram-se como um processo de conhecimento construído por meio da mobilização e da concentração de diferentes percepções acerca dos conteúdos na relação entre o mundo interior e o mundo exterior, integrando-os para o entendimento de seus significados enquanto realidade que vai se ampliando. Tal compreensão resultou nas unidades temáticas: as marcas no caminho vivido, revelando o vivenciador e o significado do encontro; e pelos três métodos conquistados pelo enfrentamento do aprender vivenciado: aprendizagem transformadora, o espaço do realizar consciente e encontrando propósito e valores.

Já as vivências de desenvolvimento dos participantes, a partir do Curso, foram identificadas como um processo de interiorização para o autoconhecimento e a autotransformação, na medida que adentram ao condicionado para libertarem-se dos papéis sociais e condições interiores pela busca de sentido. Tal compreensão resultou nos temas: processo de revelação de si mesmo e movimento a partir de opostos complementares e dos dois métodos de enfrentamento do desenvolver-se vivenciando: autoconhecimento e autotransformação, que retrataram a essência das vivências das participantes do estudo.

Por fim, destaca-se os achados da presente investigação como contribuição para flexibilizar e despertar em relação ao atual funcionamento da cultura tecnicista, conteudista e mercadológica. Contribui, ainda, em relação a respostas atuantes, frente a um cenário em que mais e mais cursos de Educação continuada são oferecidos como capacitação profissional realizada somente de forma conteudista, ou voltada para capacitações mercadológicas sem considerar a clientela como indivíduos em formação humana.

Assim, considerando a perspectiva teórica e metodológica da Formação Continuada em Psicologia e Psicoterapia Antroposófica, o presente estudo entende que o fenômeno vivência ocorreu quando cada participante se juntou de corpo e mente aos acontecimentos vividos e deu sentido a esses acontecimentos, impregnando a essência de seu agir de maneira consciente. Neste caso, as participantes puderam se sentir ao mesmo tempo como regentes e protagonistas de seus atos de aprendizado e de desenvolvimento para si e para o mundo, o que pode proporcionar autovalorização e sentimento de pertencimento, uma vez que se perceberam colaborando para um mundo melhor (HOUTEN, 2011; LE BOTERF, 1997; MEZIROW, 2020; STOLTZ; WEGER, 2015).

Nesse sentido, as participantes, com suas capacidades psíquicas (pensamento, sentimento e vontade), foram protagonistas nas vivências transformadoras, apresentando indicativos de um atuar com vontade, coragem e força ao interagir em seu entorno profissional e individualmente. Os processos vividos foram forjados pelo esforço e comprometimento conscientes das participantes, manifestando-se em sentimentos e percepções interiores que variaram desde tensão, medo e desistência até relaxamento, coragem e certeza.

É possível afirmar que a metodologia de aprendizagem criativo-transformacional proposta no Curso pode colaborar para o enfrentamento dos desafios de uma formação continuada em um espaço de aprendizagem consciente e integral na direção de encontrar propósito e valores que despertem, cada vez mais, para o autoconhecimento libertador da individualidade e para a autotransformação do ser humano, com reflexos sobre a humanidade.

Portanto, sugere-se, em cursos de formação continuada em Psicologia, uma metodologia que coloque o participante enquanto seu próprio problema e que enfrente o pesquisar sobre si mesmo (STOLTZ; WIEHL, 2019). Propõe-se que o vivenciar da aprendizagem e do desenvolvimento nos cursos de formação se expressem em capacidades, habilidades e potencialidades para a vida, atuando de maneira reorganizadora e preventiva para o profissional e para a sociedade

Como sugestão para trabalhos futuros a partir deste estudo, problematiza-se: seria razoável dizer que uma metodologia criativo-transformadora atua como educadora? Um aprendizado criativo-transformador promove o encontro de propósitos e valores humanos? Uma aprendizagem criativo-transformadora pode influenciar a postura e o papel profissional, promovendo consciência sobre a habilidade profissional? Como uma educação criativo-transformadora pode promover questionamentos sobre ser, estar e atuar profissionalmente? Seriam necessários outros estudos envolvendo a investigação de vivências de aprendizagem e de desenvolvimento em cursos de educação continuada de profissionais com o uso da proposta metodológica apresentada. Nesse sentido sugere-se a realização de estudos longitudinais, os quais possibilitem analisar mudanças ao longo do tempo em determinados aspectos e contextos de estudos, bem como o uso da metodologia fenomenológica em primeira pessoa para potencializar o desenvolvimento da autoconsciência dos participantes.

Por fim, permanece o desejo de que este trabalho inspire novas possibilidades de formação continuada em Psicologia, com ênfase nas vivências relacionadas à aprendizagem e ao desenvolvimento a partir dos cursos.

REFERÊNCIAS

ALARCÃO, I.; TAVARES, J. **Supervisão da prática pedagógica**: uma perspectiva de desenvolvimento e aprendizagem. Coimbra: Livraria Almedina, 2003.

ALMEIDA, M. T. C.; MAIA, F. A.; HOFFMAN, E. J.; BARBOSA, A. T. F.; SAMPAIO, C. A.; RAMOS, L. G. D.; RODRIGUES NETO, J. F. Faculty development: social representations constructed by medical school teachers. **Rev. bras. educ. med.**, Brasília, v. 43, n. 2, 176-186, 2019. Disponível em: http://dx.doi.org/10.1590/1981-52712015v43n2RB20180101ingles. Acesso em: 12 abr. 2019.

AMADEU, M. S. U. dos S.; MENGATTO, A. P. de F.; STROPARO, E. M.; ASSIS, T. T. S. de. **Manual de normalização de documentos científicos de acordo com as normas da ABNT**. 1. reimp. Curitiba: Editora UFPR, 2017.

AMENDOLA, M. F. Formação em psicologia, demandas sociais contemporâneas e ética: uma perspectiva. **Psicol. cienc. prof.**, Brasília, v. 34, n. 4, p. 971-983, 2014. Disponível em: http://dx.doi.org/10.1590/1982-370001762013. Acesso em: 27 nov. 2018.

ANACLETO, F. N. de A.; FERREIRA, J. da S.; JANUÁRIO, C. A. S. dos S.; SANTOS, J. H. dos. Continuing education of physical education teachers and self-assessment of the teaching domain. **Motriz**, Rio Claro/SP, v. 23, n. 3, p. e101770, 2017. Disponível em: http://dx.doi.org/10.1590/S1980-6574201700030028. Acesso em: 29 nov. 2019.

ASIKAINEN, H.; HAILIKARI, T.; MATTSSON, M. The interplay between academic emotions, psychological flexibility and self-regulation as predictors of academic achievement. **Journal of Further and Higher Education**, Amsterdam, NL, v. 42, n. 4, p. 439-453, 2018. Disponível em: https://doi.org/10.1080/0309877X.2017.1281889. Acesso em: 13 maio 2019.

ATTEBURY, R. I. Professional development: a qualitative study of high impact characteristics affecting meaningful and transformational learning. **The Journal of Academic Librarianship**, Amsterdam, NL, v. 43, p. 232-241, 2017. Disponível em: http://dx.doi.org/10.1016/j.acalib.2017.02.015. Acesso em: 4 nov. 2020.

BAUER, M. W.; GASKELL, G. **Pesquisa qualitativa com texto, imagem e som**: um manual prático. 13. ed. Petrópolis: Vozes, 2015.

BILAL; GURAYA, S. Y.; CHEN, S. The impact and effectiveness of faculty development program in fostering the faculty's knowledge, skills, and professional competence: a systematic review and meta-analysis. **Saudi Journal of Biological Sciences**, Amsterdam, NL, v. 26, p. 688-697, 2019. Disponível em: https://doi.org/10.1016/j.sjbs.2017.10.024. Acesso em: 11 set. 2020.

BILLETT, S.; HENDERSON, A. Promoting professional learning: integrating experiences in university and practice settings. *In:* BILLETT, S.; HENDERSON, A. (ed.). **Developing Learning Professionals**. Professional and Practice-based Learning. Dordrecht: Springer, 2011. p. 11-19. v. 7. doi: 10.1007/978-90-481-3937-8_1.

BLAKESLEY, E.; BARON, L. S. Leading information literacy programs. **Journal of Library Administration**, Abingdon, UK, v. 36, n. 1-2, p. 143-165, 2002. Disponível em: https://doi.org/10.1300/J111v36n01_09. Acesso em: 5 jul. 2019.

BOS, L. **Confiança, doação, gratidão**: forças construtivas da vida social. São Paulo: Antroposófica, 2010.

BRASIL. Ministério da Educação. Conselho Nacional de Educação. Câmara de Educação Superior. Resolução n.º 1, de 6 de abril de 2018. Estabelece diretrizes e normas para a oferta dos cursos de pós-graduação lato sensu denominados cursos de especialização, no âmbito do Sistema Federal de Educação Superior, conforme prevê o Art. 39, § 3º, da Lei n.º 9.394/1996, e dá outras providências. **Diário Oficial da União**: seção 1, Brasília, p. 43, 9. abr. 2018. Disponível em: http://portal.mec.gov.br/docman/abril-2018-pdf/85591-rces001-18/file. Acesso em: 2 nov. 2019.

BRASIL. Ministério da Saúde. Departamento de Atenção básica. **Política nacional de práticas integrativas e complementares no SUS**: atitude de ampliação de acesso. 2. ed. Brasília: Ministério da Saúde, 2014.

BRASIL. Ministério da Saúde. Secretaria de Atenção à Saúde. Departamento de Atenção Básica. **Política nacional de práticas integrativas e complementares no SUS**: PNPIC-SUS. Brasília: MS, 2006.

BURKHARD, D. **Nova consciência**: altruísmo e liberdade. São Paulo: Antroposófica, 2015.

BURKHARD, G. **Bases antroposóficas da metodologia biográfica**: a biografia diurna. São Paulo: Antroposófica, 2002.

BURKHARD, G. K. **Tomar a vida nas próprias mãos**: como trabalhar na própria biografia o conhecimento das leis gerais do desenvolvimento humano. São Paulo: Antroposófica, 2009.

COSTA, A.; ZOLTOWSKI, A. Como escrever um artigo de revisão sistemática. *In:* KOLLER, S. H.; COUTO, M. C. P. de P.; HOHENDORFF, J. V. M. **Manual de produção científica**. Porto Alegre: Penso, 2014. p. 55-70.

COX, D. R; GRUS, C. L. From continuing education to continuing competence. **Professional Psychology:** Research and Practice, Washington, US, v. 50, n. 2, p. 113-119, 2019. Disponível em: https://dx.doi.org/10.1037/pro0000232. Acesso em: 6 nov. 2020.

CRESWELL, J. W. **Investigação qualitativa e projeto de pesquisa**: escolhendo entre cinco abordagens. 3. ed. Porto Alegre: Penso, 2014.

CRESWELL, J. W. **Projeto de pesquisa**: métodos qualitativo, quantitativo e misto. 3. ed. Porto Alegre: Artmed, 2016.

DAHLGREN, M. A.; GUSTAVSSON, M.; FEJES, A. Special issue: professional practice, education and learning: a sociomaterial perspective. **Studies in Continuing Education**, London, UK, v. 40, n. 3, p. 239-241, 2018. Disponível em: https://doi.org/10.1080/0158037X.2018.1508174. Acesso em: 2 fev. 2019.

DEKKERS, A. **Psicoterapia da dignidade humana**. Aracaju: Micael, 2019.

DEKKERS, H. **As forças do coração**. São Paulo, 2007. Apostila.

DEKKERS, H. **Diagnóstico psicológico e os quatro corpos**. São Paulo, 2003. Apostila.

DEWEY, J. **Arte como experiência**. São Paulo: Martins Fontes, 2010.

DIAS, E. S. **Aprendizagem e desenvolvimento em formação continuada em psicologia e psicoterapia antroposófica**. Dissertação de Mestrado UFPR. Curitiba. 256 p. 2021.

EMMICHOVEN, F. W. Z. V. **The Anthroposophical understanding of the soul**. New York, US: Anthroposophic Press, 1982.

EVETTS, J. A new professionalism? Challenges and opportunities. **Current Sociology**, Thousand Oaks, US, v. 59, n. 4, p. 406-422, 2011. Disponível em: https://doi.org/10.1177/0011392111402585. Acesso em: 2 fev. 2019.

FENDER, D. The experience of continuing professional development and its impact on clinical practice. **British Journal of Guidance & Counselling**, London, UK, v. 46, n. 6, p. 658-668, 2018. Disponível em: https://doi.org/10.1080/03069885.2016.1277579. Acesso em: 13 dez. 2019.

FENWICK, T. Pondering purposes, propelling forwards. **Studies in Continuing Education**, London, UK, v. 40, n. 3, 367-380, 2018. Disponível em: https://doi.org/10.1080/0158037X.2018.1425205. Acesso em: 2 fev. 2019.

FERRAZ, F.; BACKES, V. M. S.; MARTÍNEZ, F. J. M.; PRADO, M. L. do. Políticas e programas de educação permanente em saúde no Brasil: revisão integrativa de literatura. **Sau. & Transf. Soc.**, Florianópolis, v. 3, n. 2, p. 113-128, 2012. Disponível em: www.redalyc.org/pdf/2653/265323670016.pdf. Acesso em: 12 nov. 2020.

FROTA, L. A.; CAMPONOGARA, S.; ARBOIT, E. L.; TOLFO, F.; BECK, C. L. C.; FREITAS, E. de O. A visibilidade do enfermeiro em unidades de terapia intensiva: percepções de trabalhadores. **Rev. Eletr. Enf.**, Goiânia, v. 17. n. 3, p. 1-8, 2015. Disponível em: http://dx.doi.org/10.5216/ree.v17i3.31608. Acesso em: 7 jun. 2019.

GATTI, B. A. **Grupo focal na pesquisa em ciências sociais e humanas**. Brasília: Líber Livro, 2005.

GELOCHA, E. A. N.; DALLACORTE, M. G. Pacto nacional pela alfabetização na idade certa e formação de professores: que dizem as produções científicas. **Educação por Escrito**, Porto Alegre, v. 7, n. 1, p. 106-126, 2016. Disponível em: http://dx.doi.org/10.15448/2179-8435.2016.1.23455. Acesso em: 11 maio 2019.

GOETHE, J. W. **A metamorfose das plantas**. 3. ed. rev. São Paulo: Antroposófica, 1997.

HOLANDA, A. F. O que é psicologia? Dilemas epistemológicos e repercussões contemporâneas. **Revista de Psicologia**, Fortaleza, v. 10, n. 1, p. 8-20, 2019. Disponível em: http://www.periodicos.ufc.br/psicologiaufc/article/view/33638/95913. Acesso em: 18 abr. 2019.

HOUTEN, C. Van. **Awakening the will**: principles and processes in learning. Forest Row, UK: Temple Lodge, 2011.

HOUTEN, C. Van. **Practising destiny**: principles and processes in adult learning. Forest Row, UK: Temple Lodge, 2007.

HYTÖNEN, K.; PALONEN, T.; LEHTINEN, E.; HAKKARAINEN, K. Between two advisors: interconnecting academic and workplace settings in an emerging field. **Vocations and Learning**, New York, US, v. 9, p. 333-359, 2016. Disponível em: https://doi.org/10.1007/s12186-016-9156-5. Acesso em: 12 abr. 2019.

JOCELYN, B. **Citizens of the cosmos**: life's unfolding from conception through death to rebirth. Hudson, CA: Steiner Books, 2009.

KNOWLES, M. S.; HOLTON, E. F.; SWANSON, R. A. **The adult learner**: the definitive classic in adult education and human resource development. 7. ed. New York, US: Elsevier, 2011.

LE BOTERF, G. **Compétence et navigation professionnelle**. Paris, FR: Éditions d'Organisation, 1997.

LIEBERMAN, A.; MACE, D. H. P. Teacher Learning: the key to educational reform. **Journal of Teacher Education**, London, UK, v. 59, n. 3, p. 226-234, 2008. Disponível em: https://doi.org/10.1177/0022487108317020. Acesso em: 13 dez. 2019.

LIEVEGOED, B. **Desvendando o crescimento**: as fases evolutivas da infância e da adolescência. São Paulo: Antroposófica, 1996.

LIEVEGOED, B. **Fases da vida**: crises e desenvolvimento da individualidade. 3. ed. São Paulo: Antroposófica, 1997.

LIMA, M. de F. G.; PEQUENO, A. M. C.; RODRIGUES, D. P.; CARNEIRO, C.; MORAIS, A. P. P.; NEGREIROS, F. D. da S. Desenvolvendo competências no ensino em enfermagem obstétrica: aproximações entre teoria e prática. **Rev. Bras. Enferm.**, Brasília, v. 70, n. 5, p. 1054-1060, 2017. Disponível em: http://dx.doi.org/10.1590/0034-7167-2016-0665. Acesso em: 12 abr. 2019.

LINDSAY, H. More than 'continuing professional development': a proposed new learning framework for professional accountants. **Accounting Education**, Amsterdam, NL, v. 25, n. 1, p. 1-13, 2016. Disponível em: https://doi.org/10.108 0/09639284.2015.1104641. Acesso em: 13 dez. 2019.

LOPES, A. Leitmotiv. **E-dicionário de termos literários**, 30 dez. 2009. Disponível em: https://edtl.fcsh.unl.pt/encyclopedia/leitmotiv/. Acesso em: 14 jun. 2020.

LOPES, J. A. S.; SILVA, S. M. C. da. O psicólogo e as demandas escolares: considerações sobre a formação continuada. **Psicol. Esc. Educ.**, São Paulo, v. 22, n. 2, p. 249-257, 2018. Disponível em: https://doi.org/10.1590/2175-35392018011109. Acesso em: 13 dez. 2019.

LOUREIRO, A. P.; VILHENA-SOARES, M.; SILVA, H. O papel supervisor dos mediadores dos cursos de educação e formação de adultos: entre o discurso e a prática. magis, **Revista Internacional de Investigación en Educación**, Colômbia, v. 8, n. 16, p. 33-50, 2015.

MACEDO, J. P.; DIMENSTEIN, M.; SOUSA, A. P. de; CARVALHO, D. M.; MAGA-LHÃES, M. A.; SOUSA, F. M. S. de. New scenarios of training in psychology in Brazil. **Avances en Psicología Latinoamericana**, Bogotá, CO, v. 32, n. 2, p. 321-332, 2014. Disponível em: dx.doi.org/10.12804/apl32.2.2014.10. Acesso em: 27 nov. 2018.

MATTOS, V. B.; BIANCHETTI, L. Educação continuada: solução para o desemprego? **Educ. Soc.**, Campinas, v. 32, n. 117, p. 1167-1184, 2011. Disponível em: http://dx.doi.org/10.1590/S0101-73302011000400015. Acesso em: 2 fev. 2019.

MELLO, A. de L.; BRITO, L. J. de S.; TERRA, M. G.; CAMELO, S. H. Estratégia organizacional para o desenvolvimento de competências de enfermeiros: possibilidades de Educação Permanente em Saúde. Educação Permanente em Saúde. **Esc. Anna Nery**, Rio de Janeiro, v. 22, n. 1, p. e20170192, 2018. Disponível em: https://doi.org/10.1590/2177-9465-EAN-2017-0192. Acesso em: 11 nov. 2020.

MENDES, S. A.; ABREU-LIMA, I.; ALMEIDA, L. S. Psicólogos escolares em Portugal: perfil e necessidades de formação. **Estud. psicol.**, Campinas, v. 32, n. 3, p. 405-416, 2015. Disponível em: http://dx.doi.org/10.1590/0103-166X2015000300006. Acesso em: 2 fev. 2019.

MEZIROW, J. **Expanding transformation theory**. New York, US: Routledge, 2020.

MINAYO, M. C. de S. **Avaliação por triangulação de métodos**: abordagem de programas sociais. Rio de Janeiro: Fiocruz, 2005.

MOERS, M. **Psicología del trabajo profesional**. Barcelona, ES: Editorial Labor, 1926.

MOUSTAKAS, C. **Phenomenological research methods**. Thousand Oaks, US: Sage Publications, 1994.

NEIMEYER, G. J.; TAYLOR, J. M. Critical Conversations in Continuing Education: Contemporary Memes, Themes, and Dreams. **Professional Psychology**: Research and Practice, Washington, US, v. 50, n. 2, p. 63-69, 2019. Disponível em: http://dx.doi.org/10.1037/pro0000237. Acesso em: 29 nov. 2019.

NEIMEYER, G. J.; TAYLOR, J. M.; ROZENSKY, R. H.; COX, D. R. The diminishing durability of knowledge in professional psychology: a second look at specializations. **Professional Psychology: Research and Practice**, Washington, US, v. 45, n. 2, p. 92-98, 2014. Disponível em: https://doi.org/10.1037/a0036176. Acesso em: 11 set. 2020.

NEIMEYER, G. J.; TAYLOR, J. M.; WEAR, D. Continuing education in psychology: patterns of participation and aspects of selection. **Professional Psychology: Research and Practice**, Washington, US, v. 41, n. 4, p. 281-287, 2010. Disponível em: https://psycnet.apa.org/fulltext/2010-17073-001.html073-001.html. Acesso em: 2 fev. 2019.

NERLAND, M. Knowledge practices and relations in professional education. **Studies in Continuing Education**, London, UK, v. 40, n. 3, p. 242-256, 2018. Disponível em: https://doi.org/10.1080/0158037X.2018.1447919. Acesso em: 11 abr. 2019.

NYSTRÖM, S.; DAHLBERG, J.; EDELBRING, S.; HULT, H.; DAHLGREN, M. A. Continuing professional development: pedagogical practices of interprofessional simulation in health care. **Studies in Continuing Education**, London, UK, v. 39, n. 3, p. 303-319, 2017. Disponível em: https://doi.org/10.1080/01580 37X.2017.1333981. Acesso em: 13 dez. 2019.

OPFER, V. D.; PEDDER, D. Conceptualizing teacher professional learning. **Review of Educational Research**, Thousand Oaks, US, v. 81, n. 3, p. 376-407, 2011. Disponível em: https://doi.org/10.3102/0034654311413609. Acesso em: 13 dez. 2019.

PETRIDOU, A.; NICOLAIDOU, M.; KARAGIORGI, Y. Exploring the impact of professional development and professional practice on school leaders' self-efficacy: a quasi-experimental study. **School Effectiveness and School Improvement**, London, UK, v. 28, n. 1, p. 56-73, 2016. Disponível em: https://doi.org/10.1080/ 09243453.2016.1236734. Acesso em: 13 dez. 2019.

RELIGAR. **Dicio**: Dicionário Online de Português, [2021?]. Disponível em: https:// www.dicio.com.br/religar/. Acesso em: 9 ago. 2020.

RIBEIRO, C. Citações inspiradoras de Einstein e outros estudiosos. **Notícias Concursos**, 2020. Disponível em: https://noticiasconcursos.com.br/citacoes-inspiradoras-de-einstein-e-outros-estudiosos/. Acesso em: 20 maio 2020.

ROSSEN, E.; GUINEY, M.; PETERSON, C.; SILVA, A. Alignment of CPD/CE requirements for credential renewal with best practices for professional learning in psychology and school psychology. **Professional Psychology: Research and Practice**, Washington, US, v. 50, n. 2, p. 87-94, 2019. Disponível em: http://dx.doi.org/10.1037/pro000023187. Acesso em: 18 abr. 2019.

SAMPIERI, R. H.; COLLADO, C. F.; LUCIO, M. del P. B. **Metodologia de pesquisa**. 5. ed. Porto Alegre: Penso, 2013.

SAMPSON JUNIOR, J. P. A cognitive information processing theory for career choices: challenges and opportunities for integrating theory, research, and practice. *In:* SAMPSON JUNIOR, J. P.; BULLOCK-YOWELL, E.; DOZIER, V. C.; OSBORN, D. S.; LENZ, J. G. **Integrating theory, research, and practice in vocational psychology**: current status and future directions. Tallahassee, US: Florida State University Libraries, 2017. p. 62-72. Disponível em: https://doi.org/10.17125/svp2016.ch5. Acesso em: 18 jan. 2020.

SEITAMAA-HAKKARAINEN, P.; HÄRKKI, T.; LAHTI, H.; HAKKARAINEN, K. Pedagogical Infrastructures of Design Studio Learning. **Journal of Textile Design Research and Practice**, v. 4, Issue 2, p. 155-181, 2016.

SELVI, K.; BALDAN, B.; ALAGÖZ, Y. An analysis of the adult education curricula implemented in Turkish universities. **Universal Journal of Educational Research**, Alhambra, ES, v. 4, n. 9, p. 2011-2023, 2016. Disponível em: https:// https://doi.org/10.13189/ujer.2016.040911. Acesso em:13 dez. 2019

SILVA, C. T. da; TERRA, M. G.; KRUSE, M. H. L.; CAMPOGNARA, S.; XAVIER, M. da S. Residência multiprofissional como espaço intercessor para a educação permanente em saúde. **Texto Contexto Enferm.**, Florianópolis, v. 25, n. 1, p. e2760014, 2016. Disponível em: http://dx.doi.org/10.1590/0104-07072016000002760014. Acesso em: 11 maio 2019.

SILVA, C. V. P. Psicologia Latino-Americana: desafios e possibilidades. **Psicol. cienc. prof.**, Brasília, v. 33, n. esp., p. 32-41, 2013. Disponível em: http://www.scielo.br/scielo.php?script=sci_arttext&pid=S1414-98932013000500005. Acesso em: 27 nov. 2018.

SILVA, S. M. C. da; SILVA, L. S.; NAVES, F. F.; PERETTA, A. A. C. e S.; NASCIUTTI, F. M. B.; LIMA, N. P. Formação do psicólogo para atuar na educação: concepções de coordenadores de curso. **Psicol. cienc. prof.**, Brasília, v. 36, n. 1, p. 48-62, 2016. Disponível em: https://doi.org/10.1590/1982-3703001082014. Acesso em: 26 nov. 2018.

STEINER, R. **A arte da educação**: uma base para a pedagogia – GA 293. 4. ed. São Paulo: Antroposófica, 2007. (A arte da educação, v. 1).

STEINER, R. **A ciência oculta**: esboço de uma cosmovisão supra sensorial – GA 13. 6. ed. São Paulo: Antroposófica, 2006.

STEINER, R. **A cultura atual e a educação Waldorf**: GA 307. São Paulo: Editora Antroposófica, 2014.

STEINER, R. **A educação da criança**: segundo a ciência espiritual – GA 34. São Paulo: Antroposófica, 2012a.

STEINER, R. **A filosofia da liberdade**: fundamentos para uma filosofia moderna – resultados com base na observação pensante, segundo o método das ciências naturais. 3. ed. São Paulo: Antroposófica, 2008.

STEINER, R. **Anthroposophical leading thoughts 1**: The cognitional path of Anthroposophy – The mystery of Michael – GA26. London, UK: The Rudolf Steiner Publishing Co., 2019a.

STEINER, R. **Anthroposophical leading thoughts**: GA 26. Forest Row, UK: Rudolf Steiner Press, 2002a. Disponível em: https://wn.rsarchive.org/GA/GA0026/English/RSP1973/GA026_a01.html. Acesso em: 18 ago. 2020.

STEINER, R. **Conceitos fundamentais para uma psicologia Antroposófica**. 2. ed. ampl. São Paulo: Antroposófica: Associação Brasileira de Psicólogos Antroposóficos, 2016a.

STEINER, R. **Development of the child up to puberty**. London, US: The Rudolf Steiner Publishing Co., 2016b.

STEINER, R. **Dos enigmas da alma**: GA 21. São Paulo: Sociedade Antroposófica no Brasil, 2002b.

STEINER, R. **El puente de lo físico a lo espiritual-moral**: GA 202. Arlesheim, CH: Verlag des Ita Wegman Instituts, 2020.

STEINER, R. **La ira, la verdad, la devocion, el caracter, el egoismo, la conciencia moral, el arte**: GA 58 e GA 59. Buenos Aires, AR: Antroposófica, 1988.

STEINER, R. **Las doce concepciones del mundo**: GA 151. Buenos Aires, AR: Antroposófica, 2018a.

STEINER, R. **Los doce sentidos del hombre**: GA 206. Buenos Aires, AR: Antroposófica, 2018b.

STEINER, R. **Menschenwerden, Weltenseele und Weltengeist – Zweiter Teil**: Der Mensch als geistiges Wesen im historischen Werdegang.GA 206. Rudolf Steiner Verlag: Basel, 2019c.

STEINER, R. **O conhecimento dos mundos superiores**: a iniciação – GA 10. 3. ed. ver. São Paulo: Antroposófica, 1991.

STEINER, R. **Das Rätsel des Menschen:** Die geistigen Hintergründe der menschlichen Geschichte Kosmische und menschliche Geschichte, Bd. I (GA170). Rudolf Steiner Verlag: Basel, 1992.

STEINER, R. **O limiar do mundo espiritual**: considerações aforísticas. 3. ed. São Paulo: Antroposófica, 2016c.

STEINER, R. **O método cognitivo de Goethe**: linhas básicas para uma gnosiologia da cosmovisão goethiana. Tradução de B. Callegaro e J. Cardoso. 2. ed. São Paulo: Antroposófica, 2004.

STEINER, R. **Os doze sentidos e os sete processos vitais**: conferência proferida em Dornach (Suíça), em 12 de agosto de 1916 – GA 170. São Paulo: Antroposófica, 1997.

STEINER, R. **Psicologia oculta**: GA 207. São Paulo: Antroposófica, 2009a.

STEINER, R. **Psicosofía**: psicología del cuerpo, alma y espíritu – GA 115. Buenos Aires, AR: Antroposofica, 2005.

STEINER, R. **Menschenwerden, Weltenseele und Weltengeist – Erster Teil:** Der Mensch als leiblich-seelische Wesenheit in seinem Verhältnis zur Welt. GA 205. Rudolf Steiner Verlag: Basel, 2016d.

STEINER, R. **Teoría de los sentidos**: GA 45. Buenos Aires, AR: Antroposófica, 2011.

STEINER, R. **Teosofia**: introdução ao conhecimento suprassensível do mundo e do destino humano – GA 9. 7. ed. rev. São Paulo: Antroposófica, 2010.

STEINER, R. **The driving force of spiritual powers in world history**. London, UK: The Rudolf Steiner Publishing Co., 2009b.

STEINER, R. **The immortality of the I**: GA 169. London, UK: The Rudolf Steiner Publishing Co., 2019b.

STEINER, R. **Três passos da Antroposofia**: filosofia, cosmologia e religião. Curitiba: Lohengrin, 2019d.

STEINER, R. **Verdade e ciência**: prelúdio a uma "filosofia da liberdade" – GA 3. São Paulo: Antroposófica, 1985.

STOLTZ, T.; WEGER, U. O pensar vivenciado na formação de professores. **Educar em Revista**, Curitiba, n. 56, p. 67-83, 2015. Disponível em: http://dx.doi.org/10.1590/0104-4060.41444. Acesso em: 15 maio 2019.

STOLTZ, T.; WEGER, U.; VEIGA, M. da. Higher education as self-transformation. **Psychology Research**, New York, US, v. 7, n. 2, p. 104-111, 2017. doi:10.17265/2159-5542/2017.02.004. Disponível em: http://www.davidpublisher.com/Public/uploads/Contribute/58ae9a8fe40ed.pdf. Acesso em: 13 maio 2019.

STOLTZ, T.; WIEHL, A. Das menschenbild als rätsel für jeden anthropologische konzeptionen von jean piaget und rudolf steiner im vergleich. **Pädagogische Rundschau**, Berlin, v. 73, n. 3, p. 253-264, 2019. Disponível em: https://www.peterlang.com/fileasset/Journals/PR032019e_book.pdf. Acesso em: 11 mar. 2021.

TAYLOR, J. M.; NEIMEYER, G. J.; BEDWELL, J. S.; LEACH, M. M.; LIESE, B. S.; MINNITI, A.; PENBERTHY, J. K.; PHILIP, D.; SEGURA, M. E.; SIMONIAN, S. J. Continuing education in psychology: preferences, practices, and perceived outcomes. **Professional Psychology: Research and Practice**, Washington, US, v. 50, n. 2, p. 70-76, 2019.

TREMBLAY, M. C.; RICHARD, L.; BROUSSELLE, A.; CHIOCCHIO, F.; BEAUDET, N. Collaborative learning processes in the context of a public health professional development program: a case study. **Studies in Continuing Education**, London, UK, v. 39, n. 1, p. 87-106, 2017. Disponível em: https://doi.org/10.1080/0158037X.2016.1261823. Acesso em: 12 abr. 2019.

UNGER, C. **Antroposofia**: ciência espiritual. São Paulo: Associação Pedagógica Micael, 1946.

VEIGA, M. da. **Os enigmas da filosofia e da alma humana e as pontes entre o físico e o espiritual**. Curitiba, 2017. Apostila.

ZOLINGEN, S. J. van; STREUMER, J. N.; JONG, R. De; KLINK, M. R. van der. Implementing on-the-job training: critical success factors. **Wiley Online Library**, v. 4, Issue 3, p. 208-216, dec. 2002.